1+X 职业技术 · 职业资格培训教材

QICHE CHESHEN ZHENGXING XIUFUGONG

汽车车身整形修复工

五级

主　编　卞建鸿　姒志裕

编　者　王明辉　李巍伟　俞　俊　黄　新

马　波　赵承超　朱一迪　李雅军

主　审　叶建华

中国劳动社会保障出版社

图书在版编目(CIP)数据

汽车车身整形修复工：五级/人力资源和社会保障部教材办公室等组织编写. —北京：中国劳动社会保障出版社，2016

1+X职业技术·职业资格培训教材

ISBN 978-7-5167-2602-0

Ⅰ.①汽…　Ⅱ.①人…　Ⅲ.①汽车-车体-车辆修理-职业培训-教材　Ⅳ.①U472.4

中国版本图书馆CIP数据核字(2016)第210113号

中国劳动社会保障出版社出版发行

（北京市惠新东街1号　邮政编码：100029）

*

三河市华骏印务包装有限公司印刷装订　新华书店经销

787毫米×1092毫米　16开本　13.75印张　249千字

2016年8月第1版　2016年8月第1次印刷

定价：32.00元

读者服务部电话：(010) 64929211/64921644/84626437

营销部电话：(010) 64961894

出版社网址：http://www.class.com.cn

内容简介

本教材由人力资源和社会保障部教材办公室、中国就业培训技术指导中心上海分中心、上海市职业技能鉴定中心依据上海 1+X 汽车车身整形修复工（五级）职业技能鉴定细目组织编写。教材从强化培养操作技能，掌握实用技术的角度出发，较好地体现了当前最新的实用知识与操作技术，对于提高从业人员基本素质，掌握初级汽车车身整形修复工核心知识与技能有直接的帮助和指导作用。

本教材在编写中根据本职业的工作特点，以能力培养为根本出发点，采用模块化的编写方式。全书共分为 9 章，主要内容包括：职业道德与基本常识，机械制图基础，钳工基础知识，钣金常用工具、量具及设备，常用金属材料及热处理常识，弯曲与矫正，车身连接及焊接技术，汽车概况与相关知识，板件小损伤修复等。

本教材可作为汽车车身整形修复工（五级）职业技能培训与鉴定考核教材，也可供全国中、高等职业技术院校相关专业师生参考使用，以及本职业从业人员培训使用。

前　言

职业培训制度的积极推进，尤其是职业资格证书制度的推行，为广大劳动者系统地学习相关职业的知识和技能，提高就业能力、工作能力和职业转换能力提供了可能，同时也为企业选择适应生产需要的合格劳动者提供了依据。

随着我国科学技术的飞速发展和产业结构的不断调整，各种新兴职业应运而生，传统职业中也愈来愈多、愈来愈快地融进了各种新知识、新技术和新工艺。因此，加快培养合格的、适应现代化建设要求的高技能人才就显得尤为迫切。近年来，上海市在加快高技能人才建设方面进行了有益的探索，积累了丰富而宝贵的经验。为优化人力资源结构，加快高技能人才队伍建设，上海市人力资源和社会保障局在提升职业标准、完善技能鉴定方面做了积极的探索和尝试，推出了1＋X培训与鉴定模式。1＋X中的1代表国家职业标准，X是为适应经济发展的需要，对职业的部分知识和技能要求进行的扩充和更新。随着经济发展和技术进步，X将不断被赋予新的内涵，不断得到深化和提升。

上海市1＋X培训与鉴定模式，得到了国家人力资源和社会保障部的支持和肯定。为配合1＋X培训与鉴定的需要，人力资源和社会保障部教材办公室、中国就业培训技术指导中心上海分中心、上海市职业技能鉴定中心联合组织有关方面的专家、技术人员共同编写了职业技术·职业资格培训系列教材。

职业技术·职业资格培训教材严格按照1＋X鉴定考核细目进行编写，教材内容充分反映了当前从事职业活动所需要的核心知识与技能，较好地体现了适用性、先进性与前瞻性。聘请编写1＋X鉴定考核细目的专家，以及相关行业的专家参与教材的编审工作，保证了教材内容的科学性及与鉴定考核细目以及题库的紧密衔接。

职业技术·职业资格培训教材突出了适应职业技能培训的特色，使读者通过学习与培训，不仅有助于通过鉴定考核，而且能够有针对性地进行系统学习，真正掌握本职业的核心技术与操作技能，从而实现从懂得了什么到会做什么的飞跃。

职业技术·职业资格培训教材立足于国家职业标准，也可为全国其他省市开展新职业、新技术职业培训和鉴定考核，以及高技能人才培养提供借鉴或参考。

新教材的编写是一项探索性工作，由于时间紧迫，不足之处在所难免，欢迎各使用单位及个人对教材提出宝贵意见和建议，以便教材修订时补充更正。

人力资源和社会保障部教材办公室
中国就业培训技术指导中心上海分中心
上海市职业技能鉴定中心

目　录

第 1 章　职业道德与基本常识

第 1 节　职业道德与素养 …… 2
第 2 节　5S 管理知识 …… 5

第 2 章　机械制图基础

第 1 节　机械制图基本知识 …… 12
第 2 节　机械制图投影与视图的基本概念 …… 26
第 3 节　公差与配合基本知识 …… 41

第 3 章　钳工基础知识

第 1 节　钳工基本操作技能 …… 48
第 2 节　钻孔与攻、套螺纹 …… 57

第 4 章　钣金常用工具、量具及设备

第 1 节　钣金常用工具 …… 70
第 2 节　钣金常用量具 …… 76
第 3 节　钣金常用设备 …… 79

第 5 章　常用金属材料及热处理常识

第 1 节　常用金属材料的名称、规格及用途 …… 88
第 2 节　金属材料的力学性能及拉伸试验 …… 95
第 3 节　金属的冷塑性变形与冷作硬化 …… 99
第 4 节　金属材料热处理常识 …… 101

第 6 章　弯曲与矫正

第 1 节　弯曲变形的基本原理与特点 ………… 108
第 2 节　弯曲件的回弹 ………… 112
第 3 节　手工弯曲成形 ………… 115
第 4 节　冷作矫正 ………… 131
第 5 节　加热矫正 ………… 137

第 7 章　车身连接及焊接技术

第 1 节　车身板件的连接方式 ………… 144
第 2 节　氧-乙炔焊接 ………… 153
第 3 节　手工电弧焊 ………… 162
第 4 节　钎焊 ………… 171
第 5 节　CO_2气体保护焊 ………… 175

第 8 章　汽车概况与相关知识

第 1 节　汽车概况 ………… 182
第 2 节　汽车车身构造 ………… 187

第 9 章　板件小损伤修复

第 1 节　车身骨架维修 ………… 196
第 2 节　车身面板的修复 ………… 200
第 3 节　钣金件的挖补修理 ………… 204

参考文献 ………… 210

1

第 1 章

职业道德与基本常识

第 1 节　职业道德与素养　/2
第 2 节　5S 管理知识　/5

第 1 节　职业道德与素养

学习目标

了解职业道德的基本知识

熟悉职业守则的基本内容

掌握汽车维修从业人员职业道德规范的主要内容

能够将职业道德规范应用在本职工作中

能够在本职工作中做好职业守则

知识要求

职业道德反映了职业、行业以至产业特殊利益的要求，是在特定的职业实践基础上形成的。所以职业道德表现为某一职业特有的道德传统和道德习惯，表现为从事某一职业的人们所特有的道德心理和道德品质。

一、职业道德基本知识

职业道德是道德意识和道德行为成熟的阶段，主要表现在实际从事一定职业的成人的意识和行为中。职业道德不是说教，不是形式，而是与各种职业要求和职业生活结合，具有较强的稳定性和连续性，从而形成比较稳定的职业心理和职业习惯。

1. 职业理想

职业理想是人们在职业上依据社会要求和个人条件，通过想象而确立的奋斗目标，即个人渴望达到的职业境界。职业理想是人们对职业活动和职业成就的超前反映，与人的世界观、人生观、价值观、职业期待、职业目标等密切相关。

由于人们的社会地位不同，观察问题的角度不同，就形成了不同的世界观。不同的人生观会产生一种不同的价值趋向，产生不同的职业理想，用不同的态度来对待所从事的职业。

2. 价值观的形成

价值观是一种主观意识。价值观的形成可以由选择、珍视和行动三个阶段组成。人们随着客观环境的变化而改变自己的主观意识，从而形成一定的价值观。价值观一旦确立，便具有稳定性、持久性、选择性和主观性。在同一客观条件下，由于人们的价值观不同，就会产生不同的行为。传统的价值观会不断地受到新价值观的挑战，最后必定是新的价值观替代传统的价值观。

3. 努力工作和事业成长的关系

每个人心中工作的含义都不一样，如果我们在工作过程中能够逐步接近或充分展现我们的性格和才能，这样的工作就是最令人满意的工作。没有机会工作或不能在工作中找到乐趣的人，就无法体会到工作本质的含义。

努力工作和事业成长存在着一种必然的联系，一个人面对的工作环境如果具有自主性、富有挑战性以及付出与回报相符，那么无论从事何种工作都应该认真对待。如果一个人在工作中没有良好的自控能力，没有监督就不能完成工作，那么事业就不会成功。所以只有在工作中严于律己，以端正的态度对待工作，不断锻炼自己的能力，才能更好地发挥自己的才能，事业才会成功。

二、职业守则

1. 勤奋好学，不耻下问

在科技发展迅速的今天，新的事物不断产生，环境也在不断变化，这就要求我们不断地进行学习，以适应市场需要。调整好积极学习的心态，全面接受新的知识，才能更好地适应当前的竞争，提高自身的竞争力。

在工作过程中，我们经常会接触到“四新”技术（新技术、新工艺、新材料、新设备）。当你遇到问题时，要放下架子，虚心地向他人学习，做到勤奋好学，不耻下问。

2. 热爱工作，乐于奉献

在汽车维修市场竞争日益激烈的今天，我们每一个人都要珍惜自己目前所从事的工作，并在实际工作中把上级布置的任务做得更好。“热爱工作”，并不是一句空话，而是要用实际行动去证明。在工作中经常会接触到脏与累的作业，如果不热爱自己的工作，就不会对工作持有积极负责的态度，也就不能把工作做好。

“做好自己的本分”，这是对每一个汽车维修人员的基本要求，虽然我们的工作是平凡的，岗位也是普通的，但我们必须拥有无私奉献的高尚情操，做到“甘于平凡、乐于奉献”，这样才能成为一个高尚的人。

3. 以人为本，遵纪守法

每一名汽车维修人员在工作中都要本着“以人为本，遵纪守法”去努力学习、努力工作。“以人为本”就是要关心人，在工作中员工之间要相互关心，同时还要关心每一位客户，以满腔热情去对待客户，以优质的服务质量赢得客户的信任。

工作中还必须做到“遵纪守法”，绝不弄虚作假，真心实意地维护企业利益。发现有损害员工及企业利益的现象，要坚定地站在公正的立场上，为企业、为员工辩护，不做有损于企业形象的事。

三、汽车维修从业人员职业道德规范的主要内容

1. 热爱本职，忠于职守

（1）热爱本职。热爱汽车维修本职工作，是汽车维修从业人员职业道德规范的首要内容，它反映了汽车维修从业人员对职业价值的正确认识和对本职业的真挚感情。汽车维修从业人员要立足本职工作，负有强烈的责任心和责任感。热爱本职主要表现为严守岗位、尽心尽责、注重务实、服务行业。

（2）忠于职守。忠于职守是汽车维修从业人员最基本的职业责任。能否做到忠于职守、尽职尽责、勤奋工作、不弄虚作假，是衡量汽车维修从业人员职业道德水平的重要标志。忠于职守主要表现为严格标准，严格工艺程序，严守行规行为，尽职尽责。

2. 钻研技术，提高技能

钻研技术一是要认真学习技术，提高工作技能。二是要不断接受新技术、新知识，拓宽自己的知识面。三是要认真学习国家的方针、政策、决定和决议，树立正确的人生观、价值观。为促进行业的发展和企业经济效益的提高而努力工作。

3. 遵章守纪，严于律己

高度的组织性和纪律性，是各项事业取得成功的基本保证。汽车维修工作有严格的行规行约、厂规厂纪和岗位操作规程。因此，每一名从业人员一定要严格要求自己，在职业活动实践中养成自觉遵章守纪的好习惯。时时处处按制度办事，做守纪的模范，以保证汽车维修服务工作的顺利开展，保障修车质量。

4. 文明礼貌，优质服务

文明礼貌、优质服务是要求从业人员说话和气、热情主动、耐心周到。热情主动表现在待客如宾、态度积极。耐心周到表现在心平气和、沉着静思。文明礼貌、优质服务要求每一名从业人员真正把服务对象的事情变成自己的事情来处理，只有这样才能保持承、托修双方之间长期、良好的合作关系。

5. 顾全大局，团结协作

（1）顾全大局。顾全大局主要体现在正确处理国家、集体和个人之间的利益关系。在处理三者利益关系时，要求做到国家利益高于集体和个人利益，人民利益高于一切，个人利益必须服从人民利益。

（2）团结协作。团结协作是社会主义现代化大生产的客观需求。汽车维修服务工作具

有很强的整体性和衔接性，这在客观上要求汽车维修从业人员坚持集体主义原则，以平等友爱、相互合作、共同发展的精神处理好内外关系，自觉服务大局。

6. 务实高效，竭诚奉献

务实高效，竭诚奉献是新时代对从业人员提出的新行业准则。务实就是从实际出发，实事求是，说实话办实事，不做表面文章，不搞形式主义。高效就是在维修服务工作中，讲求快节奏、高效率，最大限度地满足服务对象的需求，提高企业的经济效益和社会效益。务实、高效与奉献是密切相关的，务实是高效的前提和基础，奉献是务实和高效的落脚点。每一名维修从业人员都应该以本业为荣，以本职为乐，积极为维修行业发展奉献出自己的力量，在奉献中充分体现自己的人生价值。

第 2 节　5S 管理知识

学习目标

了解 5S 管理的基本知识

熟悉 5S 管理的具体内容

掌握 5S 管理的实施要点和检查要点

能够在本职工作中做好 5S 管理工作

能够对 5S 管理的具体内容进行检查

知识要求

一、5S 管理基本知识

“5S 管理”（见图 1—1）是指整理（Seiri）、整顿（Seiton）、清扫（Seisou）、清洁（Seiketsu）、素养（Shitsuke）。“5S 管理”活动起源于日本，是指在生产现场中对人员、机器、材料、方法等生产要素进行有效的管理，推出后便在日本企业中广泛推行。“5S 管理”活动的对象是现场的“环境”，它相当于我国企业开展的文明生产活动。通过“5S 管理”活动，使企业管理达到规范化。目前，“5S 管理”已逐渐在我国部分企业中实施，并取得了良好的效果。

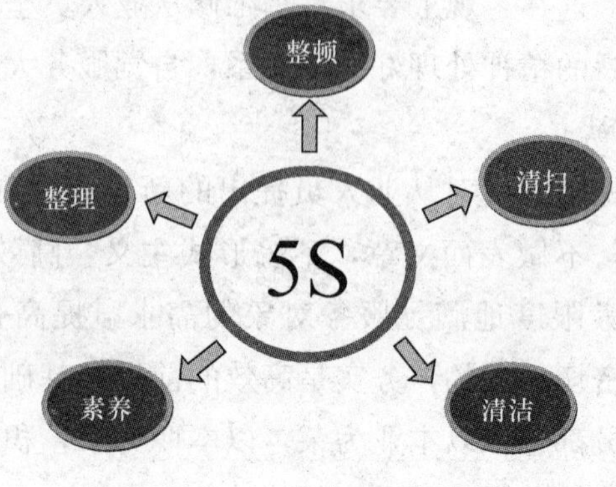

图 1—1　5S 管理

1. 整理

将工作场所的全部物品区分为要用物品与不用物品，把要用物品与不用物品明确地、严格地区分开来，尽快将不用物品处理掉。

整理的目的是腾出、改善和增加作业的空间，提高现场空间的利用率，塑造清爽的工作场所。

2. 整顿

整顿是对整理之后留在现场的要用物品分门别类地放置整齐，使任何物品都有定位，明确数量，并进行有效标识。

整顿的目的是使工作场所有一个整齐的环境，物品堆放整齐，减少找寻物品的时间，消除过多的积压物品。

（1）整顿的“三要素”

1）放置场所。物品的放置要有固定场所，保管要定点、定容、定量，生产线附近不能放置不需要的物品。

2）放置方法。物品的放置要容易提取，并在规定的范围内放置。

3）标识方法。放置场所的标识要和物品上的标识一致，必要时标识方法在全公司要进行统一。

（2）整顿的“三定”原则

1）定点。物品放置要定点。

2）定容。放置物品的容器要按规定。

3）定量。放置的物品数量要按规定。

3. 清扫

清扫是保持工作场所有一个干净、亮丽的环境。

清扫的目的是让工作者有一个良好的工作环境和工作情绪，将设备维护保养做好，就能及时发现异常。

4. 清洁

清洁是将整理、整顿、清扫的实施制度化、规范化，并贯彻执行及维持结果。

清洁的目的是延续维持执行的成果，培养良好的工作习惯，提升企业形象。

5. 素养

素养包括了道德品质、外表形象、知识水平与能力等各个方面。可通过各种手段来提高全体员工的文明礼貌水准，使每个员工养成良好的习惯，遵守企业的各种规章制度。

素养的目的是提升员工的品质，培养员工具有良好的习惯，使每个员工都能遵守规则，提高自身的文明礼貌水准，营造团队精神。

二、5S 管理的执行

1. 5S 管理的推行要点

5S 管理的推行要点分为实施要点和检查要点见表 1—1。

表 1—1　　5S 管理的实施要点和检查要点

名称	实施要点	检查要点
整理	1）彻底将要与不要的物品区分清楚 2）将不要的物品加以处理	1）现场摆放物料是否清晰，要与不要是否区分 2）物品放置在通道上是否影响畅通
整顿	1）工作现场需要的物品按“三定原则”进行科学合理的布置和摆放 2）设置明确、有效的标识	1）现场摆放物料是否定期进行整理 2）物料是否便于取用 3）有无安全隐患
清扫	1）对工作场所进行彻底的清扫，杜绝污染源 2）及时维修异常的设备 3）明确岗位职责	1）场地是否清扫干净，环境是否整洁 2）地面上是否有垃圾、油污等
清洁	1）保持完美和最佳的状态 2）对整理、整顿和清扫进行标准化，做到制度化及考核	1）整理、整顿、清扫之后是否做到认真维护 2）是否进行标准化管理
素养	1）不定期地循环检查，确保各类作业标准彻底执行 2）表现出应有的礼仪、态度端庄，长期提升员工素养	1）检查礼仪守则，员工素养是否有提升 2）员工是否通过班前会或班后会坚持养成良好习惯

2. 5S管理活动中员工的责任

（1）整理、整顿自己的工作场所，物品、材料不乱堆放。

（2）对与工作无关的物品应立即处理，不占用作业空间。

（3）物品、工具、零件等放置于规定地点，通道始终保持清洁和畅通。

（4）物品、设备的放置要做到仔细、安全；较大、较重的物品要摆放在下层。

（5）自己保管的工具、设备及所负责的责任区，如灭火器、配电箱、开关箱、电动机、流水线等周围要时刻保持清洁。

（6）不断清扫、整理，保持现场清洁。纸屑、碎布、杂物要集中放置于垃圾桶内。

3. 工作现场的5S管理检核方法

接受5S管理咨询的企业到最后都需要对所做的工作进行检核，现场5S管理检核需要考虑以下几个方面：

（1）现场摆放必须符合5S的基本要求，包括原料、成品、半成品以及余料和废料，并对这些材料进行区分的检核。

（2）对工具架、物料架、模具架等各种架具正确合理的使用方法及其应有的清洁情况，对现场桌面及抽屉等进行定期清理的检核。

（3）对所有的生产工具、夹具、零件等正确的使用方法及摆放位置，对点检表、资料等的定位放置，对手推车、置料车等车间现场运输工具的定位放置，对润滑油、清洁剂等日常护理用品的定位放置，对设备的正确放置的检核。

（4）对工作现场地面、窗门、墙壁的清扫、清洁，对塑料箱，纸箱等搬运箱子位置的定位，对通道、走廊的通畅情况，抹布、手套等工作消耗品的定位，对工作现场私人物品摆放位置的检核。

（5）对现场员工工作态度，对服装、鞋帽穿戴的检核。

以上是现场5S管理检核的一些具体要求，通过对这些内容的检核给企业现场管理打下基础，严格、持续地做好现场5S管理。

模拟测试题

一、判断题（将判断结果填入括号中，正确的填“√”，错误的填“×”）

1. 职业理想是人们在职业上依据社会要求和个人条件，借想象而确立的奋斗目标，即个人渴望达到的职业境界。（ ）

2. 要使自己的工作能取得成功，无需提高自身的工作技能。（ ）

3. 钻研业务是指为事业刻苦学习，勇于钻研，努力提高本职工作能力水平。（ ）

4. 5S 管理起源于德国，是指在生产现场中对人员、机器、材料、方法等生产要素进行有效的管理。 ( )

5. 5S 管理的推行要点分为实施要点和分析要点。 ( )

二、单项选择题（选择一个正确的答案，将相应的字母填入题内的括号中）

1. 一个人面对的工作环境无论是松散还是严格，都应该( )。

A. 认真工作　B. 随意工作　C. 松散工作　D. 无所谓

2. 通过企业的服务形象，从而给社会公众留下深刻的整体印象，特别是使客户产生满意和( )。

A. 约束感　B. 信赖感　C. 严肃感　D. 不足感

3. 文明礼貌、优质服务，就是要求从业人员热情主动、耐心周到及( )。

A. 说话和气　B. 大声喧哗　C. 保持沉默　D. 随意而为

4. 素养的目的是培养具有良好习惯、遵守规则的员工，提高员工文明礼貌的水准，营造( )。

A. 团体精神　B. 个人精神　C. 社会精神　D. 企业精神

5. 在 5S 管理活动中，员工要做到：通道必须始终保持清洁和( )。

A. 堵塞　B. 畅通　C. 整齐　D. 干净

模拟测试题答案

一、判断题

1. √　2. ×　3. √　4. ×　5. ×

二、单项选择题

1. A　2. B　3. A　4. A　5. B

2

第 2 章

机械制图基础

第 1 节　机械制图基本知识　/12
第 2 节　机械制图投影与视图的基本概念　/26
第 3 节　公差与配合基本知识　/41

第 1 节　机械制图基本知识

学习目标

了解机械制图的有关知识

熟悉机械制图中所使用的相关绘图工具

掌握机械制图的国家标准

能够正确地使用绘图工具

能够按照机械制图的国家标准进行绘图

知识要求

一、绘图工具简介

1. 绘图板

（1）绘图板简介。绘图板一般是指表面用细软而较有弹性的胶合板制成的长方形板，用来固定图纸。绘图板要求光滑平整，图框的边缘镶有较硬的导板，导板必须平直，如图 2—1 所示。

（2）绘图板使用方法。绘图板是用来铺放制图纸张的，图纸用胶带粘接在绘图板上，如图 2—2 所示。图板必须要保持平整光滑和干燥，平时使用图板时要注意保护图板的导板边，并且防止绘图板受潮。

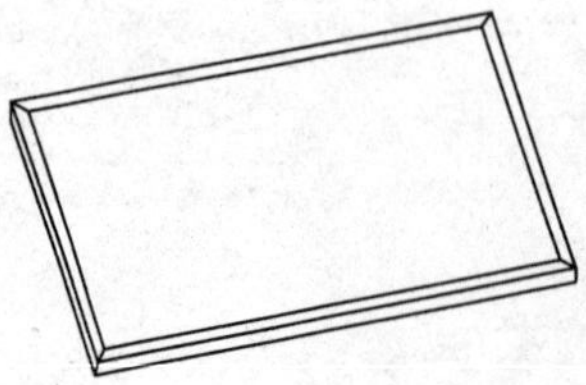

图 2—1　绘图板

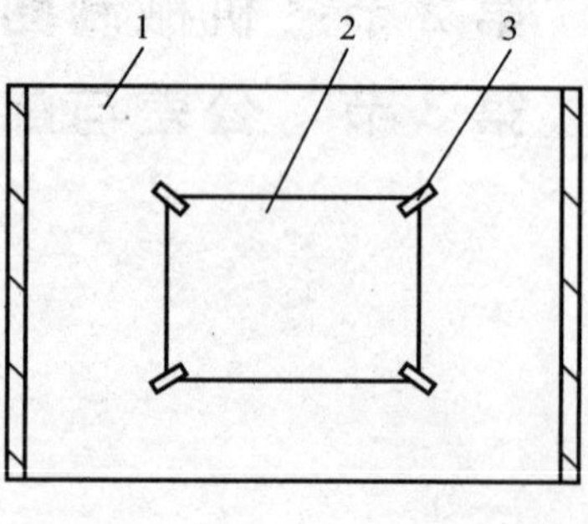

图 2—2　绘图板的使用

1—绘图板　2—图纸　3—胶带

2. 丁字尺

(1) 丁字尺简介。丁字尺是配合图板画水平线的一种长尺，由一个长的尺身和固定在尺身上并与尺身成直角的尺头组成，如图 2—3 所示。

(2) 丁字尺使用方法。丁字尺主要用来画直线，使用时尺头紧靠图板的导板边，内侧必须保持垂直。绘图时，用左手推动丁字尺上下移动，用尺身工作边画线，禁止用尺身下缘画线，如图 2—4 所示。

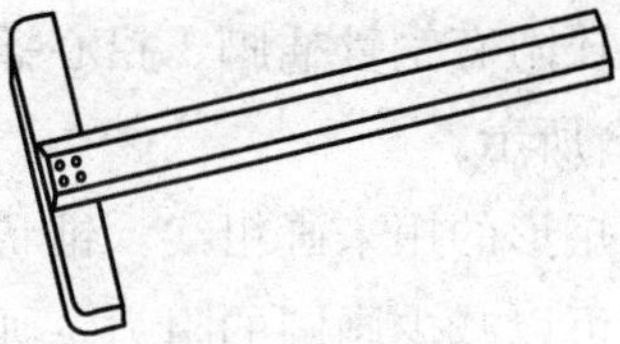

图 2—3　丁字尺

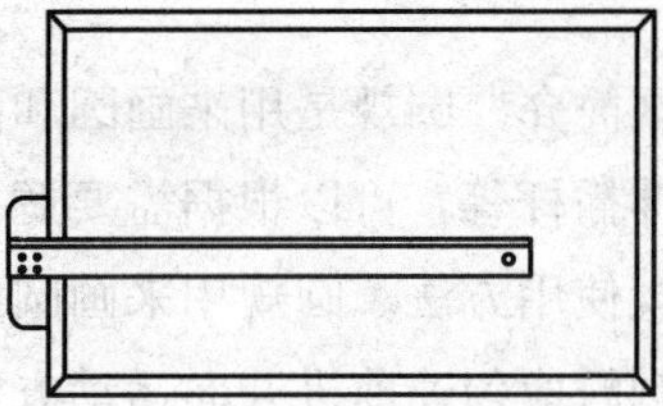

图 2—4　丁字尺与绘图板的配合使用

3. 三角板

(1) 三角板简介。三角板由木材或塑料制成，每副两块，一块由一个 90°直角、一个 30°角和一个 60°角组成，一块由一个 90°直角和两个 45°角组成，如图 2—5 所示。

(2) 三角板使用方法。一副三角板配合使用时，可以画垂直线和平行线，也可画出 15°的倍角。三角板与丁字尺配合使用时，可画垂直线以及与水平线成 30°、45°和 60°角的斜线，丁字尺与三角板的配合使用如图 2—6 所示。

图 2—5　三角板

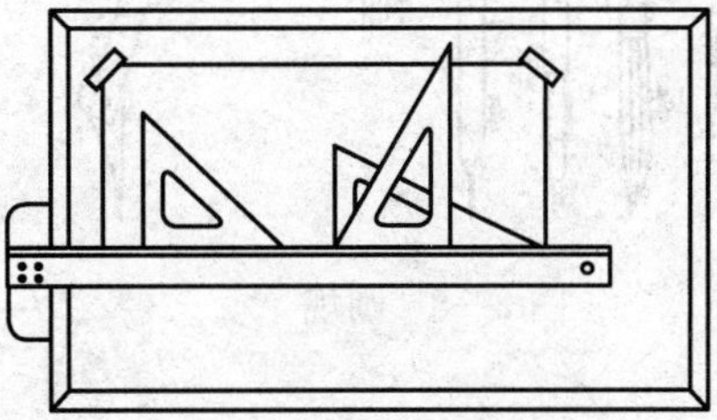

图 2—6　丁字尺与一副三角板的配合使用

4. 比例尺

(1) 比例尺简介。比例尺是用作放大或缩小线段的尺子，只能量取尺寸，不可用于画线。比例尺呈三角形状，所以又称三棱尺，如图 2—7 所示。

(2) 比例尺使用方法。当视图所要表示的零件太大或太小时，为了能完整的画出零件的实际形状，就需要用一定的比例。图面不管是放大还是缩小，在比例尺不同侧面有不同比例的刻度可以很方便地进行量取，获得所需的尺寸。

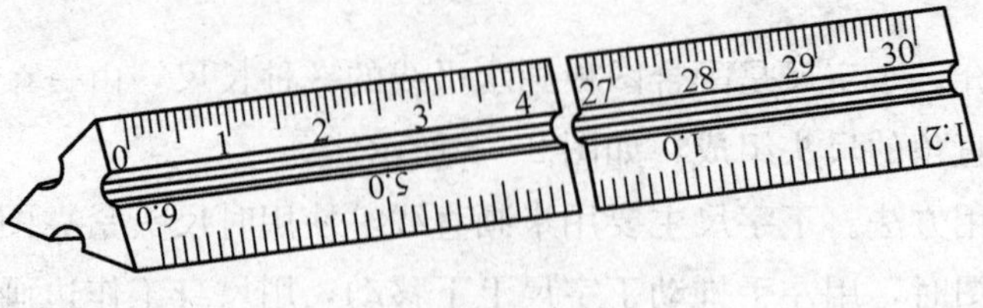

图 2—7　比例尺

5. 圆规

（1）圆规简介。圆规是用来画圆和圆弧，成套的圆规还附有钢针插脚、铅心插脚、鸭嘴插脚和延伸插杆等，可以根据需要调换使用，如图 2—8 所示。

（2）圆规使用方法。圆规用来画圆或圆弧，铅心磨成矩形的用来画粗线，锥状的用来画细线。画圆时应匀速前进并向运动方向稍微倾斜，这样可以减少画圆的阻力，画特大圆时可以使用加长杆。圆规的使用方法如图 2—9 所示。

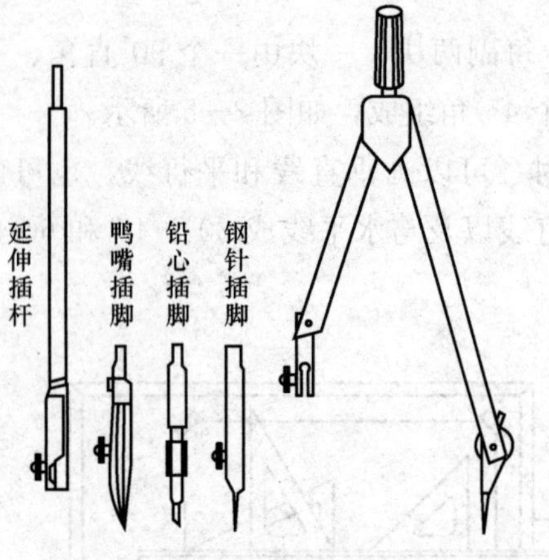

图 2—8　圆规

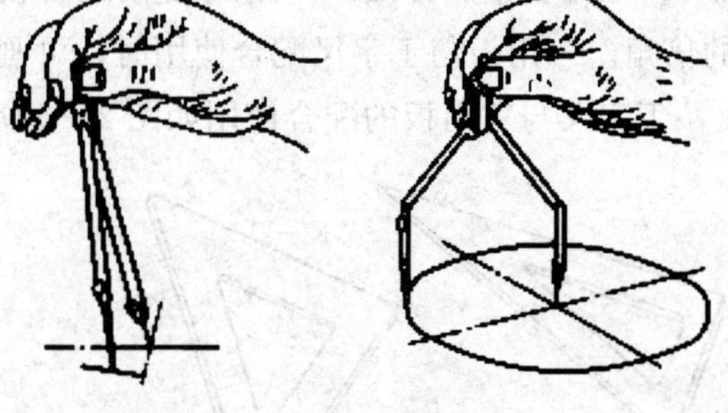

图 2—9　圆规使用方法

6. 分规

（1）分规简介。分规是用来截取线段、等分直线或圆弧，以及从尺上量取尺寸的工具，如图 2—10 所示。

（2）分规使用方法。分规用来等分线段和在直尺上量取尺寸，使用时两个针尖要保持对齐，如图 2—11 所示。用分规在比例尺上量取尺寸的方法如图 2—12 所示。

7. 曲线板

（1）曲线板简介。曲线板是用来描绘非圆曲线的工具，如图 2—13 所示。

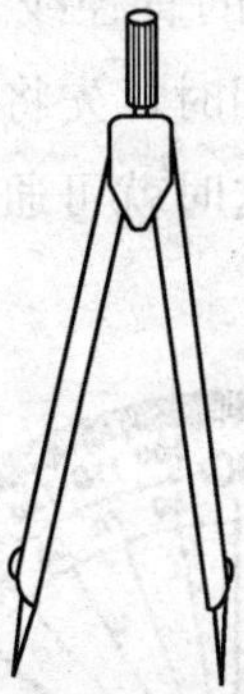

图 2—10　分规

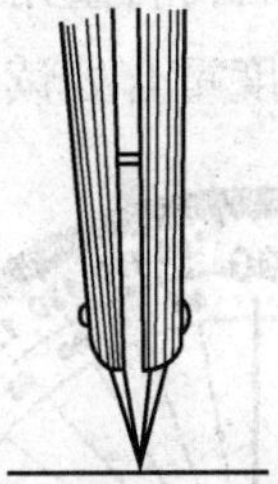

图 2—11　分规针尖并拢时应对齐

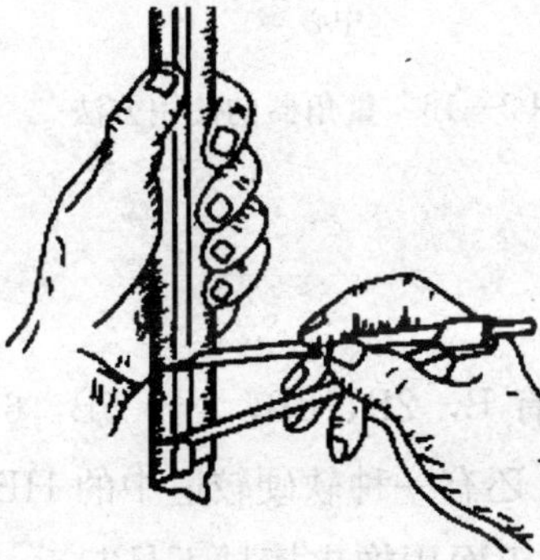

图 2—12　分规在比例尺上量取尺寸的方法

图 2—13　曲线板

(2) 曲线板使用方法。曲线板用来画非圆曲线，它的轮廓线由多段不同曲率半径的曲线组成。使用时，先选取几个点，然后从曲线板上选用适合这几个点的曲线部分进行描绘。对复杂的曲线可以分段描绘，并注意接头处的平滑，最好每次有 4 个点与曲线吻合，先画 1 到 3 之间再画 3 到 4 之间，直至画出光滑的曲线。绘制对称曲线时，应先在曲线板上做出标记，然后翻转曲线板，按标记的位置绘制对称的另一半，如图 2—14 所示。

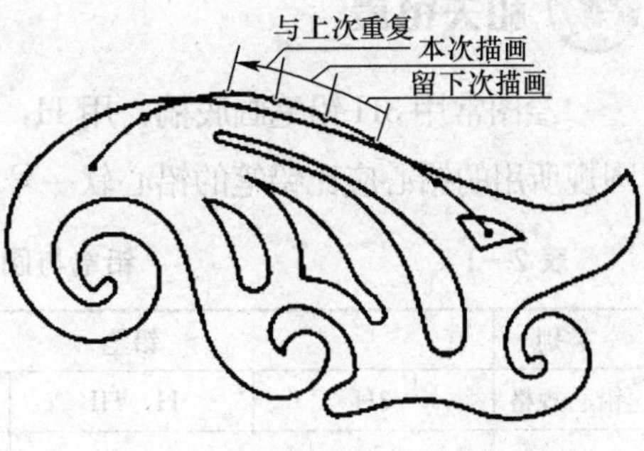

图 2—14　曲线板使用方法

8. 量角器

(1) 量角器简介。量角器是一块半圆形的刻度板，在半圆上刻有 180 等分，每一等分为 1°，分为内刻度和外刻度，如图 2—15 所示。

（2）量角器使用方法。量角器一般都是半圆形的，半圆的直径线是量角器的零刻度线，半圆的中心位置是量角器的中心，度数刻在半圆上。使用时，先将量角器的中心点和角的顶点重合，然后再将量角器的直径线与角的一边重合，这时就可通过角的另一边与量角器在半圆上的刻度重合处读出角的度数，如图 2—16 所示。

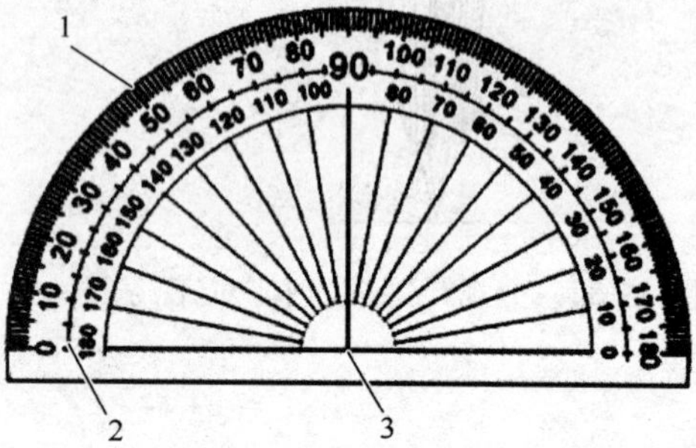

图 2—15　量角器

1—外刻度　2—内刻度　3—量角器

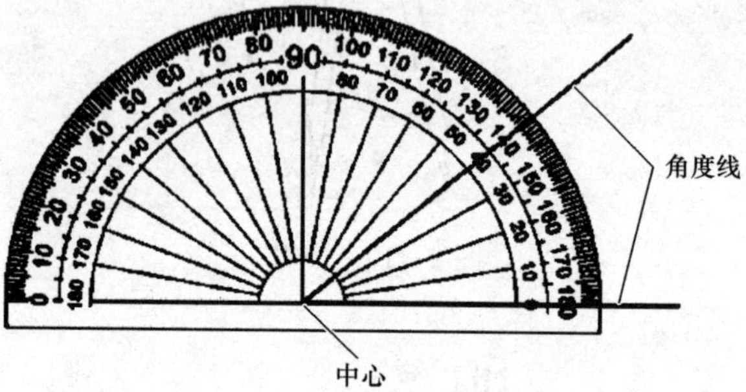

图 2—16　量角器的使用方法

9. 铅笔与绘图纸

（1）铅笔。铅笔一般分为软铅和硬铅两种，软铅有 B，2B，3B，4B，5B，6B 六种。硬铅有 H，2H，3H，4H，5H，6H 六种。除此之外，还有一种软硬较适中的 HB 铅笔。

（2）绘图纸。绘图纸的质地较坚实，有正反两面，正面用橡皮擦拭不易起毛，绘图时应使用正面。

相关链接

绘图常用 3H 铅笔画底稿，用 H，HB，B 铅笔描深图线，用 HB 铅笔写字。描深图线时，圆规所用的铅心应比铅笔的铅心软一号，铅笔与圆规铅心的规格、形式及用途参见表 2—1。

表 2—1　　铅笔与圆规铅心的规格、形式及用途

类别	铅笔			圆规		
铅心规格	3H	H，HB	HB，B	2H	2B	2B
铅心形式	 （圆锥形）		 （四棱柱形）	 （圆柱磨斜）		 （四棱柱磨斜）

续表

类别	铅笔			圆规		
用途	画底稿线	描深点画线、细实线、画箭头、写数字等	描深粗实线	画底稿线	描深点画线、细实线、虚线等	描深粗实线

画线时应该使铅笔前后方向与图纸面垂直，保持与前进方向成 30°左右的角度，铅心紧靠尺边，用力均匀，速度适中。

二、机械制图国家标准的一般规定

1. 国家标准

我国制定并发布的《技术制图》和《机械制图》简称为“国标”，代号为“GB”。“GB/T”是推荐性国家标准的代号，如 GB/T 14689—2008，其中“14689”是标准顺序号，“2008”表示该标批准的年代号。

（1）图纸幅面及格式（GB/T 14689—2008）

1）图纸幅面。为了使图纸幅面统一，便于装订和保管以及符合缩微复制原件的要求，机械制图优先采用 A 类标准图纸，按规定采用五种基本幅面，见表 2—2。五种幅面的尺寸关系如图 2—17 所示。

表 2—2　　图纸幅面基本尺寸　　mm

幅面代号	A0	A1	A2	A3	A4
B×L	841×1 189	594×841	420×594	297×420	210×297
c	10			5	
a	25				
e	20		10		

从图 2—17 中可以看出，大一号图纸幅面的短边是比它小一号图纸幅面的长边，层层相扣。必要时，也允许采用加大幅面，加大幅面的尺寸是由基本幅面的短边成整数倍增加后得出，例如：A0 是 1 189 mm×841 mm，加大后 841×2＝1 682，即幅面尺寸为 1 682 mm×1 189 mm。1 189 成了加大幅面后的短边，如还需加大幅面应以此类推。

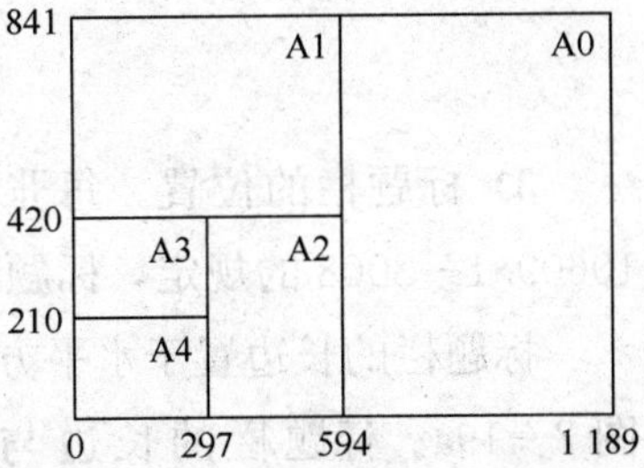

图 2—17　基本幅面的尺寸关系

2）图框格式。在图纸上必须用粗实线画出图框，可分为不留装订边和留有装订边两种，但同一产品的图纸只能采用一种格式。

不留装订边的图纸格式如图 2—18 所示。

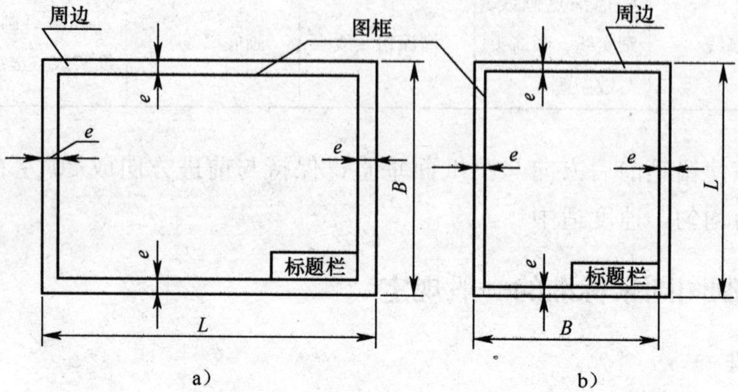

图 2—18　不留装订边的图纸格式

a）X 型　b）Y 型

留有装订边的图纸格式如图 2—19 所示。

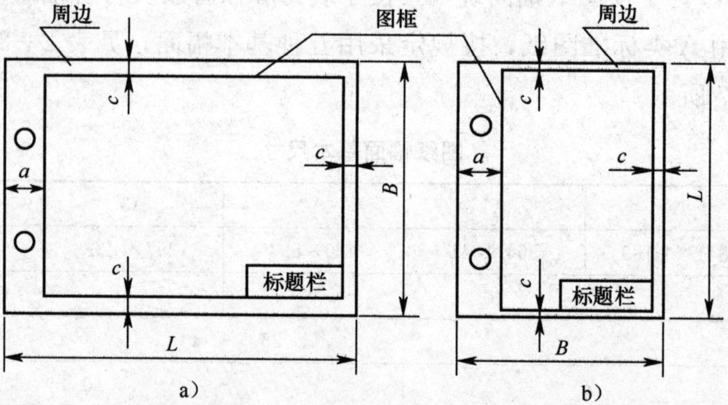

图 2—19　留有装订边的图纸格式

a）X 型　b）Y 型

3）标题栏的位置。每张图纸都必须画出标题栏。标题栏的格式和尺寸应按 GB/T 10609.1—2008 的规定，标题栏的位置位于图纸的右下角，如图 2—20 所示。

标题栏的长边置于水平方向并与图纸的长边平行时，称为 X 型图纸，参见图 2—18a、图 2—19a。标题栏的长边与图纸的长边垂直时，称为 Y 型图纸，参见图 2—18b、图 2—19b。这时，看图的方向与看标题栏的方向一致。

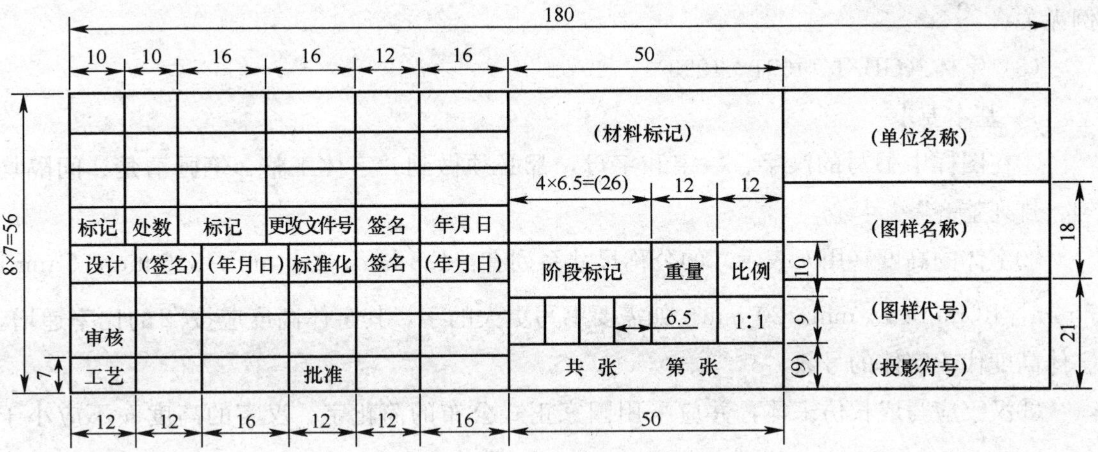

图 2—20 标题栏的格式

(2) 比例 (GB/T 14690—1993)。机械制图中有关比例的术语见表 2—3。

表 2—3 **机械制图比例术语**

术语名称	说明
比例	图中图形与其实物相应要素的线性尺寸之比
原值比例	比例为 1 的比例，即 1∶1
放大比例	比值大于 1 的比例，如 2∶1 等
缩小比例	比值小于 1 的比例，如 1∶2 等

绘图时应尽量采用原值比例，可以从图样中直接反映出实物的大小。但如果实物的结构较简单，采用原值比例图面较空洞，或是实物局部构造复杂，采用原值比例无法清晰地说明具体细节，可根据实际需要选取放大比例或缩小比例，原值比例与放大或缩小比例的选取见表 2—4。

表 2—4 **常用比例**

种类	比例					
原值比例	1∶1					
放大比例	2∶1	5∶1	10∶1			
缩小比例	1∶2	1∶5	1∶10	1∶25	1∶50	1∶75

比例的标注方法：

1) 比例符号应以“∶”表示。比例的表示方法如 1∶1，1∶3，2∶1 等。

2) 比例是表明图中图形的大小与实物大小的关系，比例一般在标题栏中的比例栏内标出。不论采用何种比例，图样中所表示的尺寸数值必须是实物的实际大小，与图形的比例无关。

（3）字体（GB/T 14691—1993）

1）基本要求

①在图样中书写的汉字、数字和字母，都必须做到“字体工整、笔画清楚、间隔均匀、排列整齐”。

②字体的高度（用 h 表示）的公称尺寸系列有：1.8 mm，2.5 mm，3.5 mm，5 mm，7 mm，10 mm，14 mm，20 mm。如需要书写更大的字，其字体高度应按 $\sqrt{2}$ 的比率递增。字体高度代表字体的号数。

③汉字应写成长仿宋体，并应采用国家正式公布的简化字。汉字的高度 h 不应小于 3.5 mm，其字宽一般为 $h/\sqrt{2}$。

书写长仿宋体的要领是：横平竖直、注意起落、结构均匀、填满方格。

④字母规定用拉丁字母，字体为 2.5 mm，3.5 mm，5 mm，7 mm，10 mm，14 mm 等六种。字母和数字根据笔划粗度分 A 型和 B 型。A 型字体的笔画粗度为 $h/14$，B 型字体的笔画粗度为 $h/10$。在同一图样上，只允许选用一种型式的字体。

⑤字母和数字采用长仿宋体，可写成斜体和直体。斜体字字头向右倾斜，与水平基准线成 75°角。

书写长仿宋体的要领是：横平竖直、注意起落、结构均匀、填满方格。

2）字体示例

①长仿宋体汉字示例，如图 2—21 所示。

10号字

字体工整 笔画清楚 间隔均匀 排列整齐

7号字

横平竖直 注意起落 结构均匀 填满方格

5号字

技术制图机械电子汽车航空船舶土木建筑矿山井坑港口纺织服装

3.5号字

螺纹齿轮端子接线飞行指导驾驶舱位挖填施工引水通风闸阀坝棉麻化纤

图 2—21 长仿宋体汉字

②拉丁字母示例（A 型字体），如图 2—22 所示。

图 2—22　拉丁字母

③阿拉伯数字示例（B 型字体），如图 2—23 所示。

图 2—23　阿拉伯数字

④罗马数字示例（B 型字体），如图 2—24 所示。

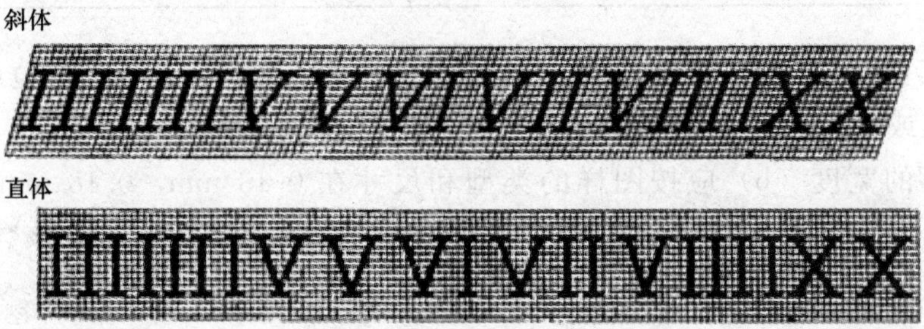

图 2—24　罗马数字

⑤其他应用示例，如图 2—25 所示。

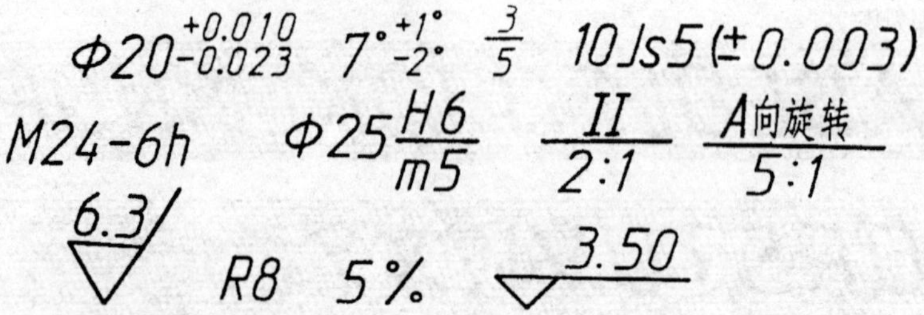

图 2—25　其他应用示例

（4）图线。图线（GB/T 17450—1998、GB/T 4457.4—2002）是起点和终点间以任意方式连接的一种几何图形，可以是直线或曲线、连续线或不连续线。

国家标准《机械制图》中规定了各种图线的名称是以其结构和粗细不同来命名的，见表 2—5。

表 2—5　　常用图线

序号	图线名称	图示	一般应用
1	细实线		过渡线、尺寸线、尺寸界线、指引线和基准线、重合断面的轮廓线等
2	波浪线		断裂处边界线、视图与剖视图的分界线
3	双折线		断裂处边界线、视图与剖视图的分界线
4	粗实线		可见过渡线、可见轮廓线、剖面符号用线
5	虚线		不可见过渡线、不可见轮廓线
6	细点划线		轴线、对称中心线、分度圆（线）、孔系分布的中心线、剖切线
7	细双点划线		相邻辅助零件、可动零件的极限位置、成形前、剖切面前的结构、毛坯图中制成品的轮廓线、轨迹线、中断线

图线按其宽度不同分为粗细两种，它们之间的比例为 2∶1。粗实线的宽度为 b，一般选用 0.5 mm 或 0.7 mm，细实线的宽度为 1/3 b。

所有线型的宽度（b）应按图样的类型和尺寸在 0.13 mm，0.18 mm，0.25 mm，0.35 mm，0.5 mm，0.7 mm，1.0 mm，1.4 mm，2 mm 数系中选取。该数系的公比为 $1:\sqrt{2}$（≈1∶1.4）。

2. 机械制图图线的规范画法（图线）

（1）虚线画法。虚线的每段长度约在 2～6 mm、间隔约为 1 mm 左右。它与其他线的连接情况见表 2—6。

表 2—6　　虚线与其他线的连接情况

图例		注意事项
正确	错误	
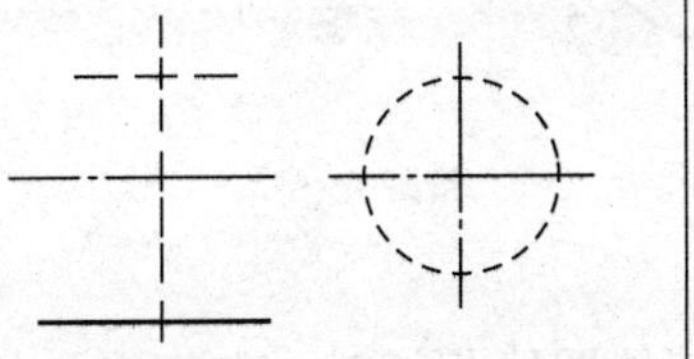	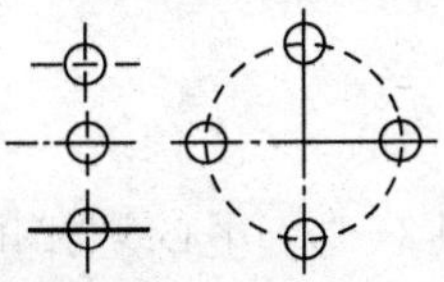	虚线与虚线或与其他图线相交时，应与线段相交
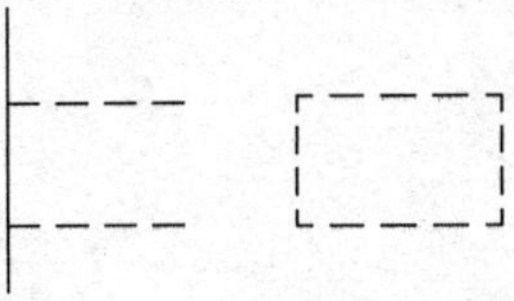	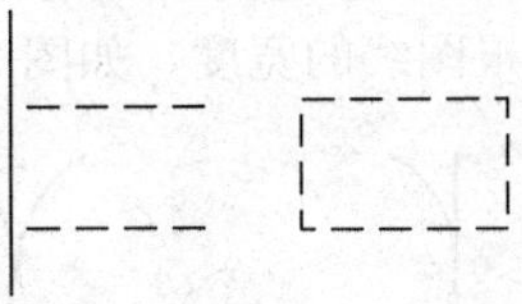	虚线与虚线或与其他图线垂直相交时，在垂足处不应留有空隙
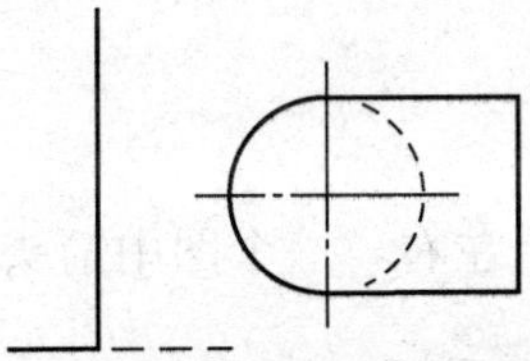	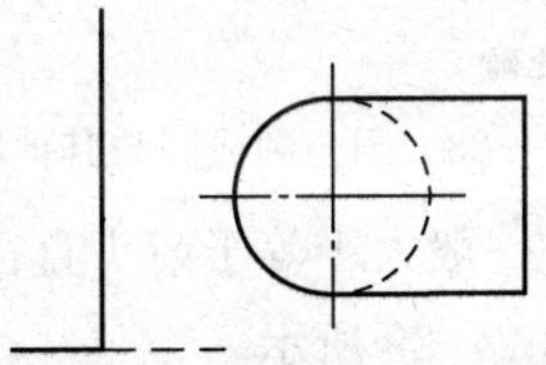	虚线为粗实线的延长线时，不得以短划相接，应留有空隙，以表示两种图线的分界处

（2）点划线画法。画点划线时，应该从长画开始以长画结束。长画线的长度约为 15～30 mm，两长画间约为 3 mm。相交时应在长画的中间，而不应相交在短画或空白处，如图 2—26 所示。

正确　　错误

图 2—26　点划线

（3）圆与中心线画法。画圆时圆心应以中心线的线段交点表示，中心线应超出圆周约 5 mm。当圆的直径小于 12 mm 时，中心线可以用细实线画出，超出圆周也相应缩至

3 mm，如图 2—27 所示。

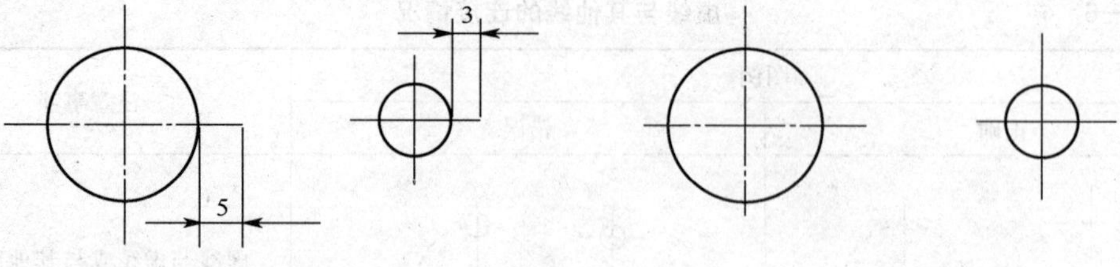

图 2—27　中心线与圆的关系

（4）圆与圆或圆与其他图线相切画法。圆与圆或圆与其他图线相切时，在切点处的图线要重合，在重合区域内应是单根图线的宽度，如图 2—28 所示。

图 2—28　圆与圆或圆与其他图线相切

（5）箭头画法。箭头的大小一般大于等于箭头直径 d 的 6 倍左右，一个图中箭头的大小应一致，箭头型式及画法如图 2—29 所示。

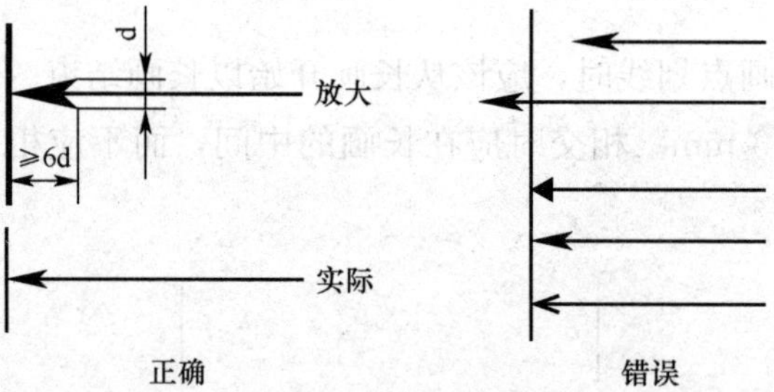

图 2—29　箭头的画法

技能要求

图线绘制操作

操作准备

1. 盖板图形样图，如图 2—30 所示。

2. 绘图工具一套。

3. 绘图纸。

操作步骤

按图线绘制要求画出两条互相垂直的中心线，然后画出图形轮廓线。再根据图形要求画出孔的轮廓线及画出尺寸线，标出尺寸数值。

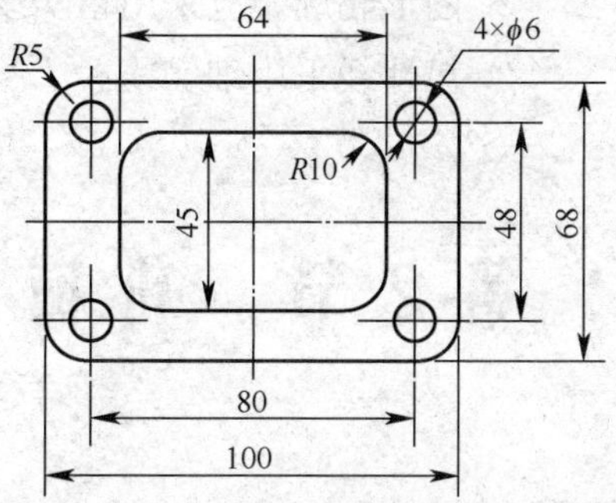

图 2—30　盖板图

步骤 1　画出两条互相垂直的中心线（细点划线），如图 2—31 所示。

步骤 2　画出图形的轮廓线（粗实线），如图 2—32 所示。以中心线为基准，找出四角圆弧的中心（内、外），然后作出四角圆弧。作图时要先画圆和圆弧，然后再画直线，完成盖板的轮廓图。

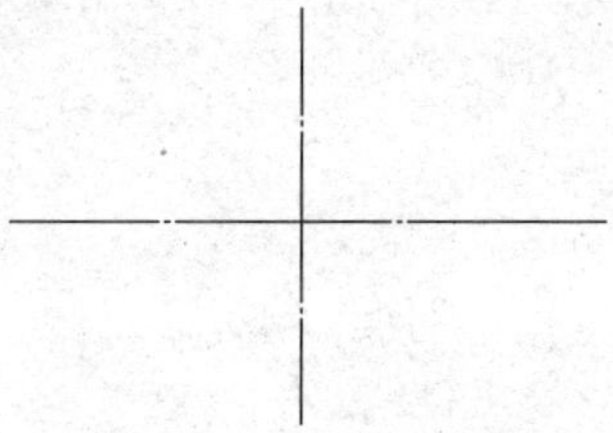

图 2—31　中心线

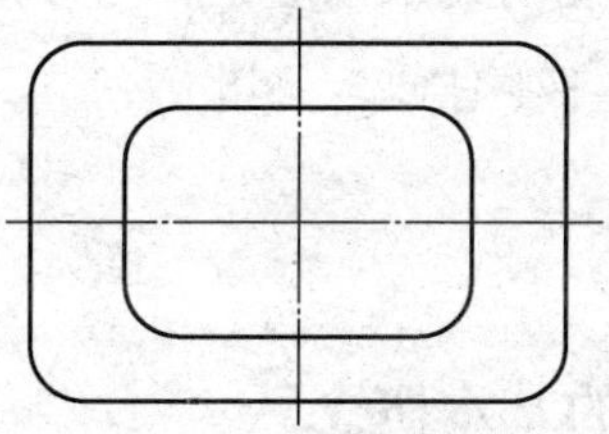

图 2—32　画轮廓线

步骤 3　按图中的尺寸画出孔的中心线，画出四孔，如图 2—33 所示。

步骤 4　画出尺寸线及标注尺寸数值，如图 2—34 所示。

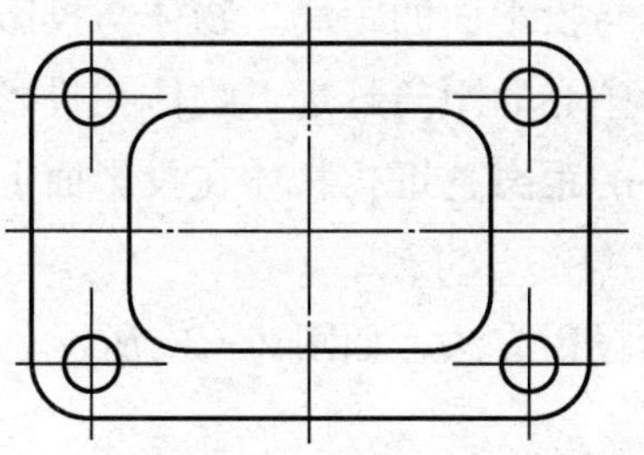

图 2—33　孔轮廓线

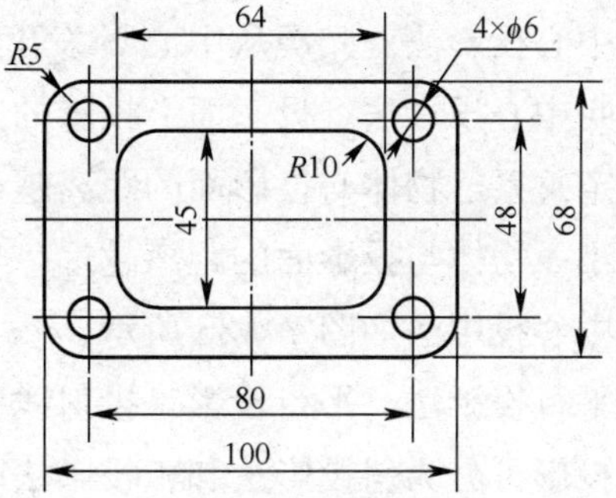

图 2—34　画出尺寸线及标注尺寸数值

注意事项

1. 中心线必须互相垂直，采用细点划线。

2. 图形轮廓线应采用粗实线。

3. 尺寸线采用细实线。

第 2 节 机械制图投影与视图的基本概念

学习目标

了解零件投影的基本概念

熟悉三视图的形成过程

掌握各种视图的表示方法

能够画出简单零件的三视图

知识要求

一、投影的基本概念

在日常生活与生产中投影现象到处可见，投影是投射线通过物体，向选定的投影面投射，用绘图理论来总结物体与影子的几何关系，并在该面上得到图形的方法。

1. 投影法分类

投影法分为中心投影法和平行投影法两大类。

（1）中心投影法。光源从中心 S 发出的四条投射线，把 E 平面投影在 P 平面上，这种方法就叫中心投影法。投影面上投影的大小和物体与投影面的距离、物体与投影中心的距离有一定关系，物体与投影面的距离越近，与投影中心的距离越远，物体在投影面上的投影就越小。物体与投影面的距离越远，与投影中心的距离越近，物体在投影面上的投影就越大。中心投影法如图 2—35 所示。

（2）平行投影法。平行投影是投射线互相平行的投影方法，如图 2—36 所示。

平行投影可分为斜投影法和正投影法两类。

1）斜投影法。投射线与投影面相倾斜的平行投影法称为斜投影，如图 2—37 所示中的左图。

2）正投影法。投射线与投影面相垂直的平行投影法称为正投影，如图 2—37 所示中的右图。

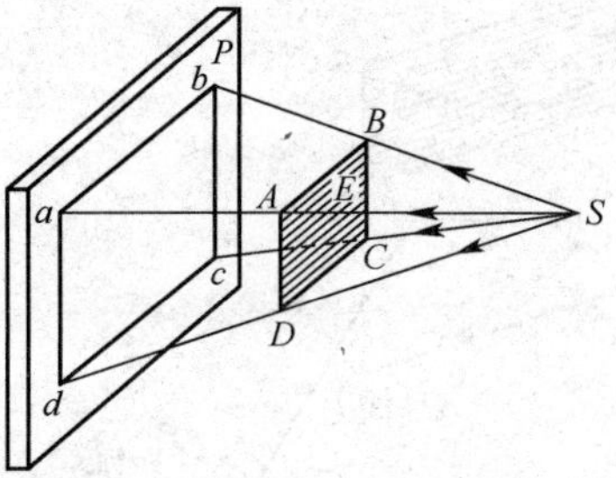

图 2—35　中心投影法

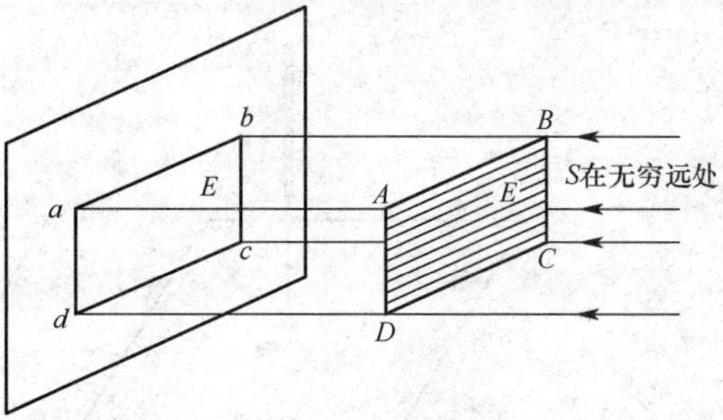

图 2—36　平行投影法

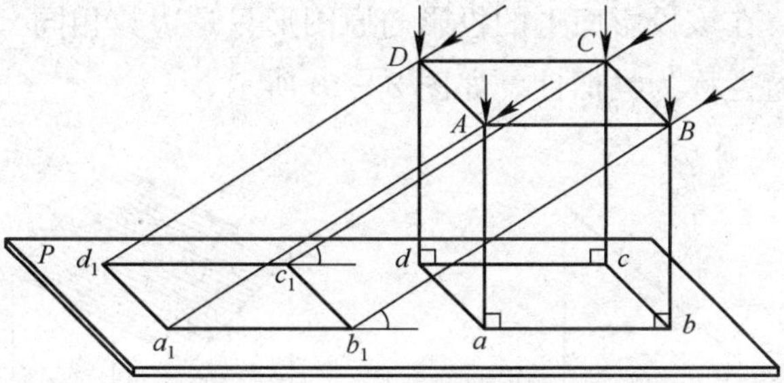

图 2—37　斜投影与正投影

2. 正投影的特点

（1）真实性。直线或平面图形平行于投影面时，在该投影面上的投影反映线段的实长或平面图形的实形，这种投影特性称为真实性，如图 2—38 所示。

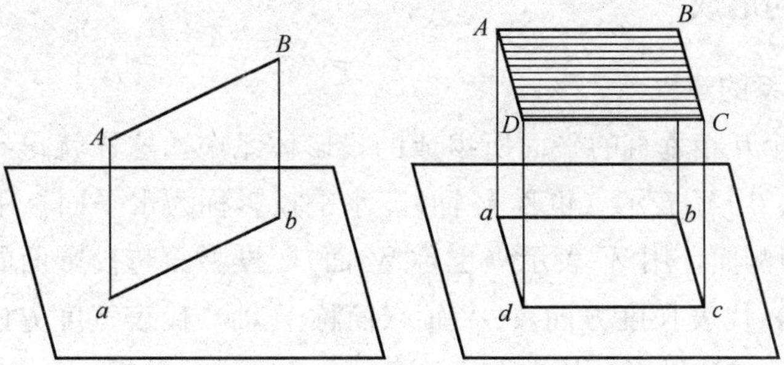

图 2—38　平面、直线的平行投影

（2）积聚性。当直线或平面图形与投影面垂直时，它们在该投影面上的投影积聚成一点或一直线，这种投影特性称为积聚性，如图 2—39 所示。

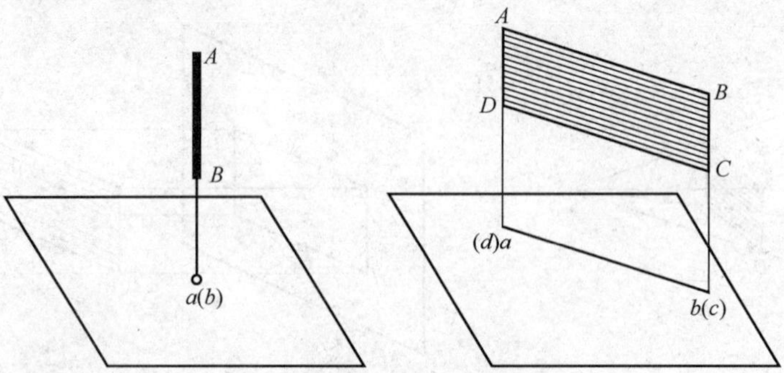

图 2—39　平面、直线的垂直投影

（3）类似性。当直线与投影面倾斜时，直线的投影仍为直线，但不反映实长。当平面图形倾斜于投影面时，在该投影面上的投影与原图形只是边数相同、形状类似，如圆的投影为椭圆。这种投影特性称为类似性，如图 2—40 所示。

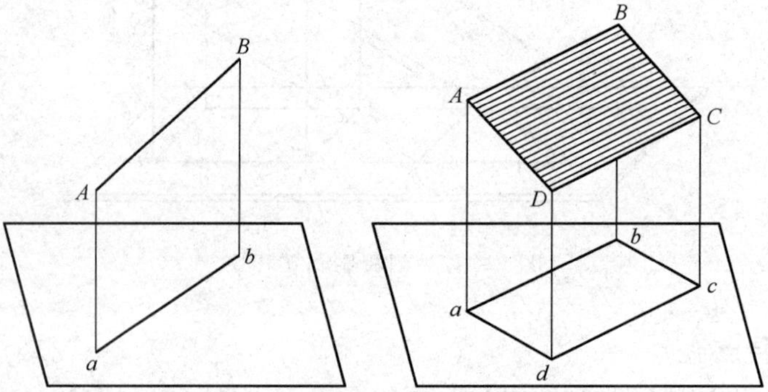

图 2—40　平面、直线的倾斜投影

二、三视图的形成

1. 三投影面体系的建立

将物体放在三个互相垂直的平面所组成的投影体系中，这样就得到物体的三个投影。正面投影称为正面，用 V 表示（也称 V 面）。水平投影称为水平面，用 H 表示（也称 H 面）。侧面投影称为侧面，用 W 表示（也称 W 面）。投影面与投影面的交线称为投影轴，OX 轴（简称 X 轴）代表长度方向，OY 轴（简称 Y 轴）代表宽度方向，OZ 轴（简称 Z 轴）代表高度方向。三根投影轴的交点 O 叫原点，如图 2—41 所示。

2. 物体在三投影面体系中的投影

将物体放置在三投影面体系中，按正投影法向各投影面投射，即可分别得到物体的正面投影、水平投影和侧面投影。正面投影称为主视图，水平投影称为俯视图，侧面投影称为左视图，简称为三视图，如图 2—42 所示。

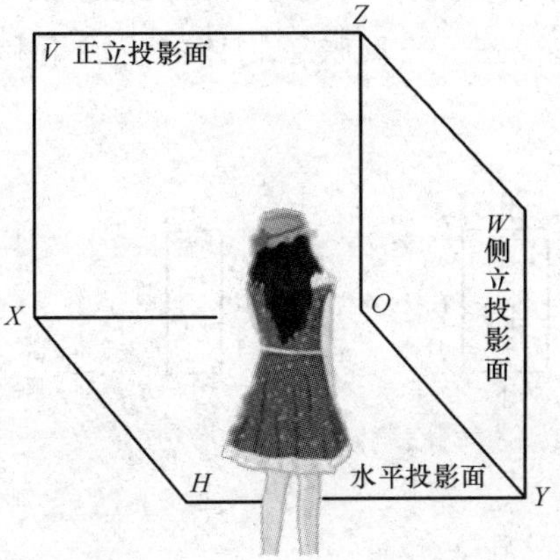

图 2—41　三投影面体系

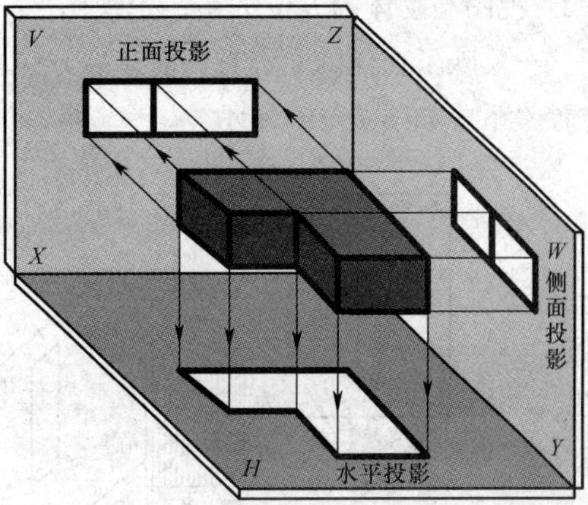

图 2—42　正面投影、水平投影和侧面投影

3. **主视图、俯视图、左视图的排列**

（1）三投影面的展开。将互相垂直的三个投影面展开至同一个平面，正投影面不动，水平投影面绕 OX 轴向下旋转 90°，侧立投影面绕 OZ 轴向右旋转 90°。水平投影面和侧立投影面旋转时，OY 轴被分为两处，分别用 OY_H（在 H 面上）和 OY_W（在 W 面上）表示，如图 2—43 所示。

（2）三视图之间的对应关系

1）三视图的位置关系。以主视图为准，俯视图在其下面，左视图在其右面。

2）视图间的“三等”关系。三视图之间的大小是相互联系的，主视图与俯视图长对正，主视图与左视图高平齐，左视图与俯视图宽相等，如图 2—44 所示。

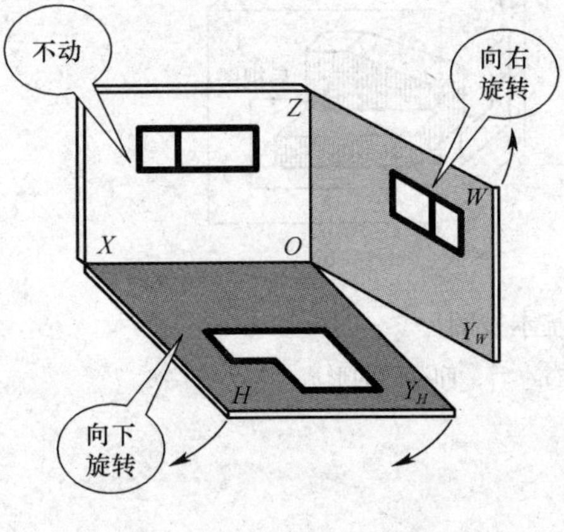

图 2—43　三投影面展开示意图

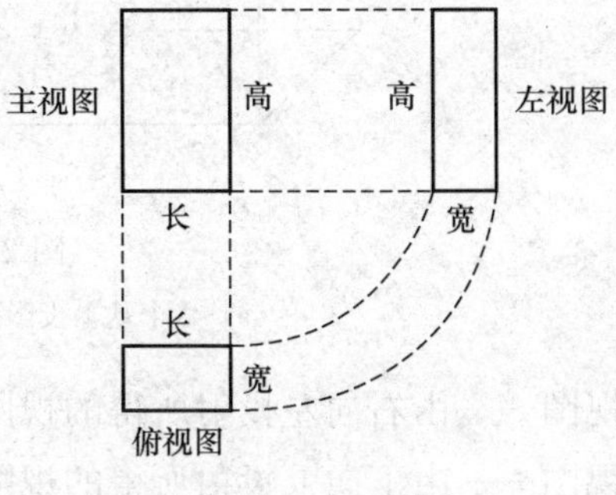

图 2—44　三视图的三等关系

3）视图与物体的方位关系。主视图——反映了物体的上、下和左、右方位关系；俯视图——反映了物体的左、右和前、后方位关系；左视图——反映了物体的上、下和前、后位置关系，如图 2—45 所示。

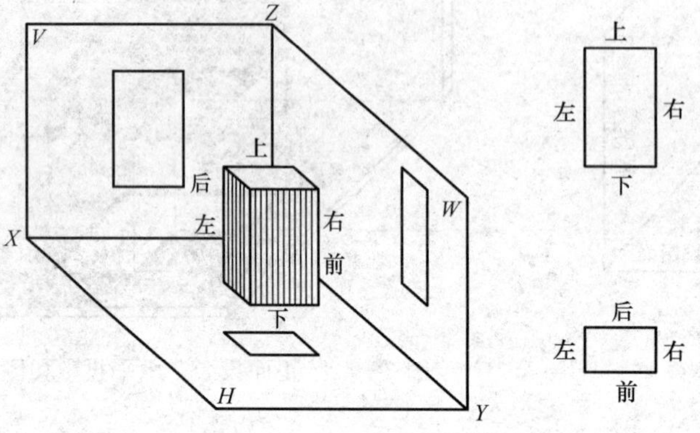

图 2—45　视图与物体的方位关系

三、机件的表达方法

1. 视图

（1）基本视图。为了更清晰地表达机件各方面的形状，如果在三投影面的基础上再加三个投影面，就构成了一个空间六面体，如图 2—46 所示。国家标准将这六个面规定为基本投影面。将机件放置在正六面体系中，分别向六个基本投影面投射所得的视图称为基本视图。在六个基本视图中除主视图、俯视图、左视图外，还有右视图、仰视图和后视图。

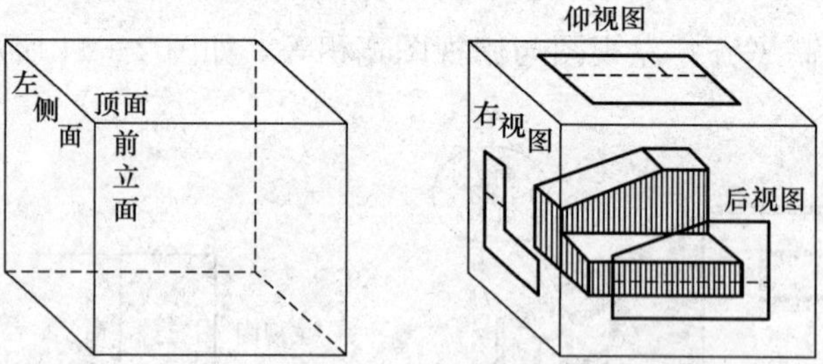

图 2—46　基本视图

a）六个基本投影面　b）右、后、仰视图的形成

右视图——由右向左投射所得的视图。

仰视图——由下向上投射所得的视图。

后视图——由后向前投射所得的视图。

各投影面的展开方法如图 2—47 所示。

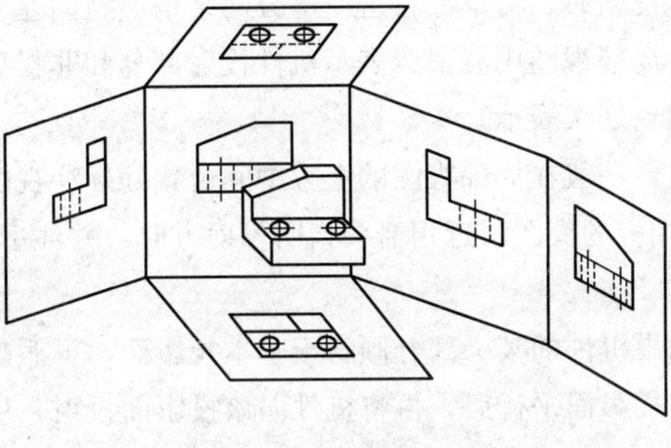

图 2—47　六个基本视图的展开

各视图的位置按正常投影关系配置可不标注视图的名称，如图 2—48 所示。如不能按正常关系配置，应在视图（称为向视图）的上方标出“*X* 向”（其中的“*X*”为大写拉丁字母），并在相应的视图附近用箭头指明投射方向，并注上同样的字母，如图 2—49 所示。

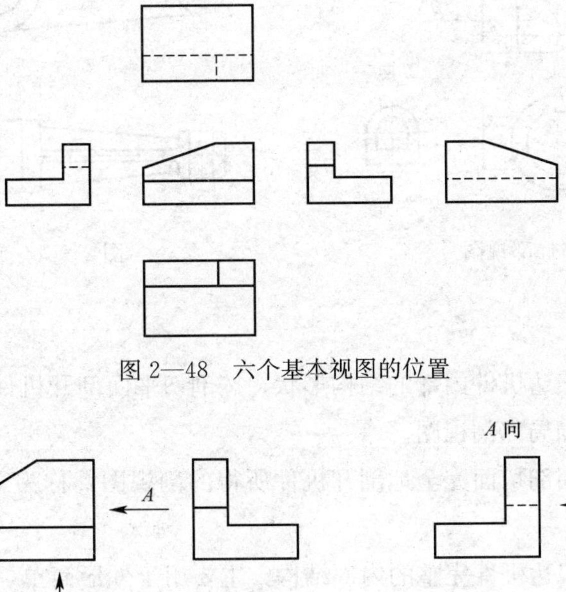

图 2—48　六个基本视图的位置

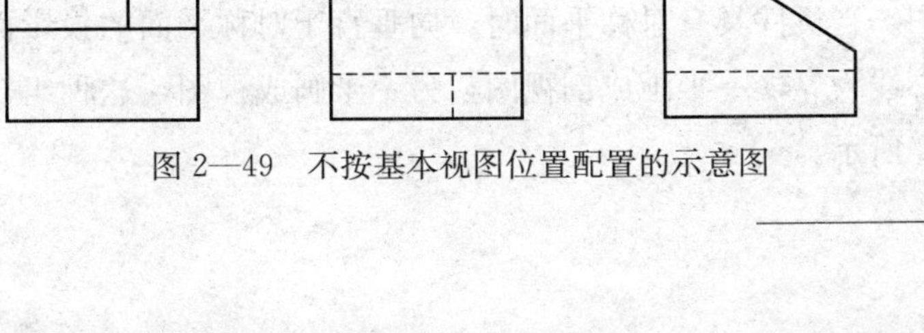

图 2—49　不按基本视图位置配置的示意图

（2）局部视图。将机件的某一部分向基本投影面投射所得到的视图称为局部视图。

当采用一定数量的基本视图后，该机件仍有部分结构形状未表达清楚，且又没有必要再画出其他完整的基本视图时，可单独将这一部分的结构形状向基本投影面投射，画出表达该部分的局部视图。局部视图用波浪线表示机件投射部分和非投射部分的分界线（该分界线也可用双折线或双点划线表示）。

局部视图在绘制时，一般在局部视图的上方中间位置处标注视图名称“*X*”（“*X*”为大写拉丁字母），并在相应的视图附近用箭头指明投射方向，并注上同样的大写拉丁字母，如图 2—50 中的 *A* 向和 *B* 向。

（3）旋转视图。如果机件的某一部分倾斜于基本投影面，可假想将机件的倾斜部分旋转到与某一选定的基本投影面平行后，再将机件向该投影面投射，所得的视图称为旋转视图，如图 2—51 所示。

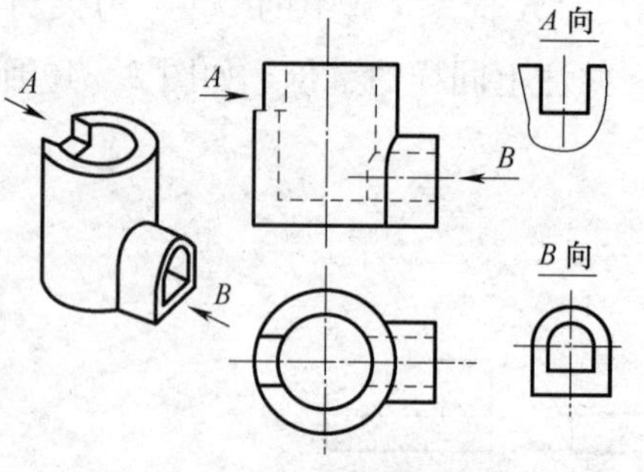

图 2—50　局部视图

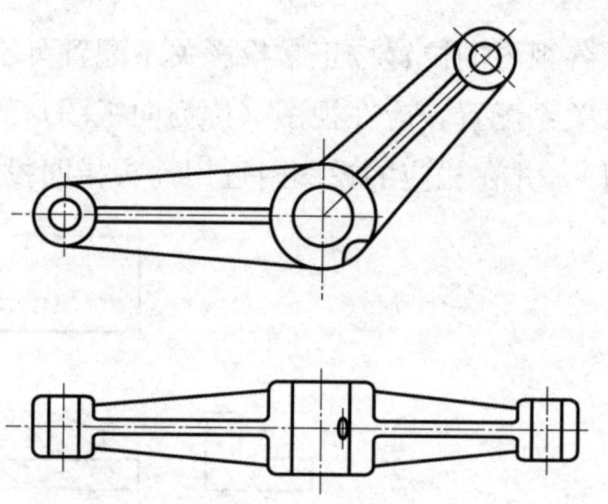

图 2—51　旋转视图

2. **剖视图**

剖视图主要用于表达机件内部的结构形状，按剖切平面剖开机件范围的不同，可分为全剖视图、半剖视图和局部剖视图。

（1）全剖视图。用剖切面完全地剖开机件所得的剖视图，称为全剖视图，如图 2—52 所示。

全剖视图是为了表达机件完整的内部结构，主要用于外形简单、内部结构较为复杂的不对称机件。

（2）半剖视图。当机件具有对称平面时，向垂直于对称平面的投影面上投射所得的图形，可以对称中心线为界，一半画成剖视图，另一半画成视图，这种组合的图形称为半剖视图，如图 2—53 所示。

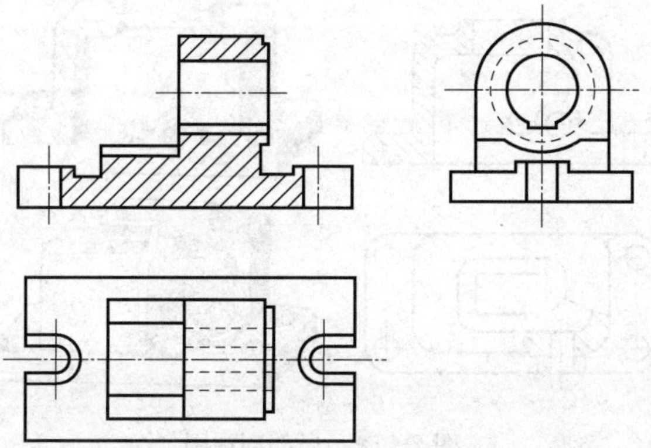

图 2—52　全剖视图

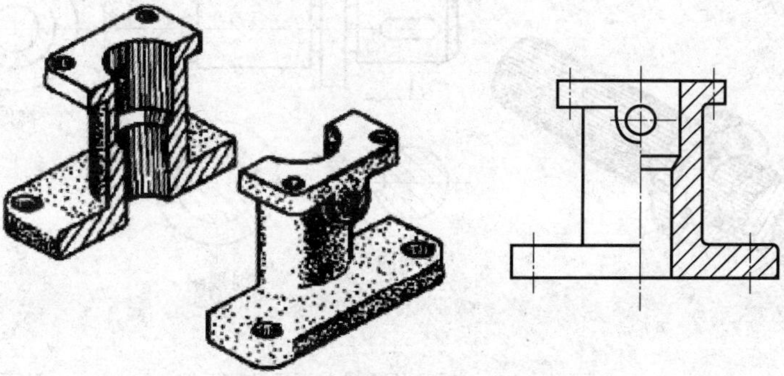

图 2—53　半剖视图

半剖视图主要用于内、外形状都需要表达的对称机件。画半剖视图时，剖视图与视图之间应以点划线为界。如果机件的内部结构在半剖视图中已经表达清楚，另一半的视图中则不应画出表示机件内部对称结构的虚线。

剖视图一般位于主视图对称线的右侧，俯视图对称线的下方，左视图对称线的右侧。

（3）局部剖视图。用剖切面局部地剖开机件，由外形视图和剖视图组合所得的剖视图，称为局部剖视图，如图 2—54 所示。

局部剖视图外形部分和剖视部分以波浪线为界，波浪线不应和其他图线重合，也不应超越被切开部分的外形轮廓线。

3. 断面图

假想用剖切平面将机件的某处切断，仅画出断面的图形，称为断面图，如图 2—55a 所示。断面图与剖视图的区别是断面图只画出断面被切处的形状，剖视图除画出断面形状外还要画出可见部分后面的投影，如图 2—55b 所示。

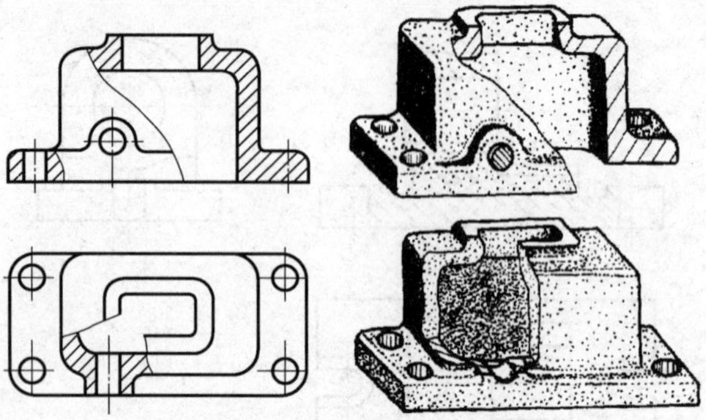

图 2—54　局部剖视图

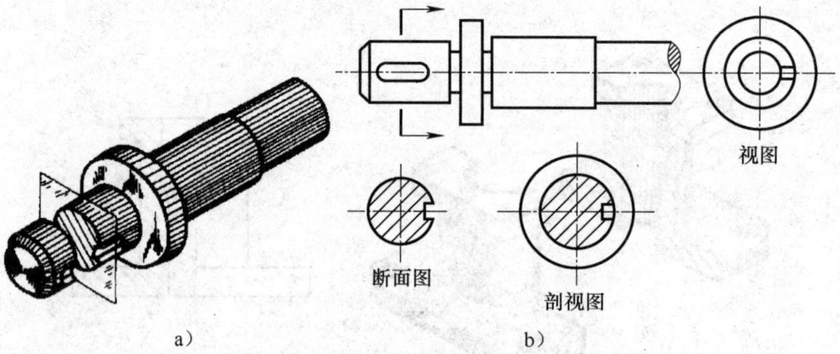

图 2—55　断面图与剖视图的区别

a）零件断面位置　b）断面图与剖视图、视图的区别

断面图常用来表达机件上某一局部的断面形状。如机件上的肋板、轮辐、键槽、小孔及各种型材的断面形状等，如图 2—56 所示。

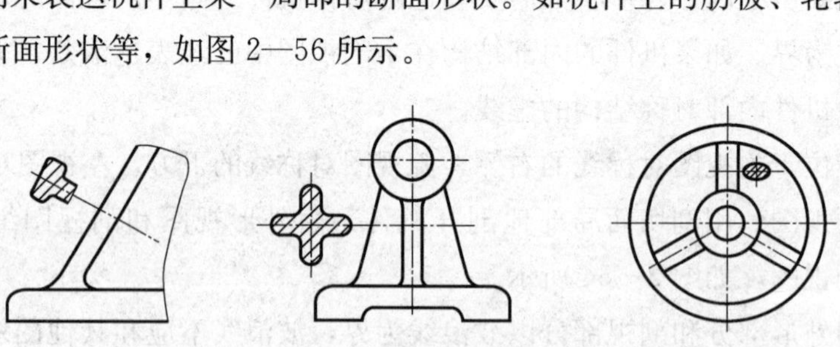

图 2—56　断面及其应用

根据断面图在图中配置不同，可分为移出断面和重合断面两种。

（1）移出断面。画在图形外的断面称为移出断面，移出断面的轮廓线用粗实线表示。移出断面的位置应尽量画在断切面迹线的延长线上，如图 2—57 所示。也允许画在其他适当的位置，如图 2—57 中的 $B—B$。在不致引起误解时，允许将图形旋转，其标注形式如

图 2—57 中的 $B—B$ 和 $D—D$。

当断面图形对称时，移出断面也可画在视图的中断处，如图 2—58 所示。

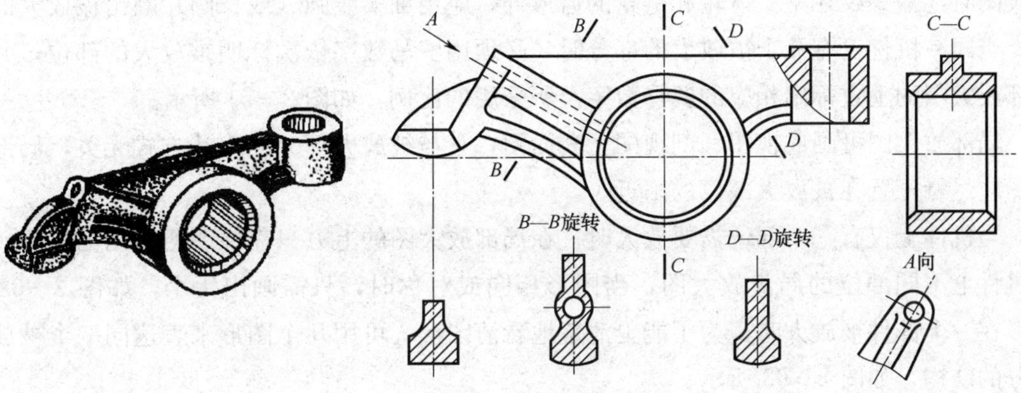

图 2—57　移出断面

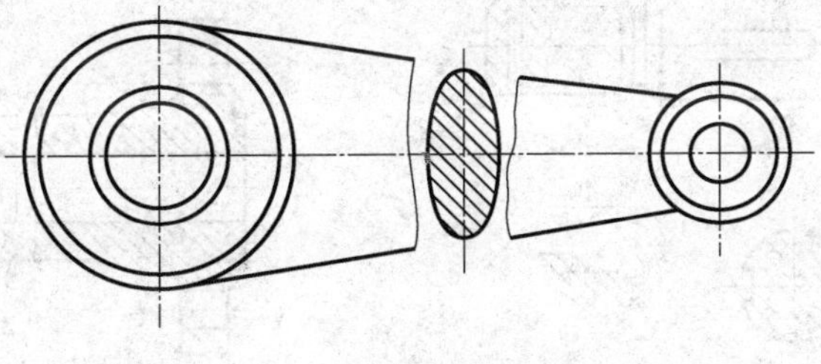

图 2—58　画在视图中断处的断面

（2）重合断面。断切后绕断切平面迹线旋转并重合在视图内的断面，称为重合断面，如图 2—59 所示。重合断面图的比例应与基本投影图一致，为避免与视图中的图线混淆，断面轮廓线用细实线绘制，且不加任何标注。当视图中的轮廓线与重合断面的轮廓线重叠时，视图中的轮廓线应连续不间断画出，如图 2—60 所示。

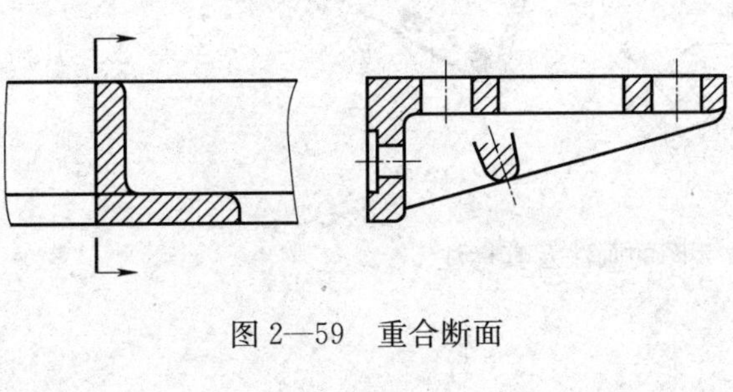

图 2—59　重合断面

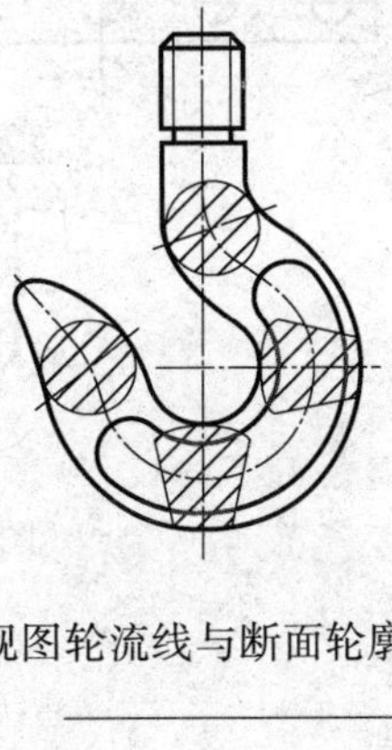

图 2—60　视图轮流线与断面轮廓线重合画法

4. **局部放大图**

将机件的结构用大于原图形所采用的比例所绘出的图形，称为局部放大图。绘制局部放大图时，除螺纹牙型、齿轮和链轮的齿形外，应用细实线圆（或长圆）圈出被放大的部位。当同一机件上有几个被放大的部分时，必须用罗马数字依次标明被放大的部位，并在局部放大图的上方标出相应的罗马数字及所采用的比例，如图 2—61 所示。

局部放大图可画成视图、剖视图、断面图，它与被放大部分的表达方式无关，局部放大图应尽量配置在被放大部位的附近。

当机件上仅有一个部位需要放大时，在局部放大图的上方只需注明所采用的比例。同一机件上不同部位的局部放大图，当图形相同或对称时，只需画出一个，如图 2—62 所示。在一个部件被放大时，为了能更清楚地看清图形，可用几个图形来表达同一个被放大部分的结构，如图 2—63 所示。

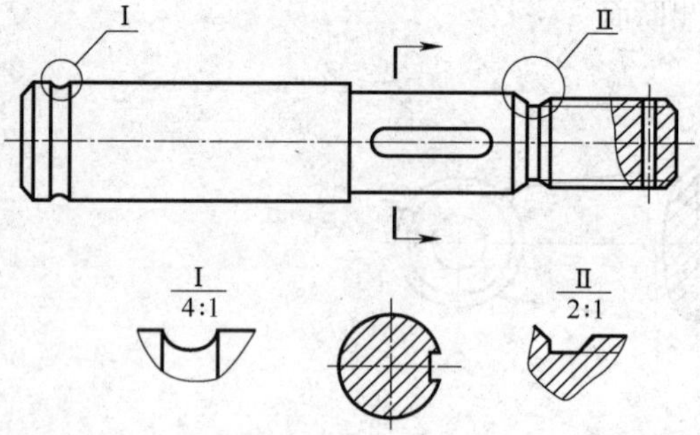

图 2—61　局部放大图

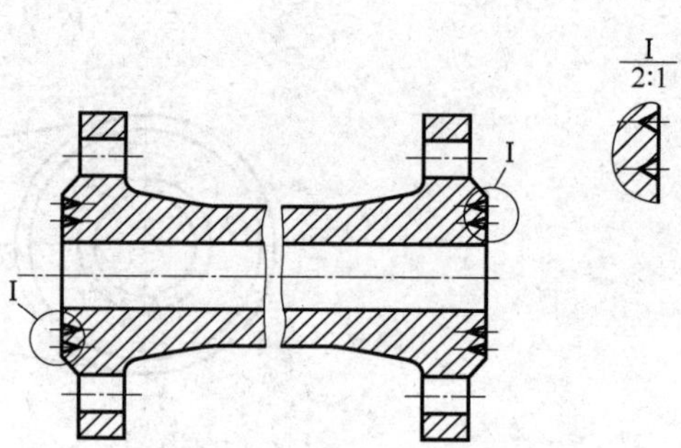

图 2—62　相同结构的局部放大图

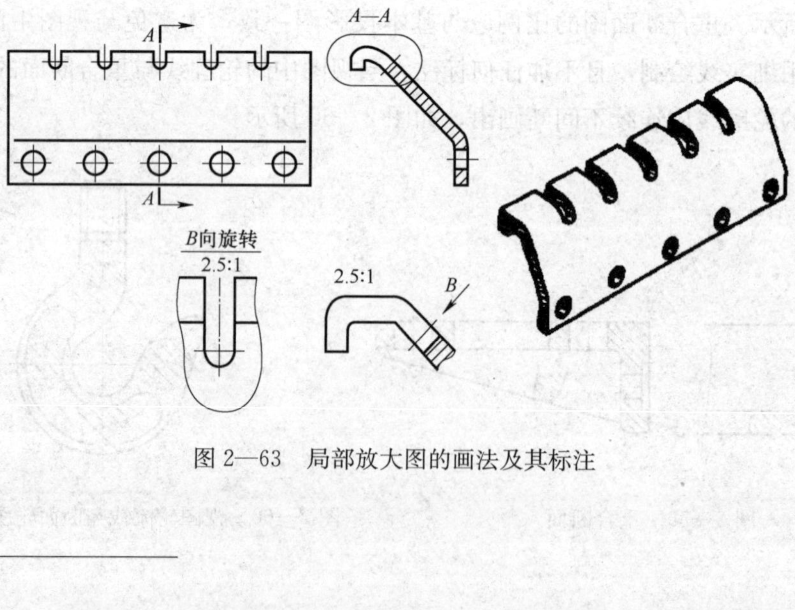

图 2—63　局部放大图的画法及其标注

5. **简化画法**

（1）相同孔的省略画法。当机件上具有若干直径相同且有规律分布的孔洞（圆孔、螺孔、沉孔等）时，在视图上可以仅画出一个或几个，其余只需用点画线表示其中心位置，并在零件图中注明孔的总数，如图 2—64 所示。

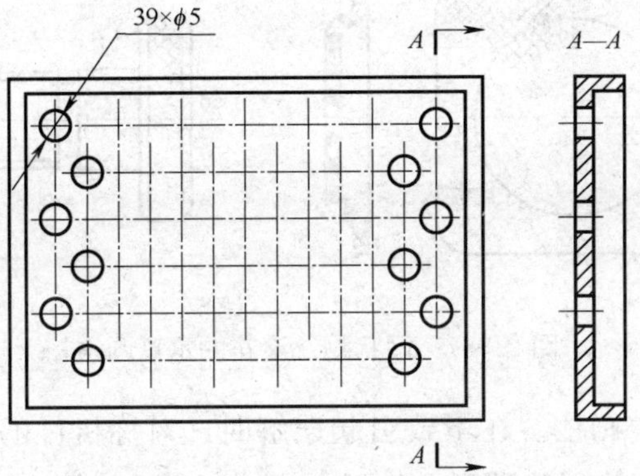

图 2—64　相同孔的省略画法

（2）相同结构的省略画法。如果机件具有若干相同结构（齿、槽等），而且分布又有一定的规律，可以只画出几个完整的结构，然后用细实线连接，并在零件图中注明该结构的总数，如图 2—65 所示。

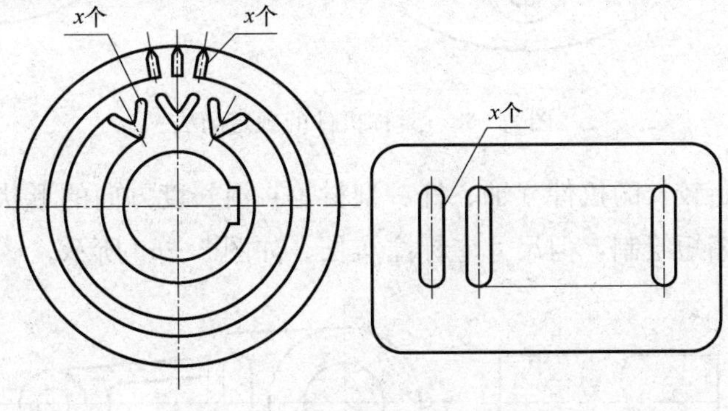

图 2—65　相同结构的省略画法

（3）回转体上平面的简化画法。当回转体零件上的平面在视图中不能充分表达清楚时，可用平面符号进行表示，如图 2—66 所示。

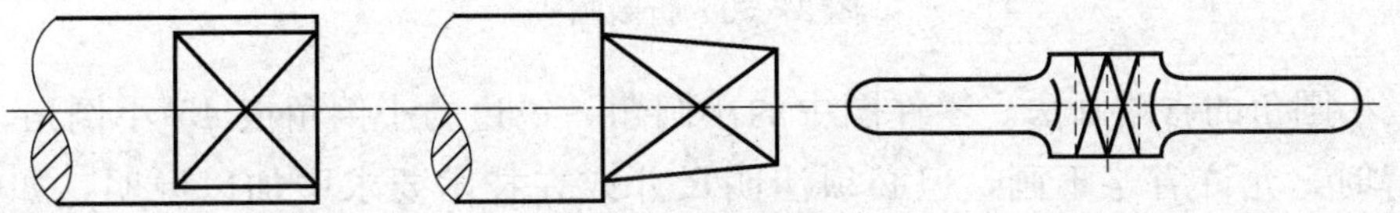

图 2—66　平面的简化画法

（4）网状物及滚花的示意画法。网状物、编织物或机件上的滚花部分，可在轮廓线附近用细实线示意画出，这些结构的具体要求可在零件图上或技术要求中加以注明，如图2—67所示。

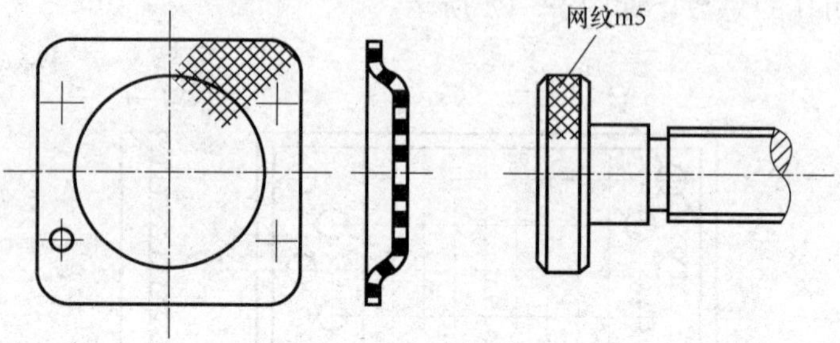

图2—67　网状物及滚花的示意画法

（5）对称机件的规定画法。在不致引起误解时，对称机件的视图可只画1/2或1/4，并在对称中心线的两端画出对称符号，如图2—68所示。

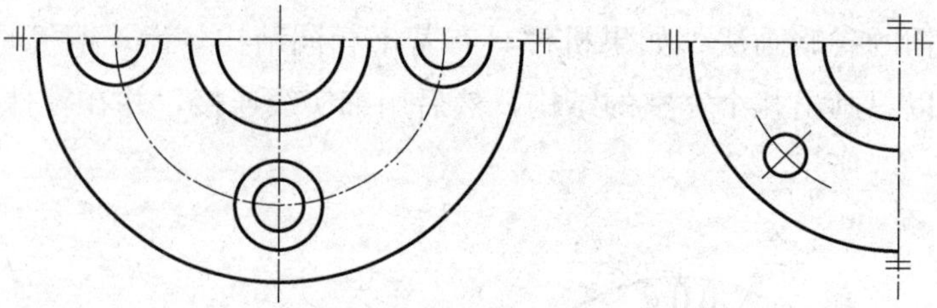

图2—68　对称机件的规定画法

（6）折断画法。较长的机件（轴、杆、型材等）沿长度方向的形状一致或按一定规律变化时，可折断后缩短绘制，但尺寸应标注实长，如图2—69所示。

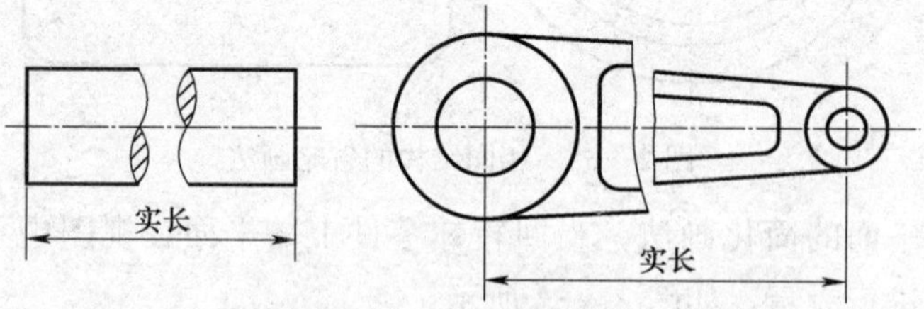

图2—69　折断画法

（7）小圆角的省略画法。零件图中的小圆角，锐边的小倒角或45°小倒角，在不致引起误解时，允许省略不画，但必须注明尺寸或在技术要求中加以说明，如图2—70所示。

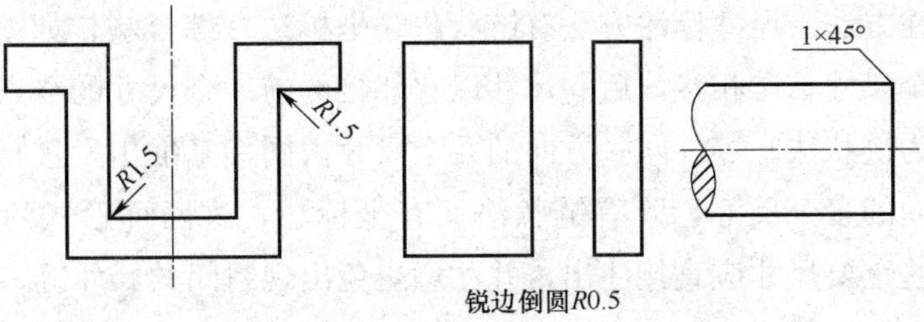

图 2—70　小圆角、小倒角的省略画法

6. **钣金图样的识读**

钣金图样的绘制基本以国家《机械制图》为标准，识读图样基本与识读一般零件图相似，识读时要注意以下几方面：

（1）阅读标题栏。识读图样前将图样面正对自己摆放，标题栏在右下角。读图时首先阅读标题栏，熟悉标题栏中零件形状、名称、螺钉、螺母、垫圈、铆钉等。在阅读标题栏的同时检查零件的名称、图号、材料等资料是否与修配单上的要求相符。

（2）分析视图。了解了标题栏的全部内容后，仔细分析零件的有关视图，明确主视图、俯视图和左视图等。由于钣金零件形状比较简单，一般只需主视图和左视图，或主视图和俯视图两个视图就能说明问题，在分析完视图后根据这些有关的图形来确定零件的形状。

（3）熟悉图样尺寸及技术要求。读图时应熟悉零件各部分的尺寸，以及这些尺寸的允许偏差。并看清有关的代号及技术要求。

（4）掌握表面粗糙度。图样中一般都标有表面粗糙度要求，读图时要看清零件表面的粗糙度等级，然后根据图样和有关工艺要求来考虑零件所需的加工过程。

7. **标注尺寸的基本原则**

（1）正确选择基准。图样在标注尺寸时既要满足设计要求，又要满足加工过程中的工艺要求。设计基准是用以确定零件在机件中位置的点、线、面，工艺基准是根据零件加工制造、测量和检测等工艺要求所选定的一些点、线、面。因此在标注尺寸时要正确选择设计基准与工艺基准，如图 2—71 所示。

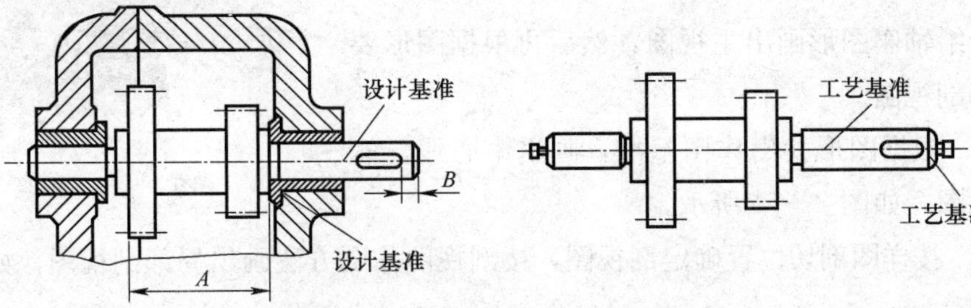

图 2—71　设计基准与工艺基准

（2）尺寸标注方法。尺寸标注方法有链状法、坐标法、综合法，如图 2—72 所示。零件同一方向的几个尺寸首尾相接，后一尺寸以它邻接的前一个尺寸的终点为起点（基准），标注成链状，称为链状法。零件同一方向的几个尺寸由同一基准出发进行标注，称为坐标法。零件同一方向的多个尺寸，既有链状法又有坐标法，这两种形式的综合，称为综合法。标注时对一些重要尺寸应直接注出，并注意避免出现封闭的尺寸链。

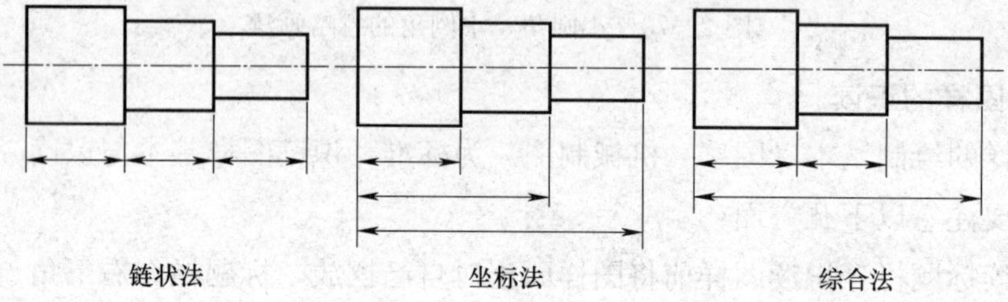

图 2—72　尺寸标注

（3）加工面要求。零件中所标注的尺寸应尽量符合加工顺序，标注尺寸时同一个方向只能有一个非加工面与加工面联系。在标注尺寸时应考虑测量方便。

这些原则在画图时是必须遵守的，否则会引起混乱，并给生产带来损失。

技能要求

局部剖视图画法

操作准备

1. 轴座图形样图，如图 2—73 所示。
2. 绘图工具一套。
3. 绘图纸。

操作步骤

根据所给轴座图形画出主视图，然后再根据图形要求画出局部剖视图。

图 2—73　轴座

步骤 1　根据图形找出作图基准，画出中心线，然后画出主视图，如图 2—74 所示。

步骤 2　按样图剖切位置确定剖视图，按剖视图作图方法画出局部剖视图，如图 2—75 所示。

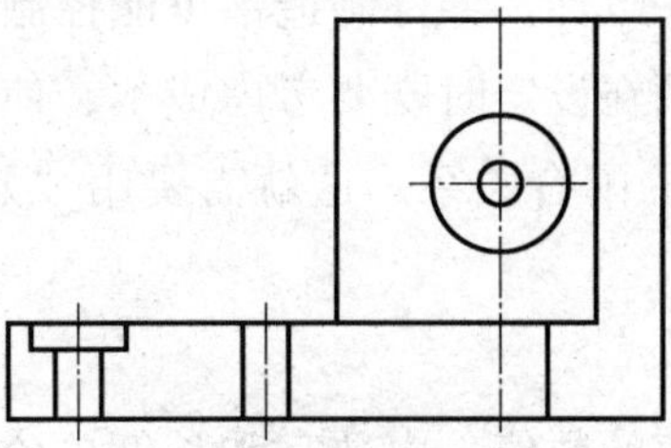
图 2—74　主视图

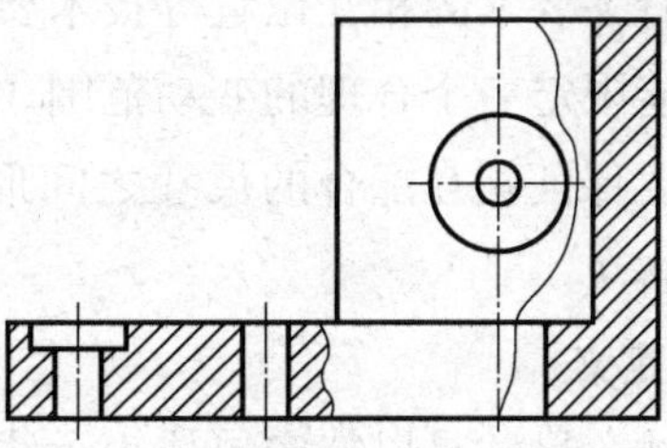
图 2—75　局部剖视图

注意事项

1. 画主视图时首先应找出基准，画出中心线。
2. 画剖视图时剖切线的方向应保持一致。
3. 在剖切部位须画出波浪线。

第 3 节　公差与配合基本知识

学习目标

了解公差与配合的基本知识
熟悉各种配合关系
掌握表面粗糙度的符号标记
能够识别各种公差与配合的表达方法
能够对表面粗糙度进行比较法检测

知识要求

一辆汽车是由许多工厂或车间按照生产图样和技术文件要求，加工出所有零部件，最后由总装厂把成批加工出的合格零部件装配而成的。在整个制造过程中，企业必须在技术上保持高度统一和协调一致。因此，这就需要一个基础标准来统一生产。公差与配合就是能够将所有要求进行统一，从而达到技术和标准的统一。

一、公差与配合简介

汽车的同一种零件要顺利地安装在多辆汽车上，需要零件的尺寸、表面粗糙度、几何形状及零件有关要素的相互位置等技术要求保持一致性。零件制造不可能控制在一个指定的尺寸，只能限定一个合理的变动范围。这个范围在设定时既要考虑成本、使用和制造上的合理，也要保证相互配合的尺寸之间形成一定的配合关系，这就需要用“公差与配合”的标准化来解决。

1. **术语定义**

（1）尺寸。尺寸是以特定单位表示线性尺寸值的数值，由数字和长度单位组成。当图样中（包括技术要求和其他说明的尺寸）以毫米（mm）为单位时，不需要标注计量单位的代号或名称。

（2）基本尺寸。基本尺寸是设计时就给定的尺寸，它可以是一个整数，也可以是一个小数值，其数值应优先用标准直径或标准长度。

（3）实际尺寸。零件加工完成后，通过测量所获得的尺寸。

（4）极限尺寸。允许零件尺寸大小变化的两个界限值。在极限尺寸两个极端值中，允许的最大尺寸称为最大极限尺寸；允许的最小尺寸称为最小极限尺寸，如图2—76所示。

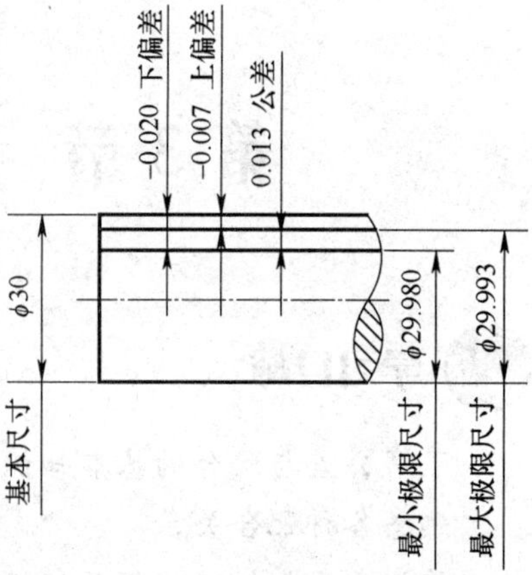

图2—76　极限尺寸

（5）极限偏差。极限尺寸与其基本尺寸的代数差称为极限偏差。极限偏差包括上偏差与下偏差。

上偏差为最大极限尺寸与其基本尺寸的代数差。代号孔为ES，轴为es。

下偏差为最小极限尺寸与其基本尺寸的代数差。代号孔为EI，轴为ei。

（6）尺寸公差（简称公差）。允许尺寸的变动量。

（7）尺寸公差带（简称公差带）。由上偏差和下偏差或最大极限尺寸和最小极限尺寸的两条直线所限定的一个区域，称为公差带。

（8）配合。基本尺寸相同的、相互结合的孔和轴公差带之间的关系叫做配合。

（9）间隙。相配合的轴与孔，用孔的尺寸减去相配合的轴的尺寸之差为正值时称为间隙。

（10）过盈。相配合的轴与孔，用孔的尺寸减去相配合的轴的尺寸之差为负值时称为过盈。

2. **三种配合关系**

（1）间隙配合。具有间隙（包括最小间隙等于零）的配合称为间隙配合。间隙配合时，孔的公差带在轴的公差带之上，如图2—77所示。

（2）过盈配合。具有过盈（包括最小过盈等于零）的配合称为过盈配合。过盈配合时，孔的公差带在轴的公差带之下，如图 2—78 所示。

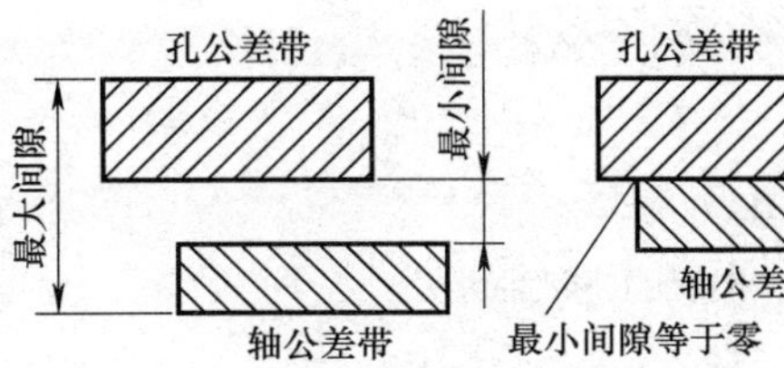

图 2—77　间隙配合

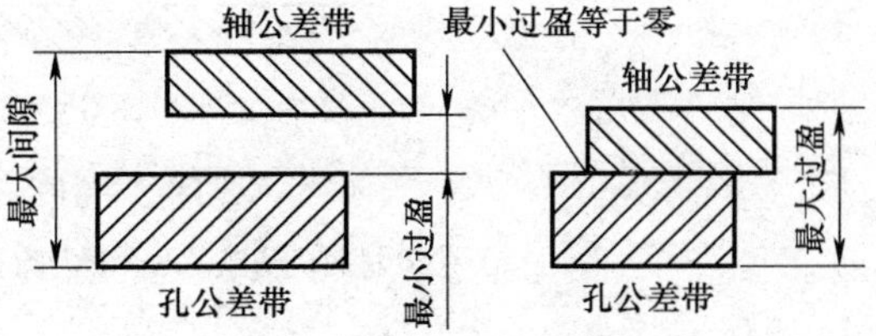

图 2—78　过盈配合

（3）过渡配合。可能具有间隙或过盈的配合称为过渡配合。过渡配合时的孔、轴公差带相互交叠，如图 2—79 所示。

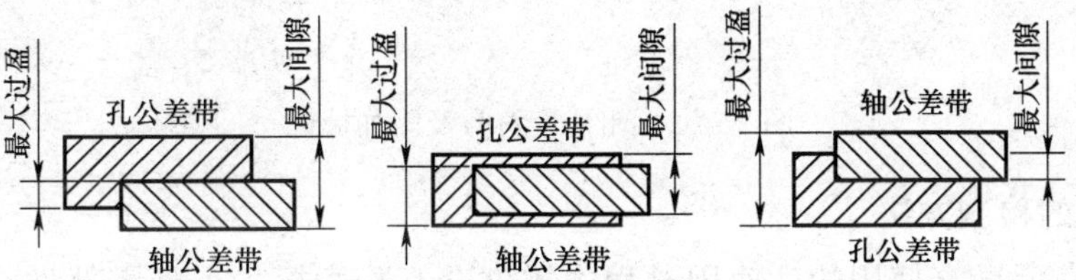

图 2—79　过渡配合

二、表面粗糙度简介

1. 粗糙度及符号标记

零件在加工过程中由于受到加工设备和加工技术的影响，加工完成后所得零件实际表面不可能与理想、正确的几何形状完全一致。零件表面会出现许多凹凸不平的微小加工痕迹，使表面不平，如图 2—80 所示。

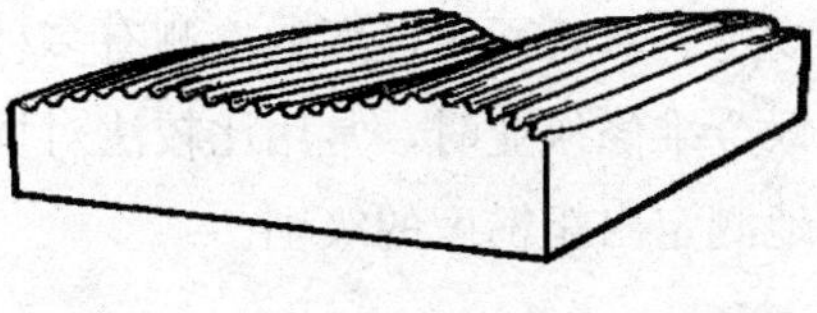

图 2—80　零件表面粗糙示意

这种微观几何形状特征可用它的特征量——表面粗糙度来表示。表面粗糙度就是零件在加工过程中表面存在的较小间距和峰谷所组成的微观不平。

表面粗糙度与零件的配合性能、耐磨性、疲劳强度、接触刚度、振动和噪声等有密切关系。

根据国家标准（GB/T 131—2006）规定，在图样上表示表面粗糙度的符号有三种，如图 2—81 所示。

根据零件表面所需各种技术要求，应在粗糙度符号周围指定位置注出附加标记，如图 2—82 所示。

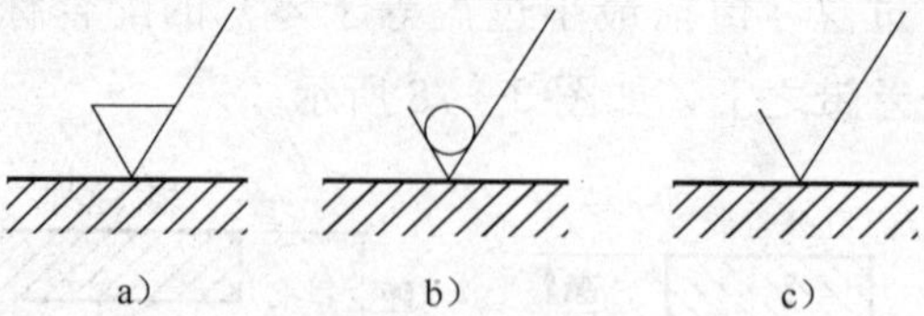

图 2—81　表面粗糙度符号

a）去除材料的方法　b）不去除材料的方法　c）不拘加工形式的方法

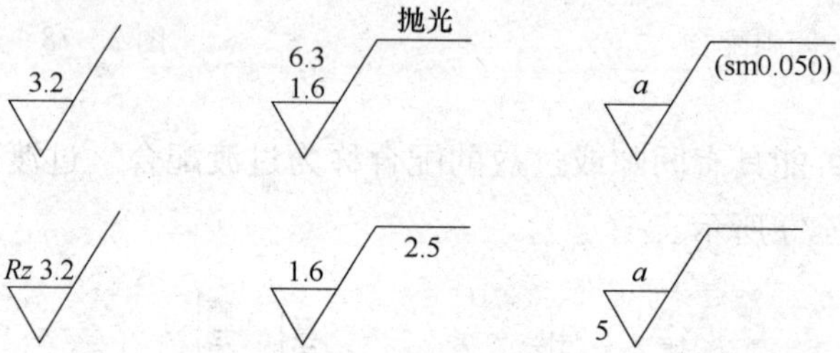

图 2—82　粗糙度符号及附加标记

2. 粗糙度的检测方法

零件一般都是配合使用的，使用过程中零件会互相摩擦，车身零部件在汽车使用时，如果表面粗糙度很大会增加摩擦力，给使用带来影响。同时部件磨损也会加快，影响零部件的使用寿命。

通过对零件表面粗糙度的检测，可以较好的评定零件在工作中的实际粗糙度是否符合规定。对表面粗糙度的检测有多种方法，如比较法、光切法、干涉法及针描法等。在进行钣金维修作业时，常用比较法对构件表面粗糙度进行检测，用这种方法检测能快速、直观地测定出粗糙度的级别。

技能要求

形位公差标注读图

操作准备

1. 标有形位公差图若干份，如图 2—83 所示。

2. 有关形位公差资料。

3. 针对所需读图正确答案。

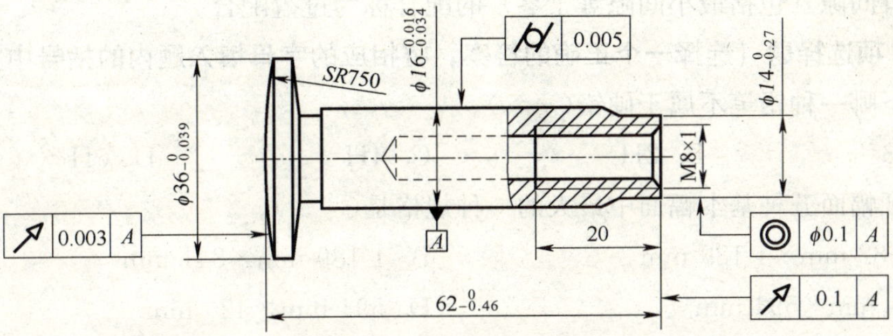

图 2—83　阀杆形位公差图

操作步骤

首先认真看图，熟悉图中所有的符号及数据。然后根据要求回答所提的问题。

步骤 1　看懂所给图中所有符号及数据。

步骤 2　正确回答所提的问题。

图 2—83 参考答案：

(1) 表示阀杆右端面对 $\phi16$ 轴线的圆跳动公差为 0.1 mm。

(2) 表示 M8 螺孔的轴线对 $\phi16$ 轴线的同轴度公差为 $\phi0.1$ mm（$\phi0.1$ 中的“ϕ”表示公差带形状为圆柱）。

(3) 表示 $\phi16$ 圆柱面的圆柱度公差为 0.005 mm。

(4) 表示 SR750 的球面对于 $\phi16$ 轴线的圆跳动公差为 0.003 mm。

注意事项

1. 看图时应把图形搞清楚，它是什么零件，由哪些部分组成。

2. 看图时应把所有公差符号搞懂。

3. 应熟悉数据所表达的意思。

模拟测试题

一、判断题（将判断结果填入括号中，正确的填“√”，错误的填“×”）

1. 比例尺又叫三棱尺，它既可用来量取尺寸，也可用于画线。（　）

2. 为了从图样中直接反映出实物的大小，绘图时必须采用原值比例。（　）

3. 俯视图反映物体的高度（Z）和宽度（Y）。（　）

4. 机件上较小的结构，如在一个图形中已表示清楚时，其他图形可简化或省略。（　）

5. 具有间隙（包括最小间隙等于零）的配合称为过盈配合。 （ ）

二、单项选择题（选择一个正确的答案，将相应的字母填入题内的括号中）

1. 以下哪一种铅笔不属于硬铅（ ）。

A. HB　B. 2H　C. 4H　D. 6H

2. 图纸幅面五种基本幅面中最大的一种规格是（ ）。

A. 1 682 mm×1 189 mm　B. 1 189 mm×841 mm

C. 841 mm×594 mm　D. 594 mm×420 mm

3. 以下哪一种不属于投影法分类。（ ）

A. 中心投影法　B. 平行投影法　C. 斜投影法　D. 偏心投影法

4. 以下哪一种视图不属于六个基本视图。（ ）

A. 左视图　B. 右视图　C. 仰视图　D. 局部视图

5. 极限尺寸与其基本尺寸的代数差称为（ ）。

A. 极限偏差　B. 公差　C. 允许偏差　D. 允许公差

模拟测试题答案

一、判断题

1. ×　2. ×　3. ×　4. √　5. ×

二、单项选择题

1. A　2. B　3. D　4. D　5. A

3

第 3 章

钳工基础知识

第 1 节　钳工基本操作技能　/48
第 2 节　钻孔与攻、套螺纹　/57

第 1 节　钳工基本操作技能

学习目标

了解钳工基本操作的有关知识

熟悉钳工的各种工具

掌握钳工操作的基本要领

能够进行各种方法的划线操作

能够进行錾削、锯削、锉削的操作

知识要求

一、划线

根据图样或实物的尺寸，在被加工件表面准确地划出加工图形或加工界限的操作称为划线。

1. 划线工具

（1）划针。划针可分为直划针和弯头划针，如图 3—1 所示。划针的制作材料是碳素工具钢或高速钢，用碳素工具钢制作的划针尖部需淬硬，用高速钢制作的划针不需淬硬，直接就可进行划线操作。划针的作用是所划的线可作为加工的依据，合理分配工件的加工余量。同时也可检查加工件加工情况。划针的断面形状可分为圆形、方形、六角形等。

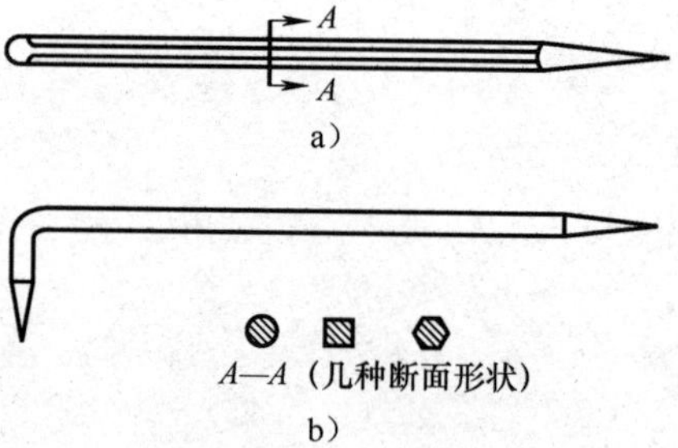

图 3—1　划针

a）直划针　b）弯头划针

（2）划规。划规有大小之分，大的又称为地规，如图 3—2 所示。划规主要用于划圆和圆弧、截取尺寸、等分角度和线段等。如果圆和圆弧的直径较大可使用地规划线。

（3）划线盘。划线盘主要对工件的高度、水平等进行划线，又称划针盘，如图 3—3 所示。

（4）高度尺。高度尺与划线盘配合使用，在划线时量取高度尺寸，如图 3—4 所示。

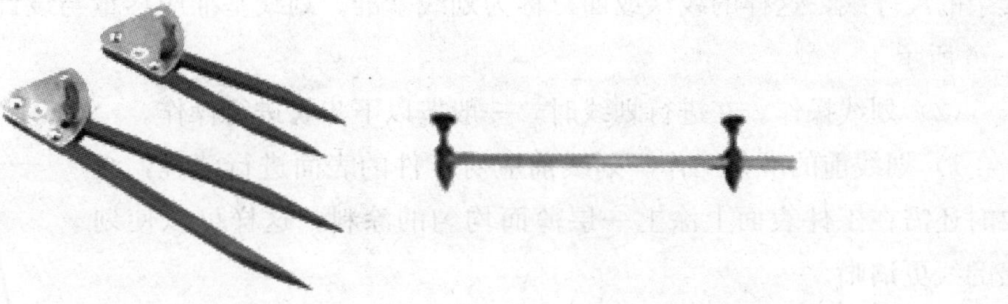
a） b）

图 3—2 划规

a）划规 b）地规

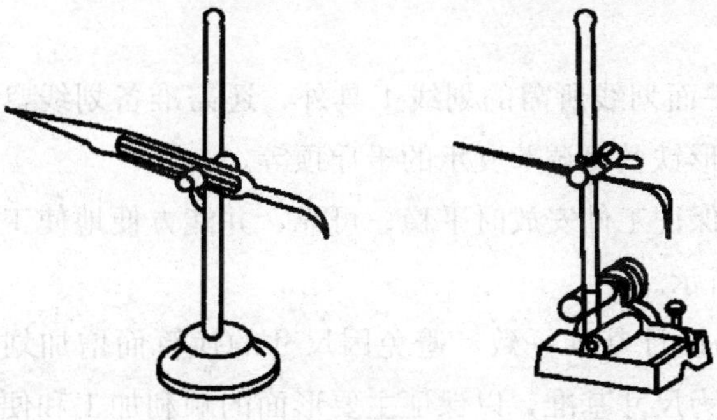
a） b）

图 3—3 划线盘

a）普通划线盘 b）可微调划线盘

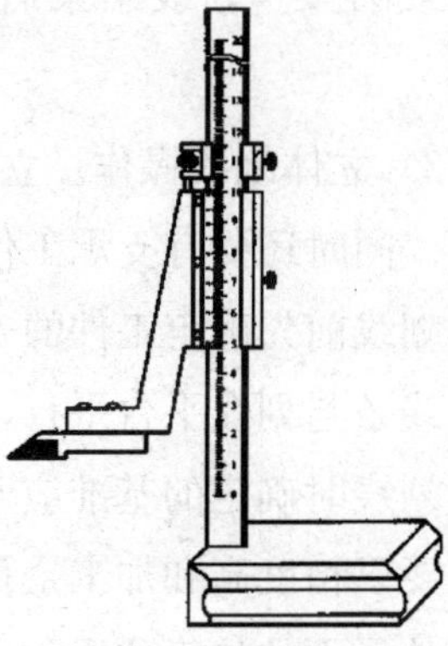

图 3—4 高度尺

（5）中心冲。中心冲也称为样冲，如图 3—5 所示。中心冲是一种钢制短杆形的钳工工具，一端具有锥形尖端，用于在工件上打点印，作为圆心或其他点线位置的标记，便于进行加工。

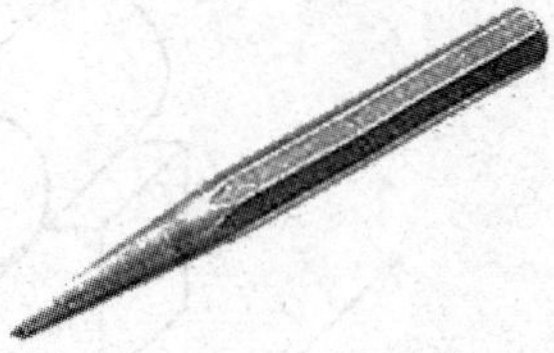

图 3—5 中心冲

2. 划线基本操作方法

根据图样或实物的尺寸，在被加工件表面准确地划出施工界线的操作称为划线。划线可分为平面划线和立体划线。平面划线的方法与机械制图相似，在工件的一个表面上根据图纸要求直接划线。立体划线是在工件的几个表面上划线，如在长、宽、高方向或其他倾斜方向上划线。为了使划出的线条清晰，在工件的划线部位涂上一层薄而均匀的涂料，常用划线涂料有粉笔、白石灰水、金属工艺墨水等。

（1）划线基准的选择。划线时，应以工件上某一条线（或某一个面）作为依据来划出其余的尺寸线，这样的线（或面）称为划线基准。划线基准应尽量与设计基准一致，如图3—6所示。

（2）划线操作。在进行划线时，一般按以下步骤进行操作。

1）划线前的准备工作。划线前应对工件的表面进行清理，必要时还需在工件表面上涂上一层薄而均匀的涂料，这样可以使划出的线更清晰。

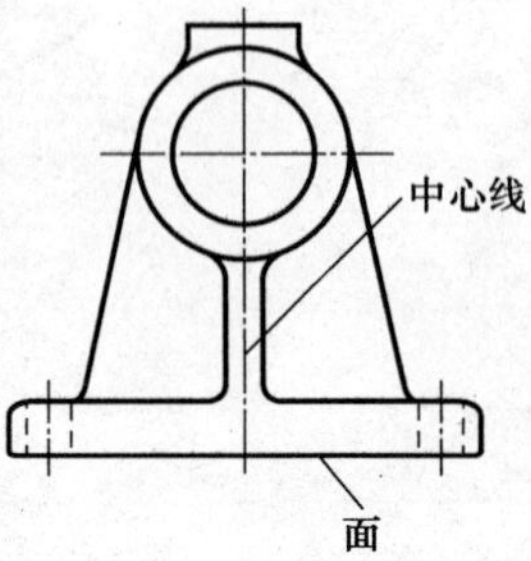

图3—6　划线基准

2）平面划线操作。在进行平面划线前先要看懂图纸，了解工件上需要划线的部位，了解工件的加工工艺，确定划线基准并划出基准线。进行划线时先划水平线，再划垂直线、斜线，最后划圆或圆弧。划线结束后要检查划线的准确性以及是否有线条遗漏。

3）立体划线操作。立体划线除了平面划线所需的划线工具外，还需准备划线盘、高度尺。同时还要有支承工件的方箱、V形铁及可调节支承的千斤顶等。

划线前先确定工件的安放基准，以保证工件安放时平稳、可靠，并能方便地使工件的主要线条与划线平台平行，如图3—7所示。

划线时确定的基准应与图样所用的设计基准一致，避免因尺寸的换算而增加划线误差。要以精度高和加工余量少的形面作为尺寸基准，以保证主要形面的顺利加工和便于安排其他形面的加工位置。

3. 划线常用符号

汽车车身整形修复工在板件上划线的常用符号如图3—8所示。

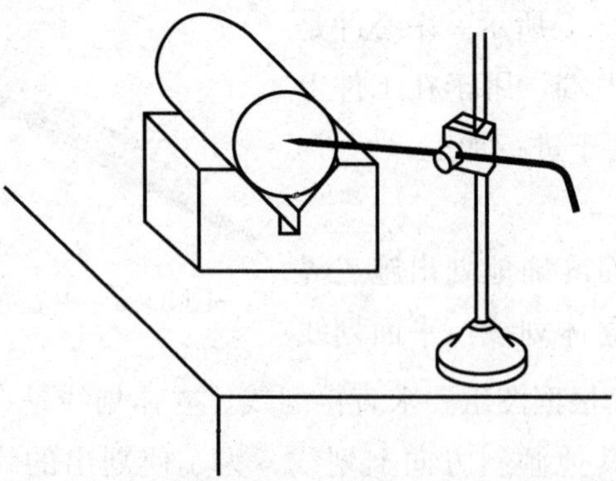

图3—7　立体划线

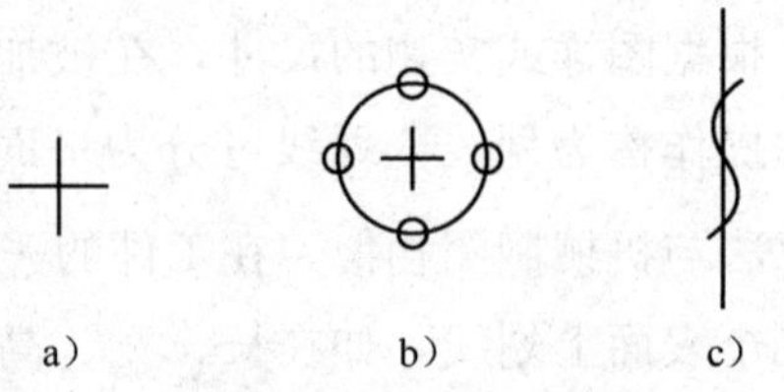

图3—8　样板符号

a）中心　b）圆（孔）　c）剪切线

二、錾削

1. 錾削工具

（1）錾子。錾削时主要使用錾子进行錾削，錾子用碳素工具钢 T7A 或 T8A 锻制。錾子的种类主要有扁錾、尖錾等。扁錾又称平錾、阔錾。錾削平面、切断板料或去毛刺等一般均使用扁錾进行。尖錾又称窄錾，主要用于开直槽等，常用錾子如图 3—9 所示。

（2）锤子。锤子是錾削操作过程中必需的敲击工具。锤头用碳素工具钢 T7A 制成后经淬火硬化而成，锤柄用坚韧的木料制成，如图 3—10 所示。

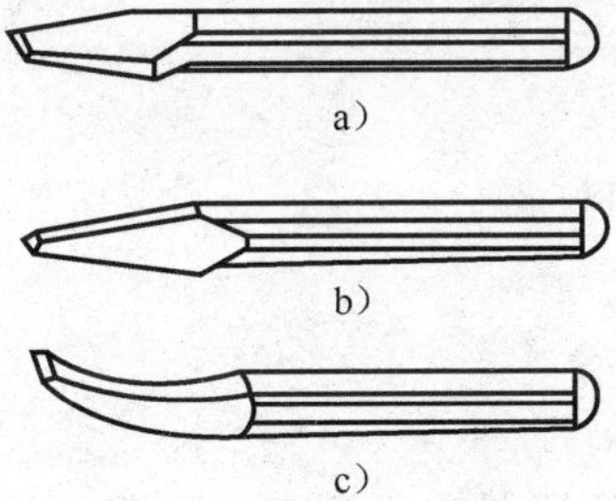

图 3—9　常用錾子

a）扁錾　b）尖錾　c）油槽錾

图 3—10　钳工锤

2. 錾削基本方法

（1）在台虎钳上錾切板料。切断 3 mm 以下的板料，一般在缺乏剪切设备的情况下，可用錾削的方法进行。如板料较小，可将板料夹持在台虎钳上錾切，錾切方法如图 3—11 所示。

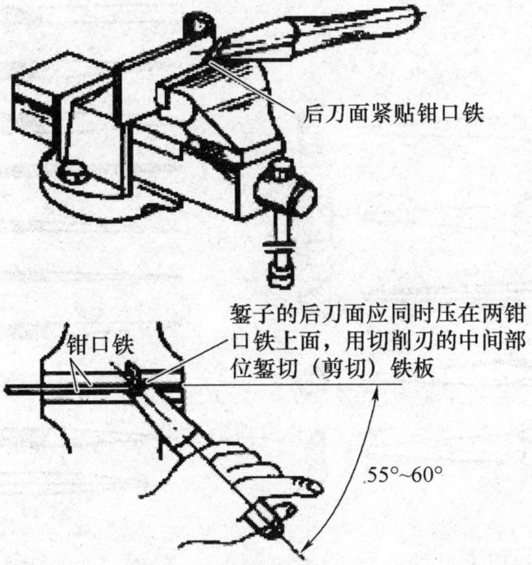

图 3—11　在台虎钳上錾切板料

（2）在砧铁上錾切板料。将 3 mm 以上的板料切断或切曲线，一般在砧铁上进行，也可在铁质工作平台上进行。对錾切曲线或形状较为复杂的板料，应先钻排孔，然后再錾切，其操作方法如图 3—12 所示。

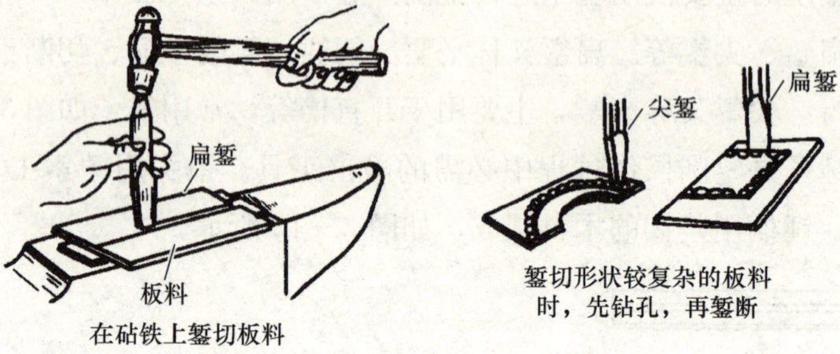

图 3—12　在砧铁上錾切板料

三、锉削

用锉刀对工件表面进行切削加工，使工件达到技术参数图样所要求的形状、尺寸以及其他加工要求的操作称为锉削。

1. 锉削工具

根据锉刀的用途不同，锉刀可分为普通锉刀、整形锉刀、特种锉刀三类，普通锉刀、整形锉刀、特种锉刀分别如图 3—13、图 3—14、图 3—15 所示。

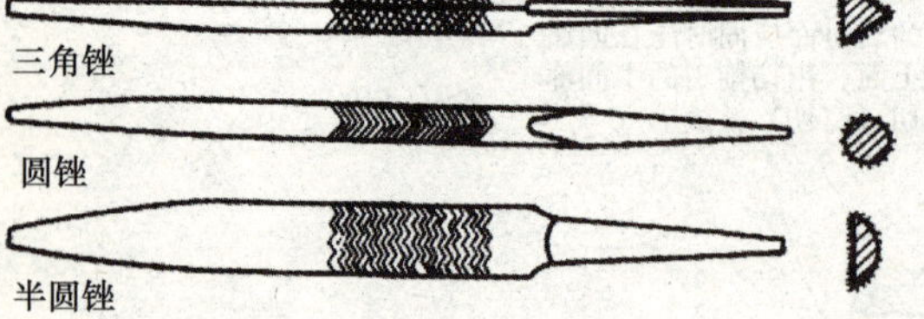

图 3—13　普通锉刀

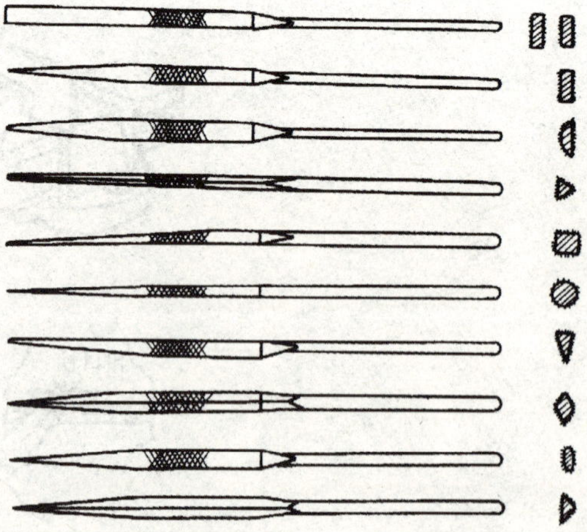

图 3—14　整形锉刀

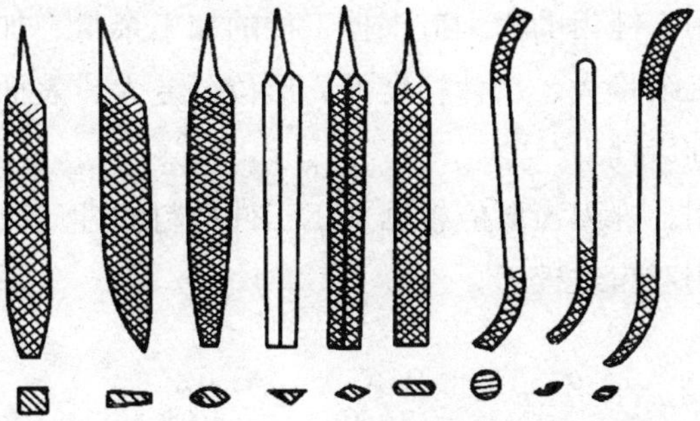

图 3—15　特种锉刀

2. 锉削工具的选用

(1) 锉刀尺寸规格的选用。选用锉刀的尺寸规格，决定于工件的加工尺寸和加工余量。加工尺寸大，余量较多的工件，要选用规格较长、较宽的锉刀，反之，选用规格较短、较窄的锉刀。

(2) 锉刀断面形状的选用。选用锉刀断面形状应根据锉削零件的形状来决定，如图 3—16 所示。

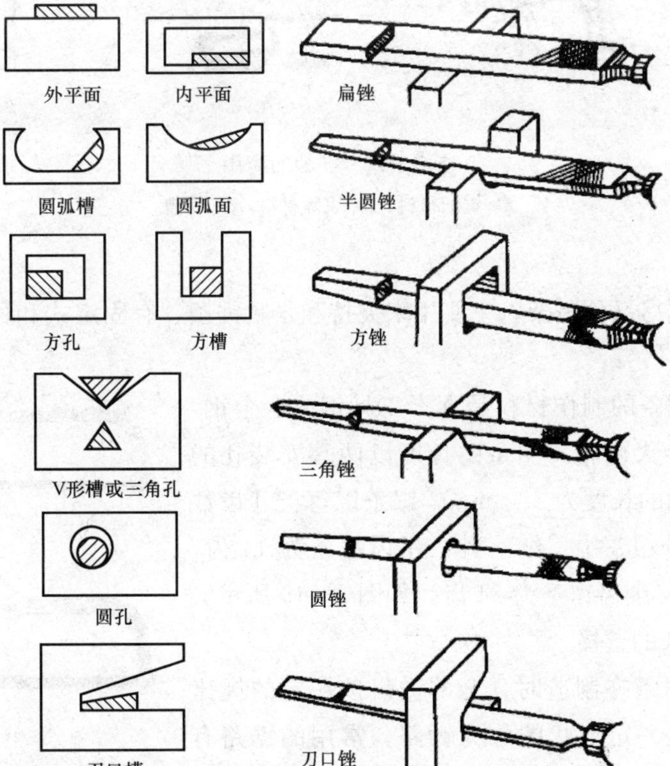

图 3—16　根据加工部位的几何形状选用锉刀

（3）锉齿粗细的选用。锉齿的粗细应根据工件的加工余量、加工精度、材料性质来决定。粗齿锉刀适用于加工余量大、尺寸精度低、形位公差大、表面粗糙度数值大、材料软的工件。反之则应选择细齿锉刀。

（4）锉刀齿纹的选用。锉刀齿纹应根据加工工件材料的性质决定，一般软材料选用单齿纹锉刀，硬材料则选用双齿纹锉刀。

四、锯削

用锯子对材料或工件进行切断或锯槽的操作（加工方法）称为锯削。

1. 锯削的应用范围

锯削主要应用在一般机床无法加工的部位，将材料按长、短所需锯断，按工件的形状在材料上去除一部分材料或锯槽等。应用实例如图 3—17 所示。

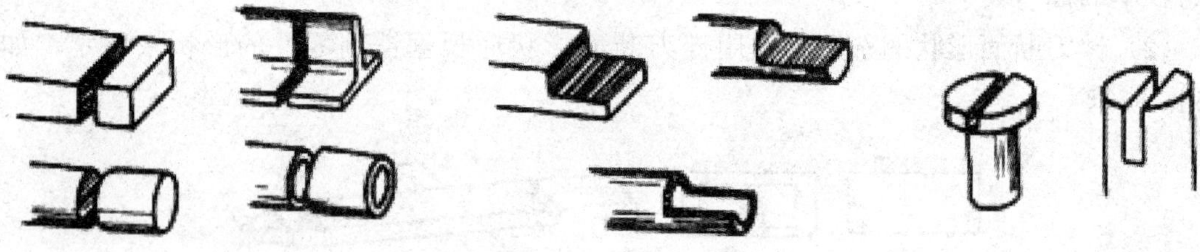

a）　　b）　　c）

图 3—17　锯削的应用

a）锯断材料　b）去除材料　c）锯槽

2. 锯削工具

（1）锯弓。锯弓又称弓架，主要用来夹持和张紧锯条，有固定式和可调式两种，如图 3—18 所示。

（2）锯条。锯条的制作材料是碳素工具钢或合金钢，制成后经热处理淬火硬化。锯条的长度以两端安装孔的中心距表示，常用的长度为 300 mm。锯条以每英寸齿数表示粗细规格，分粗、中、细三种，粗齿锯条为 14 齿，中齿锯条为 18 齿，细齿锯条为 24 齿，如图 3—19 所示。

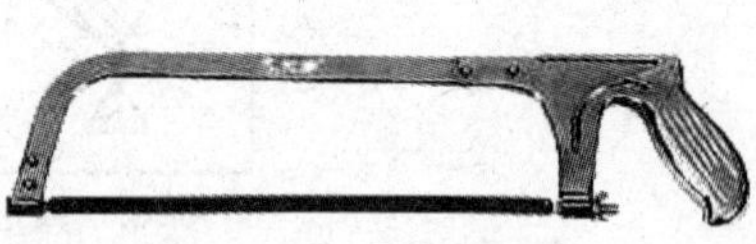

a）

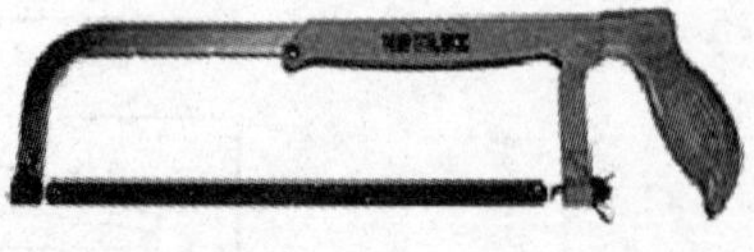

b）

图 3—18　锯弓

a）固定式　b）可调式

3. 锯路与锯条的选择

（1）锯路。锯条在制造时，全部锯齿按一定的规律左右错开，排列成一定形状的称为锯路。常用的锯路有交叉式和波浪式两种，如图 3—20 所示。

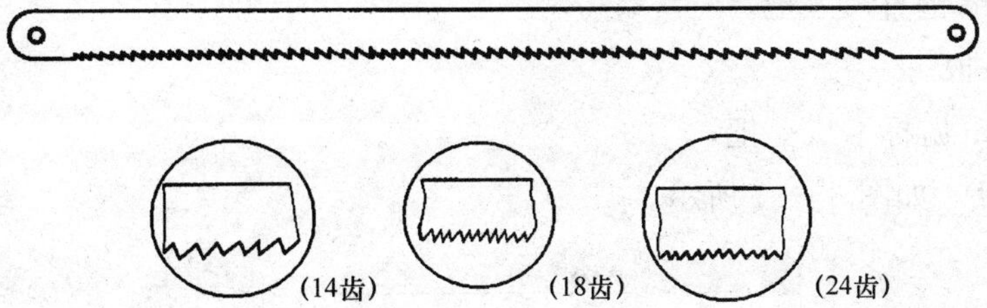

图 3—19　锯条

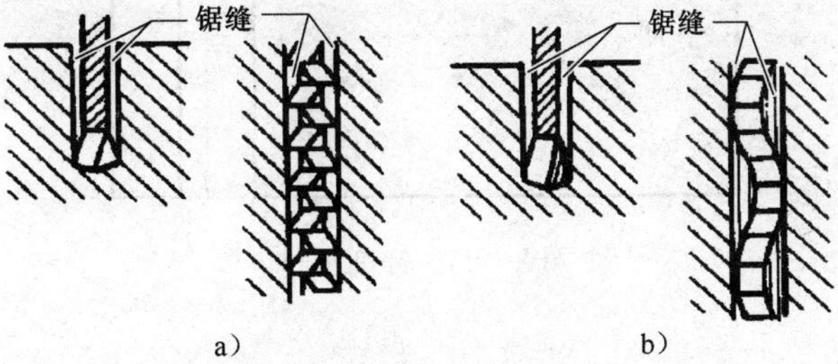

图 3—20　锯路的形式

a）交叉式　b）波浪式

锯路的作用是在锯削时增大锯缝的宽度，可防止“夹锯”和锯条过热。

（2）锯条选择。锯条的粗细规格及应用场合见表 3—1。

表 3—1　　**锯条的粗细规格及应用场合**

规格	齿距（mm）	使用范围
粗	1.6	软钢、黄铜、铝、铸铁、紫铜等
中	1.2	中等硬度的钢、厚壁管子等
细	0.8	工具钢、薄壁管子等

技能要求

板材端面锉削操作

操作准备

1. 材料：8 mm×50 mm×70 mm 低碳钢板一块。

2. 工具

（1）300 mm 中齿扁锉刀一把。

（2）300 mm 钢直尺一把。

（3）划针一根。

（4）150 mm 游标卡尺一把。

3. 技术图纸，如图 3—21 所示。

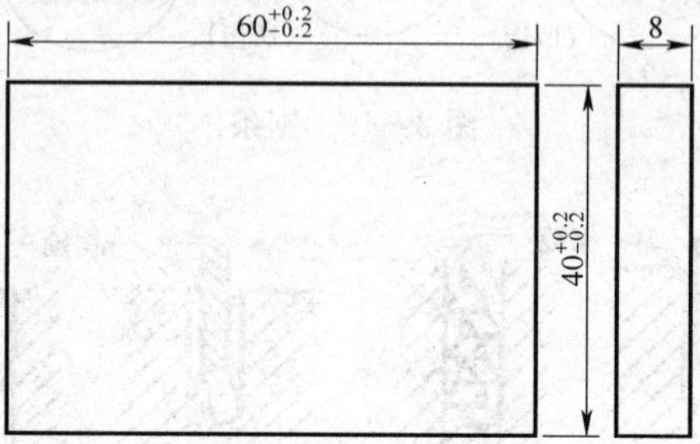

图 3—21　锉削板材

操作步骤

在板件上按图纸要求划出锉削线，将板材夹在台虎钳上，根据板材的厚度、材料性质选择合适的锉刀，然后将板材端面锉削至划好的锉削线。

步骤 1　首先熟悉图纸要求的锉削尺寸，在待锉削的板材上确定基准。确定基准可选择以边为基准，也可选择以中心线为基准。本项目是要求锉削板材端面，比较简单，可以边为基准，然后按图纸要求划出锉削线，如图 3—22 所示。

步骤 2　将有锉削线的板材置于台虎钳上夹紧，装夹板材时先要检查台虎钳的钳口铁安装是否紧固，活动钳身转动是否灵活，是否能与固定钳身夹紧。然后夹紧板材，装夹时要注意锉削部分露出钳口不能过多，一般锉削线露出钳口约 10～15 mm 为宜，以免影响锉削，如图 3—23 所示。装夹时应注意锉削线与钳口处于水平位置，不能倾斜。

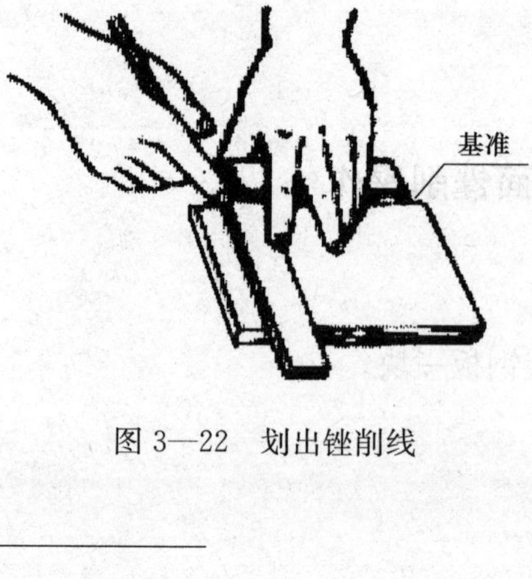

图 3—22　划出锉削线

图 3—23　夹板

步骤 3 锉削前要选择合适的锉刀，锉端面可选择大的扁锉刀对板材进行锉削，用右手握住锉刀柄，大拇指放在锉刀柄的上部，其余四指握紧锉刀柄。锉削时身体与台虎钳约成 45°角，两脚与肩同宽，左脚向前迈出半步，左脚与台虎钳约成 30°角，右脚与台虎钳约成 75°角。身体重心偏向左脚，右脚自然伸直。锉削时身体稍向前倾斜 10°左右。当锉削至锉刀前 1/3 位置时为第一行程，身体前倾 15°左右，重心在左脚。当锉削至锉刀中间 1/3 位置时为第二行程，右肘向前推进锉刀，身体倾斜 18°左右。当锉削至锉刀后 1/3 时为第三行程，右肘继续向前推进锉刀，身体自然退回到 15°左右，同时将锉刀稍微抬起收回，一个完整锉削行程结束。继续重复操作第二行程、第三行程，直至锉削到锉削线为止，如图 3—24 所示。

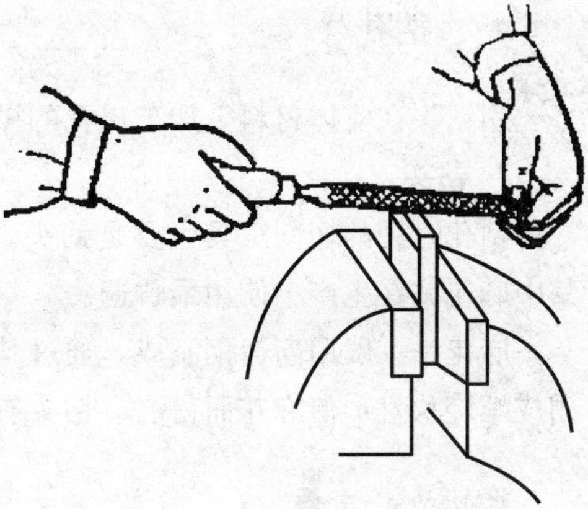

图 3—24　锉削

步骤 4 锉削结束后使用游标卡尺测量锉削面，如尺寸不符合要求，则继续锉削，直至满足要求。

注意事项

1. 划线时基准线要正确。
2. 装夹板件时，锉削线应与钳口平行，并且夹紧。
3. 锉削完成后要对锉削部位进行平直度检查。

第 2 节　钻孔与攻、套螺纹

学习目标

了解钻孔与攻、套螺纹的操作技能

掌握攻、套螺纹的操作技能

能够按攻螺纹的尺寸正确选择钻头

能够进行攻、套螺纹的操作

知识要求

一、钻孔

用钻头在实体材料上加工出孔的操作称为钻孔，如图 3—25 所示。

1. 钻头

钻孔时用的切削工具主要是钻头。钻头的种类有麻花钻、中心钻、扩孔钻、锪钻等，其中麻花钻在生产中使用最普遍。

麻花钻一般用高速钢制成，通过其相对固定轴线的旋转，钻削工件的圆孔，因其容屑槽成螺旋状且形似麻花而得名。钻头有直柄钻头和锥柄钻头两种，如图 3—26 所示。

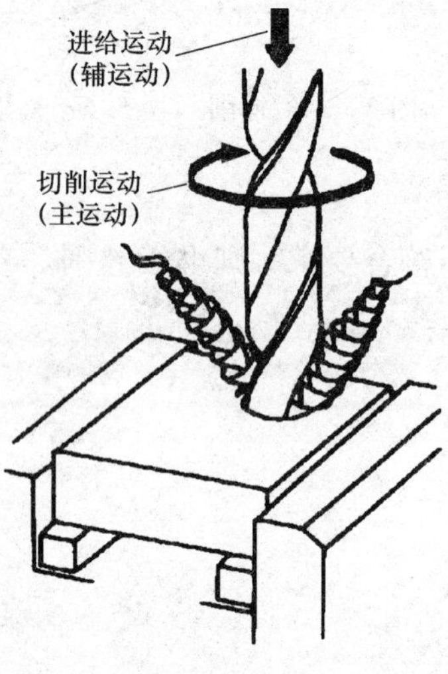

图 3—25　钻孔

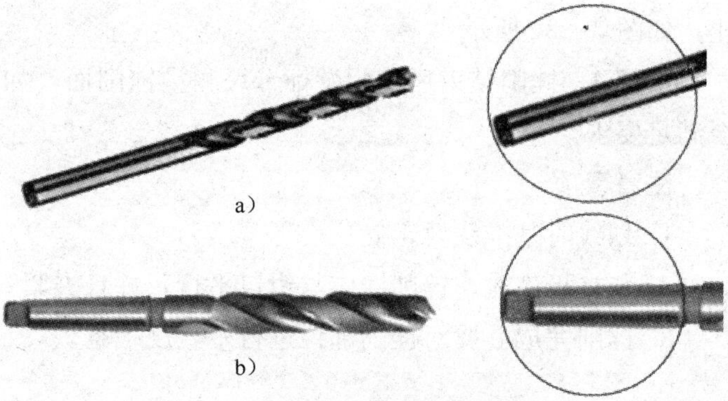

图 3—26　钻头

a）直柄钻头　b）锥柄钻头

（1）柄部。钻头的装夹部位称为柄部。一般直径小于 13 mm 的钻头采用直柄，大于 13 mm 的钻头采用锥柄。

（2）颈部。颈部位于工作部分与柄部之间，钻头的装夹一般到此位置，在颈部标有钻头的规格和标号，如图 3—27 所示。

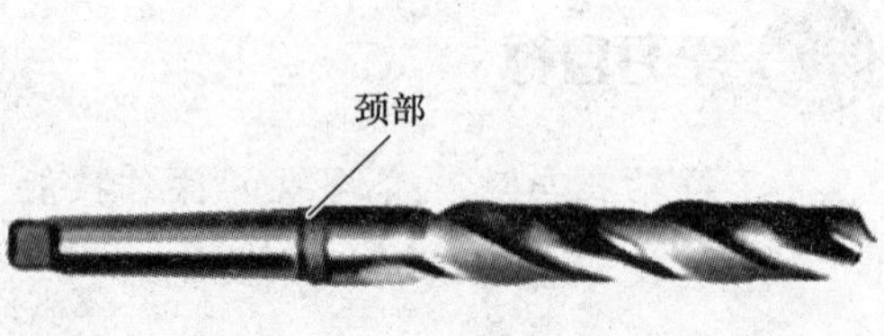

图 3—27　钻头颈部

（3）工作部分。工作部分包括导向部分和切削部分。导向部分由两条对称的螺旋槽（排屑槽）和棱边（刃带）组成。螺旋槽的作用是使钻头形成切削刃，排除钻屑和输送切削液。棱边又称为副切削刃，作用是在钻孔过程中引导方向，修光孔壁。为了减少钻头与孔壁间的摩擦，钻头导向部分的直径略有倒锥，一般倒锥量为每 100 mm 长度上减小 0.03～0.12 mm。

切削部分主要由两个前刀面、两个后刀面、两条主切削刃和一条横刃组成，其作用是担负主要切削工作，如图 3—28 所示。

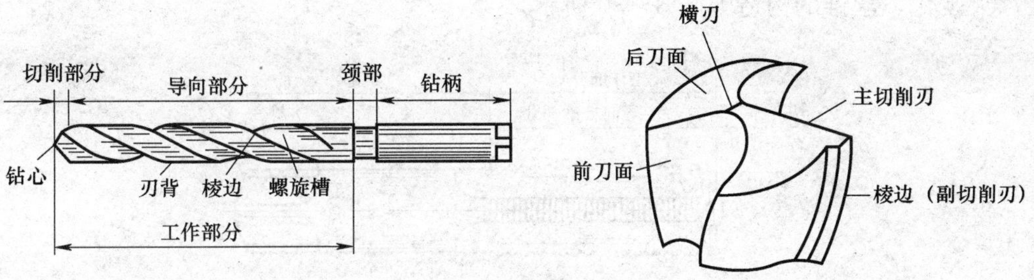

图 3—28　麻花钻工作部分

a）导向部分　b）切削部分

2. 麻花钻的主要刃磨角度

麻花钻的切削性能、效率和质量与其切削部分的几何角度有着直接的关系。麻花钻的刃磨角度主要有顶角、后角和横刃斜角，如图 3—29 所示。

（1）顶角 2ϕ。顶角又称为峰角，是两条主切削刃在与其平行的平面上投影的夹角。顶角 2ϕ 应根据工件材料的强度和硬度来刃磨合理的顶角，麻花钻标准的顶角为 118°±2°。

（2）后角 α_0。切削刃上各点的后角，是钻头后刀面与切削平面之间的夹角。切削刃上各点的后角沿主切削刃进行变化，越接近钻头中心后角越大（通常所说的后角是指麻花钻外缘处的后角）。外缘处的后角通常取 8°～10°，横刃处后角取 20°～25°。刃磨后角时，应根据不同的材料和钻头直径的大小确定，一般直径小于 15 mm 的钻头，α_0＝10°～14°。

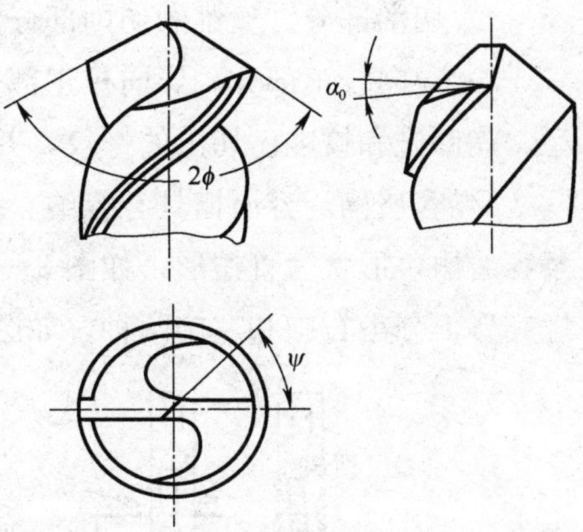

图 3—29　麻花钻的主要刃磨角度

（3）横刃斜角 ψ。横刃斜角是横刃与主切削刃在垂直于钻头轴线的平面上投影的夹角。横刃斜角的大小与后角和顶角的大小有关。麻花钻正确的横刃斜角约为 ψ＝50°～55°。

二、攻螺纹

用丝锥在孔中切削出三角形内螺纹的操作称为攻螺纹。螺纹可分为粗牙、细牙、细牙普通螺纹（牙型代号用 M 表示）和英制管螺纹（牙型代号用 G 表示）。

1. 攻螺纹工具

（1）丝锥。丝锥是加工螺母或内螺纹的工具，一般用合金工具钢或高速工具钢制成，并经淬火硬化，丝锥的构造如图 3—30 所示。

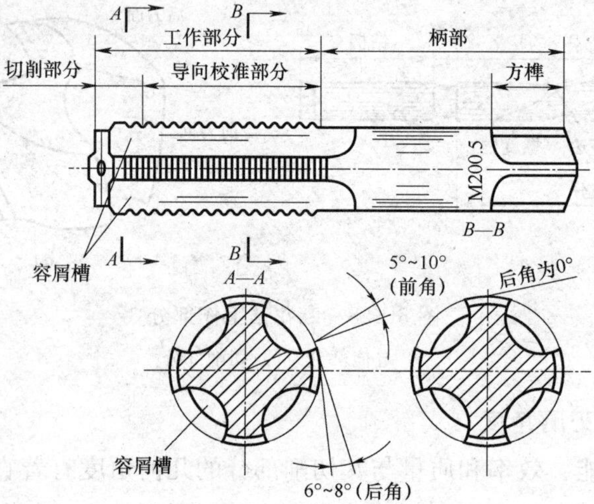

图 3—30　丝锥的构造

1）切削部分。丝锥的切削部分主要起切削作用，呈圆锥形，有锋利的切削刃。

2）导向校正部分。导向校正部分是攻螺纹时的主要工作部分，该部分具有完整的牙型，能修光和校准已切出的螺纹，并引导丝锥沿轴向运动。

3）容屑槽。容屑槽具有容纳、排除切屑和形成刀刃的作用。一般的丝锥都制有 3～4 条容屑槽，形状为直槽形，如图 3—30 所示。专用丝锥的容屑槽是为了控制排屑方向制成螺旋形，分为右旋和左旋两种，如图 3—31 所示。

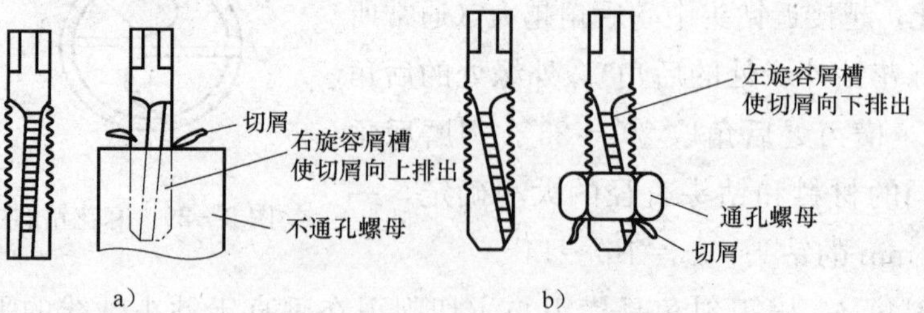

图 3—31　丝锥螺旋容屑槽

a）右旋　b）左旋

4）柄部。柄部制成方榫形状，丝锥扳手通过方榫连接，用以传递力矩。

丝锥一般分为机用丝锥和手用丝锥两种。手用丝锥有粗牙、细牙之分，由二支或三支组成一套。通常 M6～M24 的丝锥以二支组成一套。M6 以下、M24 以上的丝锥，以三支组成一套。细牙丝锥均为二支一套。

（2）丝锥扳手（也称铰手）。丝锥扳手的作用是夹持和扳动丝锥，分普通扳手和 T 形扳手两类。丝锥扳手分为固定式和可调式两种，如图 3—32 所示。T 形扳手适用于机体内和凸台旁的螺孔攻螺纹。

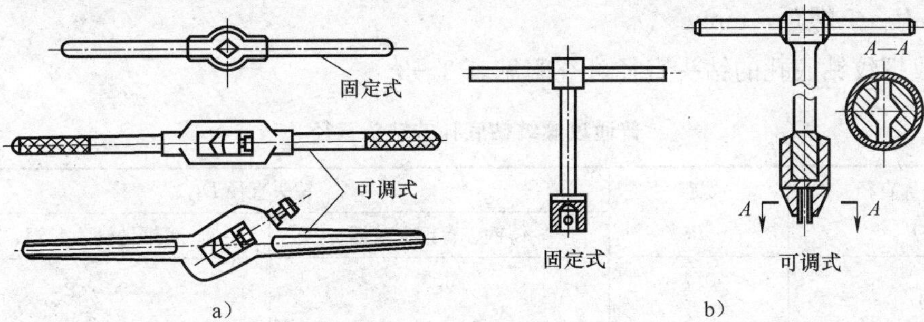

图 3—32　丝锥扳手

a）普通扳手　b）T 形扳手

丝锥扳手的长度应根据丝锥尺寸的大小合理选用，以便控制一定的攻螺纹扭矩长度，丝锥扳手的长度选择可参见表 3—2。

表 3—2　　**丝锥扳手的长度选择**　　mm

丝锥直径	≤6	8～10	12～14	≥16
扳手长度	150～200	200～250	250～300	400～450

2. 攻螺纹操作

攻螺纹包括划线、钻底孔、攻螺纹等环节。

（1）划线。划线是攻螺纹的基础，划线准确，孔位尺寸就能得以保证。划线前，首先要熟悉图样和工艺要求，选择好划线基准，尽可能使划线基准和设计基准重合。划线时，线条要求清晰均匀，划线完成后要仔细检查划线的准确性以及是否有漏划线条，经确认无误后在中心位置打上点印。

（2）钻底孔。攻螺纹前的钻底孔对螺纹质量有很大影响。如底孔过大，攻螺纹时会造成螺纹的牙型高度不够，降低强度；如底孔过小，将会因挤压变形卡住丝锥，造成丝锥折断。因此，攻螺纹前螺纹底孔应根据工件的材料性质和螺纹直径的大小通过查表或用经验公式计算确定。

普通螺纹底孔直径的经验公式为：

韧性材料 $D_{钻} = D - P$

脆性材料 $D_{钻} = D - (1.05 \sim 1.1) P$

式中

$D_{钻}$——钻底孔的钻头直径，mm；

D——螺纹大径，mm；

P——螺距，mm。

普通攻螺纹钻底孔的钻头直径可查阅见表 3—3。

表 3—3 普通攻螺纹钻底孔的钻头直径 mm

螺纹公称直径 D	螺距 P	钻头直径 $D_{钻}$	
		铸铁、青铜、黄铜	钢、可锻铸铁、紫铜、层压板
4	0.7	3.3	3.3
	0.5	3.5	3.5
5	0.8	4.1	4.2
	0.5	4.5	4.5
6	1.0	4.9	5.0
	0.75	5.2	5.2
8	1.25	6.6	6.7
	1	6.9	7.0
	0.75	7.1	7.2
10	1.5	8.4	8.5
	1.25	8.6	8.7
	1	8.9	9.0
	0.75	9.1	9.2
12	1.75	10.1	10.2
	1.5	10.4	10.5
	1.25	10.6	10.7
	1	10.9	11.0

（3）攻螺纹。攻螺纹时要双手握住扳手中部，均匀用力，保持水平转动。

在最初时使用头锥进行攻螺纹，需要在攻螺纹处要加注润滑油，并且对头锥要施加垂直压力，使头锥切入孔内 1～2 圈。待头锥切入后可用直角尺检查头锥与工件表面是否垂直，如不垂直应及时调整，必要时头锥可重新切入至垂直，如图 3—33 所示。

在头锥切入并且经检查符合要求后，丝锥每转 1～2 圈后就要反转 1/2～3/4 圈，并要经常退出丝锥，清除切屑。头锥攻丝结束后使用二锥再重复上述操作过程，使牙纹更清晰。

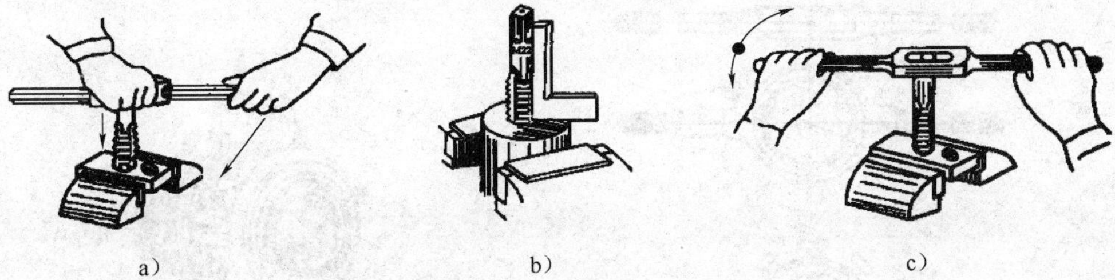

图 3—33　攻螺纹操作

a）起攻　b）垂直检查　c）攻螺纹

三、套螺纹

用板牙在圆杆上切削出外螺纹的操作称为套螺纹。

1. 套螺纹工具

（1）板牙。加工外螺纹的工具主要是板牙，板牙用合金工具钢或高速钢制成，并通过淬火硬化。常用的板牙有圆板牙和管子板牙，如图 3—34 所示。

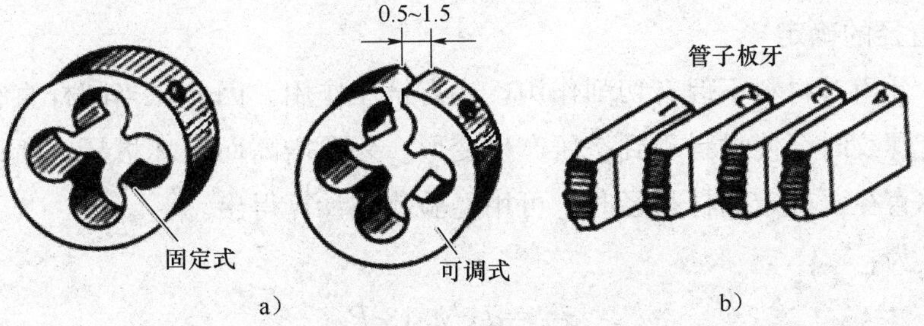

图 3—34　板牙

a）圆板牙　b）管子板牙

圆板牙的形状像一个圆螺母，在端面上由几个排屑槽形成刀刃。圆板牙两端的锥角部位起主要切削作用，是圆板牙的切削部位。中间一段是导向部位，也是套螺纹时的校准部位。圆板牙外圆上有几个锥坑和一条 V 形槽，用来将板牙固定在板牙架上。

管子板牙装在管子板牙架上，专用于铰制管牙螺纹的工具。形状为长方条状，可分为圆柱管螺纹、圆锥管螺纹等。

（2）板牙架。板牙架是装夹板牙的工具。常用的板牙架有固定式圆板牙架、可调式圆板牙架和管子板牙架，如图 3—35 所示。套螺纹时，先将板牙装入架内，板牙上的锥坑对正架上的紧固螺钉，然后紧固。可调式板牙装夹时，应先将板牙直径尺寸调整合适（使其与圆杆直径尺寸相近），然后装入架内固定。

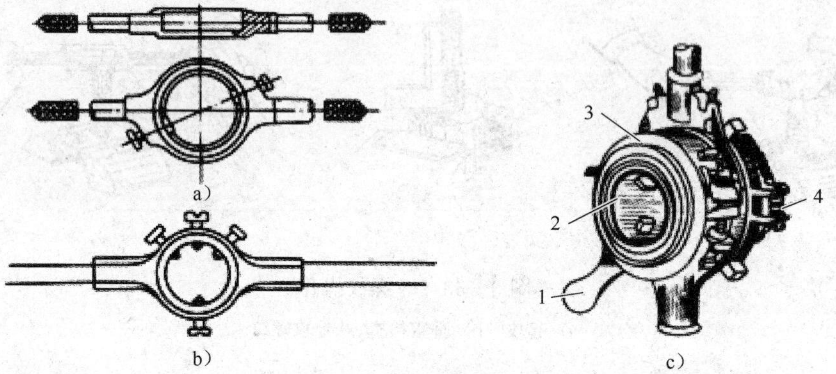

图 3—35　板牙架

1—板牙手柄　2—板牙　3—本体　4—螺杆

a）固定式圆板牙架　b）可调式板牙架　c）管子板牙架

装夹管子板牙时，首先选择与管子直径相配的板牙，然后顺时针转动管子板牙架的扳机至极限位置，松开小把，使刻线对正。按序号装入牙块，逆时针转动扳机至极限位置，使管径刻度线与内盘的“0”刻线对齐后，锁紧手柄。

2. 圆杆直径的确定

由于板牙牙齿对材料不但有切削作用，还有挤压作用。因此，当圆杆直径等于螺纹公称直径进行套螺纹时会使材料受到挤压产生变形，牙顶增高而损坏板牙。所以圆杆直径应小于螺纹公称直径。确定圆杆直径时，可用经验公式计算得出。

经验公式为：

$$d_{杆}=d-0.13P$$

式中

$d_{杆}$——套螺纹前圆杆直径，mm；

d——螺纹大径，mm；

P——螺距，mm。

3. 套螺纹操作

（1）倒角。套螺纹前应先对圆杆的端部进行倒角处理。这样容易使板牙对准工件中心，同时也容易切入。倒角一般为 15°～30°，长度应大于一个螺距。

（2）套螺纹操作。套螺纹前应将圆杆夹紧，不能有松动，但要注意不能使圆杆变形损坏。在夹紧圆杆时可用木块或其他既能夹紧又能保护圆杆的材料放在圆杆与台虎钳之间作保护。在不影响螺纹长度的前提下，工件伸出钳口的长度不能过长。

套螺纹操作时，板牙端面应与圆杆垂直，操作时双手用力要均匀。刚开始转动板牙时应加注润滑油，稍加压力，当套入 3～4 个牙后可只转动而不需再加压力。套螺纹时板牙要顺逆交叉转动，这样可使板牙顺利切入，及时断屑，如图 3—36 所示。

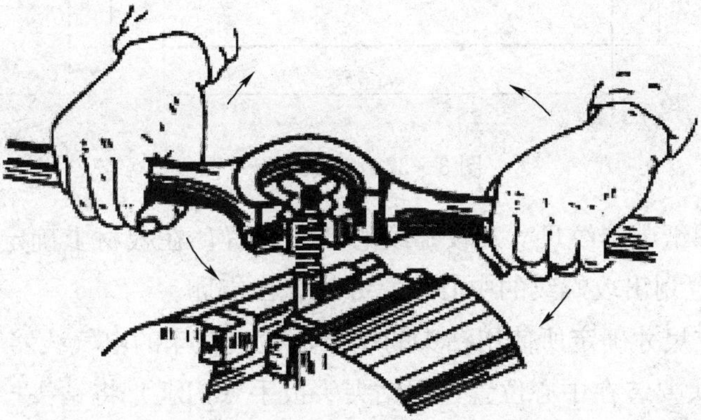

图 3—36　套螺纹

技能要求

攻螺纹操作

操作准备

1. 材料：8 mm×40 mm×60 mm 低碳钢板一块。

2. 工具

(1) M5×0.8 mm、M6×1 mm、M8×1.25 mm 丝锥各一副。

(2) ϕ4.2 mm、ϕ5 mm、ϕ6.7 mm 麻花钻头各一个。

(3) 钢直尺、直角尺、划针，钣金锤、中心冲（样冲）。

(4) 丝锥扳手。

3. 技术图纸，如图 3—37 所示。

操作步骤

按图纸要求确定基准，划出攻螺纹钻孔的中心线，用中心冲标记出点印。根据所需攻螺纹的尺寸要求选择合适的钻头钻出底孔，用相应丝锥进行攻螺纹操作。

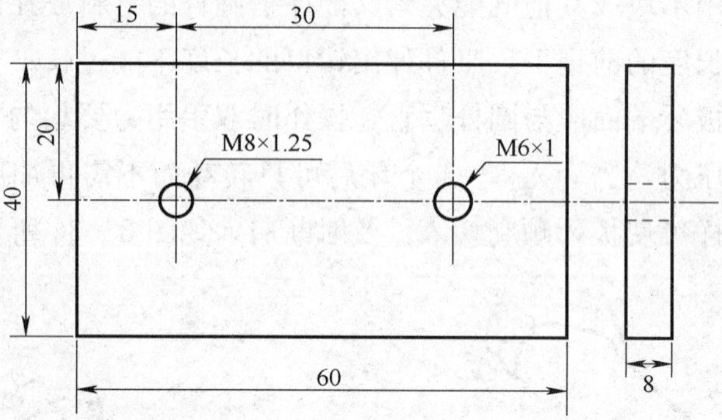

图 3—37　攻螺纹尺寸

步骤 1　熟悉图纸中螺纹尺寸及攻螺纹的尺寸位置，在板材上确定基准，一般以边为基准，在相应的位置划出攻螺纹的中心线，并标记出点印。

步骤 2　按螺纹尺寸确定所使用钻头的型号，检查钻床的电气线路及钻夹头是否完好。装夹钻头时注意钻头要装在中心位置，用钻夹头扳手（钥匙）将钻头拧紧，然后在点印处钻通孔，如图 3—38 所示。钻孔完成后，在板材的两面应倒角，便于在攻螺纹时丝锥更容易切入。

步骤 3　攻螺纹前将板材夹紧，装夹时装夹位置要正确，板材的平面要处于水平位置。进行攻螺纹操作时要将丝锥放正，然后用手压住丝锥使丝锥顺利切入孔中。攻螺纹时每旋转一圈要回转 1/2～3/4 圈，并经常退出丝锥，以清除切屑。在切入 3～4 圈时应对丝锥加压，靠丝锥上的螺纹自然旋进，如图 3—39 所示。

图 3—38　钻孔

图 3—39　攻螺纹

注意事项

1. 划线时的基准应符合设计基准要求。

2. 钻孔时板件应水平夹紧，不能有松动。

3. 攻螺纹时丝锥应与板件垂直。

4. 攻螺纹初时，应对丝锥稍加压力，使丝锥顺利切入。

模拟测试题

一、判断题（将判断结果填入括号中，正确的填“√”，错误的填“×”）

1. 划线盘常用于工件的高度划线、水平划线等，也称划针盘。（ ）

2. 尖錾用于錾削平面、切断板料、去毛刺等。（ ）

3. 用锯子对材料或工件进行切断或切槽的操作称为锯削。（ ）

4. 攻螺纹底孔直径大于螺纹小径，将因挤压变形卡住丝锥，造成丝锥崩牙或折断。（ ）

5. 圆杆直径应大于螺纹公称直径。（ ）

二、单项选择题（选择一个正确的答案，将相应的字母填入题内的括号中）

1. 高度尺的作用是配合划线盘量取（ ）。

A. 圆弧尺寸　B. 高度尺寸　C. 水平尺寸　D. 截取尺寸

2. 以下哪一项不是扁錾的功用。（ ）

A. 錾削平面　B. 切断板料　C. 去毛刺　D. 开直槽

3. 锯条的长度以两端安装孔的中心距表示，常用的长度为（ ）。

A. 100 mm　B. 300 mm　C. 500 mm　D. 800 mm

4. 丝锥扳手是用来夹持和扳动丝锥的工具，分普通扳手和（ ）。

A. V 形扳手　B. L 形扳手　C. H 形扳手　D. T 形扳手

5. 以下哪种是常用板牙（ ）。

A. 圆板牙　B. 四方板牙　C. 六角板牙　D. 管形板牙

模拟测试题答案

一、判断题

1. √　2. ×　3. √　4. ×　5. ×

二、单项选择题

1. B　2. D　3. B　4. D　5. A

第 4 章

钣金常用工具、量具及设备

第 1 节　钣金常用工具　/70
第 2 节　钣金常用量具　/76
第 3 节　钣金常用设备　/79

第 1 节　钣金常用工具

学习目标

了解常用钣金工具的名称与种类

熟悉常用钣金工具的用途

掌握常用钣金工具的使用方法

能够对钣金电动、气动工具进行操作

知识要求

一、台虎钳

1. 台虎钳的种类

台虎钳简称虎钳，是用来夹持工件的通用夹具。装置在工作台上，用以夹稳加工工件。台虎钳按固定方式分为固定式和回转式两种，按外形功能分为带砧和不带砧两种，如图 4—1 所示。

2. 台虎钳的结构

台虎钳由钳体、底座、导螺母、丝杠、钳口体等组成。装夹工件时活动钳身通过导轨滑动与固定钳身配合将工件夹紧。通过摇动手柄使丝杠旋转，带动活动钳身起夹紧或放松的作用。在固定钳身和活动钳身上，装有工作面上制有交叉网纹的钢制钳口，是为防止工件夹紧后产生滑动。固定钳身装在转座上能在一定范围内转动，并用夹紧螺钉通过夹紧盘将固定钳身与转座紧固，如图 4—2 所示。台虎钳的大小规格以钳口的长度表示，常用的有 125 mm，150 mm，200 mm 等。

3. 台虎钳的用途

台虎钳的主要用途是夹紧加工工件。工件的锯割、錾削、锉削、捶击成形以及零件的拆装工作等都可在台虎钳上完成。

图 4—1　台虎钳

a）不带砧固定式　b）带砧回转式

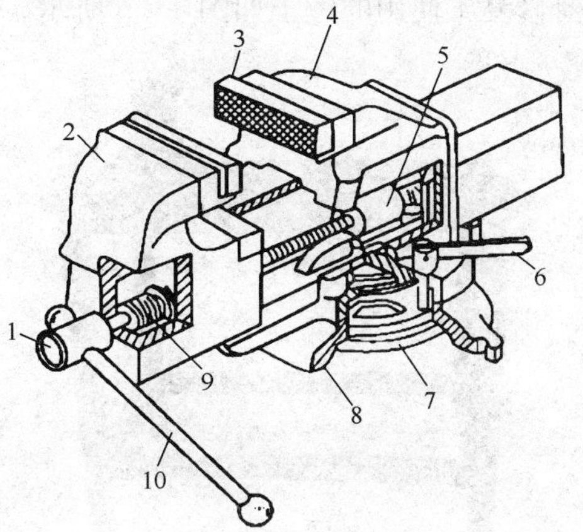

图 4—2　台虎钳结构

1—丝杠　2—活动钳身　3—钳口铁　4—固定钳身

5—螺母　6—夹紧手柄　7—夹紧盘

8—转盘座　9—弹簧　10—手柄

二、工作平台

工作平台具有一定的专业性，有划线平台、检验平台、焊接平台等。工作平台由台面和搁置台面的支撑架组成，常用的规格有 600 mm×1000 mm、800 mm×1 200 mm 等。汽车车身整形修复工常用的工作平台是一种综合性的平台，如图 4—3 所示。

1. 工作平台的作用

汽车车身整形修复工使用的工作平台是钣金作业中的一种辅助工具，它集合了划线、整形、构件制作、零部件组装等作业。

2. 工作平台的使用

汽车车身整形修复工所用的工作平台绝大部分都是钢制平台，也可用铸钢制造而成，平台背面铸有加强筋，如图 4—4 所示。根据汽车车身整形修复工的工作特点一般都将台面用支撑架搁置起来，便于作业时进行划线、制作、整形等。

为了能使工作平台经常保持光洁平整，在工作平台上进行整形时，平台上不能有明显的捶击凹痕，如出现凹痕应及时打磨平整。在平台上禁止进行气割、电焊等作业，以防止烧伤工作台面或沾上飞溅物。

三、锤子和垫铁

1. 锤子

锤子是汽车车身整形修复工进行手工作业所必备的工具，锤子的种类较多，能适应汽车车身修复工使用的锤子如图 4—5 所示。

图 4—3　工作平台

图 4—4　铸钢平台

图 4—5　汽车车身修复工常用的锤子

每一种锤子都有其特有的用途，钣金锤主要用于汽车维修中。由于车身钣金件形状复杂，在修理时使用要求不同，所用的锤子也不同，工作中可以根据需要选用合适的锤子。

2. 垫铁

垫铁的作用是配合锤子做衬抵。垫铁形状较多，对垫铁的要求一是用手能够在垫铁使用时垫稳，二是垫铁能抵垫到位。常用垫铁如图 4—6 所示。

四、手剪刀

1. 直头剪刀

手剪刀是汽车车身整形修复工必不可少的剪切工具。其中一种剪刀是直的称为直头剪

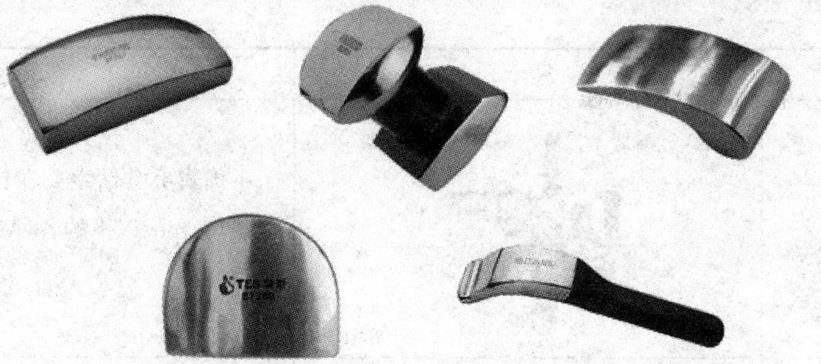

图 4—6　常用垫铁的形状

刀，如图 4—7 所示。直头剪刀是汽车车身整形修复工较常用的一种手工工具，有 400 mm、500 mm 等几种规格，大小板料都能剪切，主要剪切板料的直线，也可剪切外圆曲线。直头剪刀能剪切 1.2 mm 以内的薄钢板和黄铜板，也能剪 1.5 mm 以下的铝板和纯铜板等。

2. 弯头剪刀

弯头剪刀是汽车车身整形修复工在剪切弯料时较常用的一种辅助工具，如图 4—8 所示。弯头剪刀的剪刃呈弯曲形状，有 300 mm、400 mm 等几种规格。其主要剪切板料的曲线形状，必要时也可剪切少量的直线形状，一般能剪切 1.0 mm 以下的薄钢板及其他的有色金属材料。

图 4—7　直头剪刀

图 4—8　弯头剪刀

五、动力工具

1. 电动工具

动力工具在汽车维修作业中是较常用的一种手动工具，工具名称及用途见表 4—1。

表 4—1　　常用电动工具名称及用途

工具名称	图示	用途
手枪式手电钻		手枪式手电钻的电源电压一般有 220 V 和 36 V 两种，一般能装 6 mm 以下的各种钻头，较大的一种能装 10 mm 以下的各种钻头。为保证安全，手电钻外壳多采用塑料制作

续表

工具名称	图示	用途
手提式手电钻		手提式手电钻主要在钻较大孔时使用，一般能装 13 mm 以下的各种钻头，使用时可两手同时用力
电动手剪刀		电动手剪刀的优点是剪切速度快、剪切材料的厚度厚。缺点是重量重，同时带有电动惯性，停止较慢，一般剪切结束不能立即停止
电动角向砂轮磨光机		电动角向砂轮磨光机主要用于金属构件的去毛刺、焊缝打磨、打磨薄板焊接后焊缝上的焊瘤焊疤等。它是在操作位置受限制、不能使用普通磨光机时采用的打磨工具

2. 气动工具

气动工具主要是利用压缩空气带动活塞而对外输出动能进行工作的一种工具，汽车维修作业中较常用的气动工具见表 4—2。

表 4—2　　常用气动工具名称及用途

工具名称	图示	用途
气动铆枪		气动铆枪俗称气枪、风枪，是一种铆接用冲击工具。气动铆枪的动力来自压缩空气，利用压缩空气驱动活塞作往复运动，快速冲击冲头进行工作
气动钻		气钻是钻孔工具，以压缩空气为动力。压缩空气由气管连接管进入压柄进行气量调节而进入气缸，再由推杆进行调节形成冲击，从而达到回转的作用

技能要求

用手剪刀剪切薄板

操作准备

1. 1 mm 低碳钢薄板一块。

2. 500 mm 钢直尺、划针、手剪刀。

3. 剪切尺寸，要求剪切宽度为 100 mm，长度为 500 mm 以上。

操作步骤

根据图纸要求划出剪切线，用直头剪刀对板材进行剪切。

步骤 1 了解图纸或实样的剪切要求，准备好薄钢板、钢直尺、划针、手剪刀等材料及工具，按要求在板材上划出剪切线，如图 4—9 所示。

步骤 2 检查、复核所划的线与要求是否符合，在尺寸与要求完全符合后，用直头剪刀沿着剪切线进行剪切，如图 4—10 所示。剪切时由于材料尺寸较大，可放于地面上进行操作。

图 4—9 划线

图 4—10 剪切

注意事项

1. 剪切前应对所用手剪刀做检查，间隙、刃口是否符合要求。

2. 剪切时剪切线不能有毛刺产生。

3. 剪切时剪切线不能出现弯曲现象。

第 2 节　钣金常用量具

学习目标

了解钣金常用量具的名称、规格

熟悉钣金常用量具的用途及使用范围

掌握钣金常用量具的使用方法

能够用简单量具进行测量

能够用游标卡尺对工件进行测量

知识要求

一、钢直尺与钢卷尺

1. 钢直尺

钢直尺用于测量长度、划线、检验工件平整度等。钢直尺一般最高测量精度为 0.5 mm，常用的规格长度为 150 mm、300 mm、500 mm、600 mm、1 000 mm 等。钢直尺的尾端有一个小的悬挂孔，使用完毕应将钢直尺挂起，防止变形。钢直尺用后应擦净，放在干燥的地方，以防生锈。钢直尺如图 4—11a 所示。

a)　　b)

图 4—11　钢直尺与钢卷尺

a）钢直尺　b）钢卷尺

2. 钢卷尺

钢卷尺如图 4—11b 所示，是测量长度的测量工具。常用的规格长度为 1 m、2 m、3 m、5 m 等。使用钢卷尺时，拉尺带不能用力过猛，用毕随即退回尺带。钢卷尺用毕应立即将尺面擦干净，防止生锈。

二、直角尺及游标卡尺

1. 直角尺

（1）90°角尺。90°角尺是一种定值为 90°的角度量具，主要用于划垂直线、检验垂直线、检验工件的垂直角度等，也可用作划直线。90°角尺有带边和不带边两种，带边的直角尺利用侧边可以在工件上直接定位、测量和划线。90°角尺使用时要经常注意检查其垂直度是否准确，如有误差须经修理后方可使用。90°角尺如图 4—12 所示。

（2）万能角度尺。万能角度尺的测量精度可达 2′，能测量零件 0°～180°的外角和 40°～130°的内角。万能角度尺使用后应妥善保管，以免影响精度。利用万能角度尺可以在板件上辅助划针划任何角度，检验工件的角度尺寸是否符合要求，万能角度尺的具体结构如图 4—13 所示。

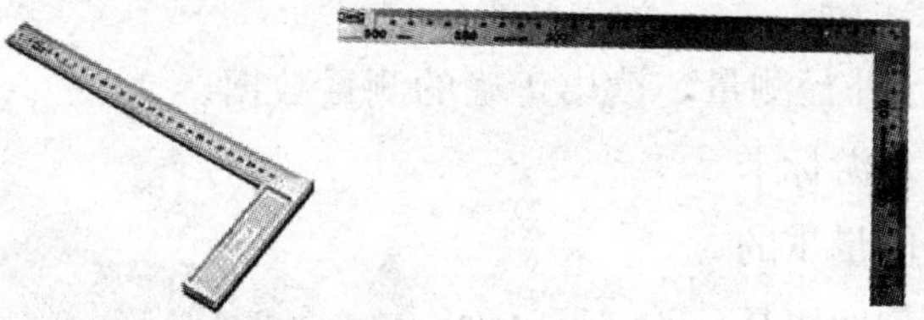
a)　b)

图 4—12　90°角尺

a）带边的 90°角尺　b）不带边的 90°角尺

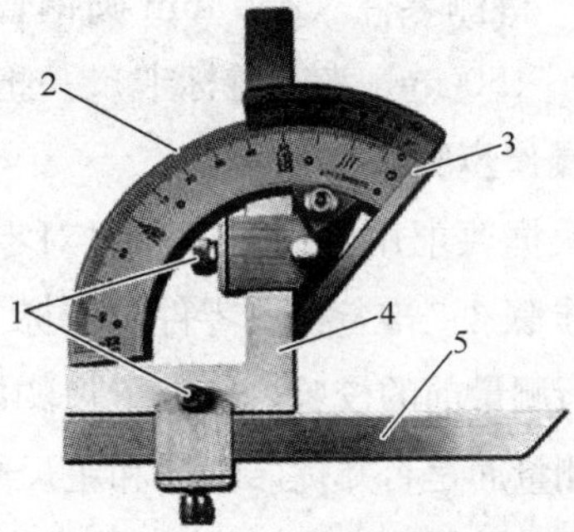

图 4—13　万能角度尺

1—卡块　2—主尺　3—基尺

4—90°角尺　5—直尺

2. **游标卡尺**

游标卡尺是一种精密量具，用于测量精密度要求高的零件。游标卡尺可以直接测量零件的外部尺寸、内部尺寸和深度尺寸。

游标卡尺可分为普通型、表盘型和液晶数字显示型三种。常用的普通型游标卡尺按测量精度分为 0.02 mm 和 0.05 mm 两种，其中 0.02 mm 的应用最为广泛。带表盘的游标卡尺可以通过表上显示的数字读出测量数值。液晶显示数字的游标卡尺显示更为直接，可直接读出测量数值，是一种较为先进的测量量具，三种游标卡尺如图 4—14 所示。

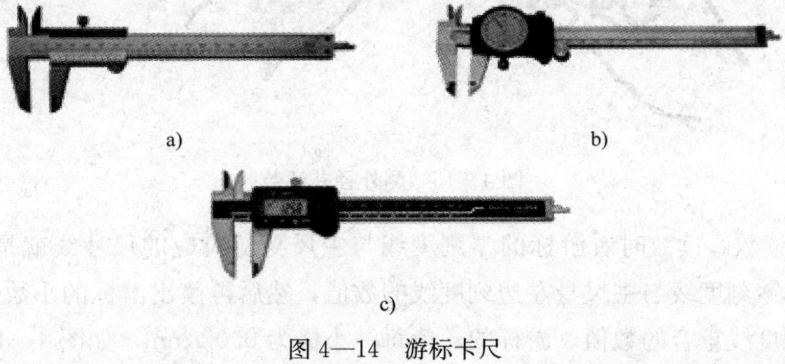
a)　b)　c)

图 4—14　游标卡尺

a）普通游标卡尺　b）带表盘的游标卡尺　c）带液晶显示的游标卡尺

技能要求

普通游标卡尺的使用及读数

操作准备

1. 待测零件（ϕ50 mm 圆钢管）。

2. 150 mm 普通游标卡尺一把。

操作步骤

根据要求用普通游标卡尺对零件进行外径测量，读出正确的测量数据。

步骤 1 准备待测零件及游标卡尺。对游标卡尺进行测量前的校验，检查卡尺的内、外侧量爪的刀口测量面是否并拢，游标和主尺身的零刻度线是否对齐，游标滑动是否灵活，如图 4—15 所示。

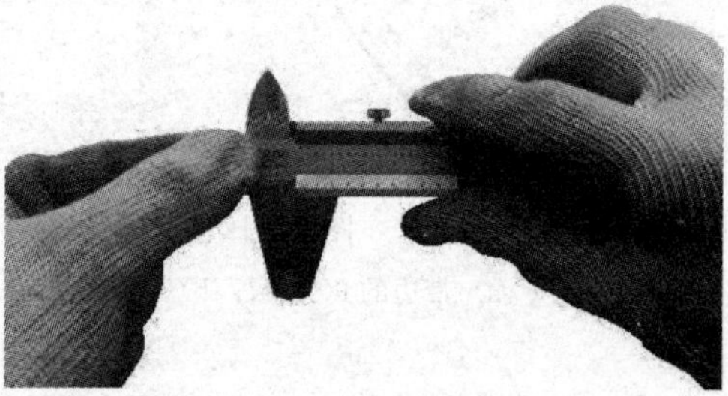

图 4—15 校验游标卡尺

步骤 2 检查被测量零件的表面是否光洁，有无氧化物等影响测量的杂质。

步骤 3 左手拿零件，右手握住尺身，大拇指顶住手柄推游标，先将两量爪张开到略大于零件尺寸，用固定量爪的测量面紧贴被测零件的外表面，推动活动量爪至测量面接触到被测零件的外表面。测量时要注意测量面与零件的外表面垂直，如图 4—16 所示。

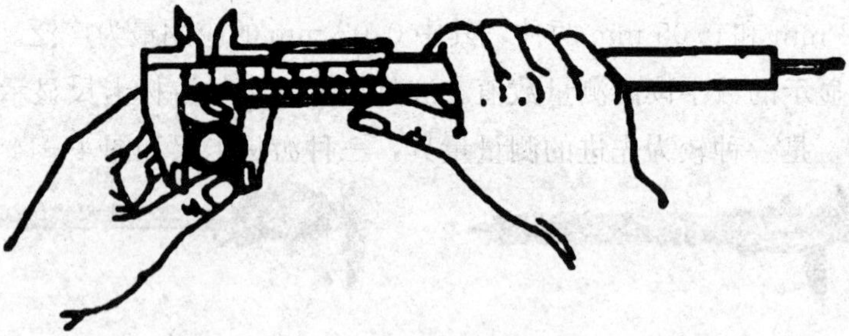

图 4—16 测外径并读数

步骤 4 读数。读数时看游标的零刻度线与主尺身所对应的尺寸线就是所测的数值。首先读出游标零刻度线与主尺身左边刻度线的数值，然后再读出游标的小数部分，即游标上与主尺身刻度线重合的数值。游标的数值每一小格为 0.02 mm，如图 4—17 所示。图中所示尺寸为 10.52 mm。

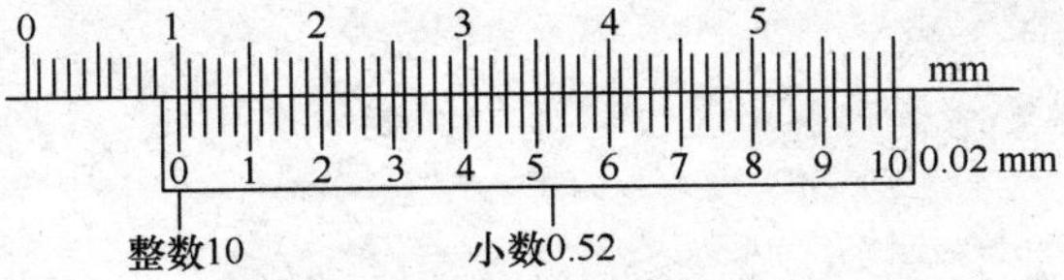

图 4—17　读数方法

用以上普通游标卡尺测量外径的同样方法还可以测量零件的内径及零件深度，并读出正确的数据，测量方法如图 4—18 所示。

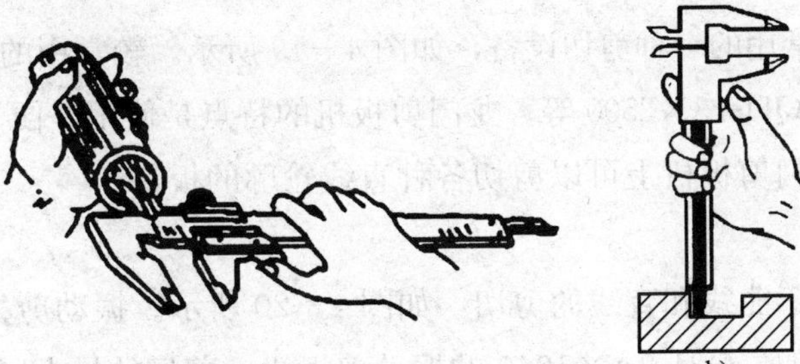

a)　　b)

图 4—18　测内径与深度

a）测内径　b）测深度

注意事项

1. 使用游标卡尺时，不能在零件上来回摩擦，防止卡尺磨损。
2. 测量时一定要卡紧，防止测量数据不正确。

第 3 节　钣金常用设备

学习目标

了解钣金常用设备的名称及工作范围

熟悉钣金常用设备的用途及安全防护要求

掌握钣金常用设备的操作使用方法

能够使用剪板机进行剪切操作

能够使用车身外形修复机、CO_2气体保护焊机进行操作

知识要求

一、剪板机

剪板机有剪切直线的龙门剪板机以及既可剪切直线又可剪切曲线的振动剪板机和圆盘剪切机等。

1. 龙门剪板机

龙门剪板机是最常用的一种剪切设备，如图 4—19 所示。较常用的机床型号有 Q11-3×1200、Q11-4×2000、Q11-13×2500 等。龙门剪板机的特点是使用方便、送料简单、剪切速度快、精度高。在龙门剪板机上可以剪切各种直线轮廓的板件。

2. 振动剪板机

振动剪板机可用于曲线和直线的剪切，如图 4—20 所示。振动剪板机的规格是以最大剪板厚度表示的，例如，Q21-2A×1040 的振动剪板机，剪切的最大厚度为 2 mm，最大剪切直径为 1 040 mm。振动剪板机是利用电动机的高速转动，通过曲柄轮使刀刃作上下连续运动，达到剪切的目的。振动剪板机的剪切断面较粗糙，因此对精度要求高的板件不能放在振动剪板机上进行剪切。目前使用此类设备的单位较少。

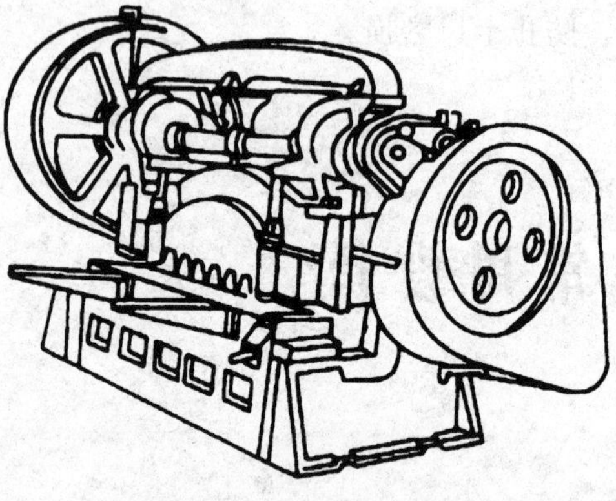

图 4—19　龙门剪板机

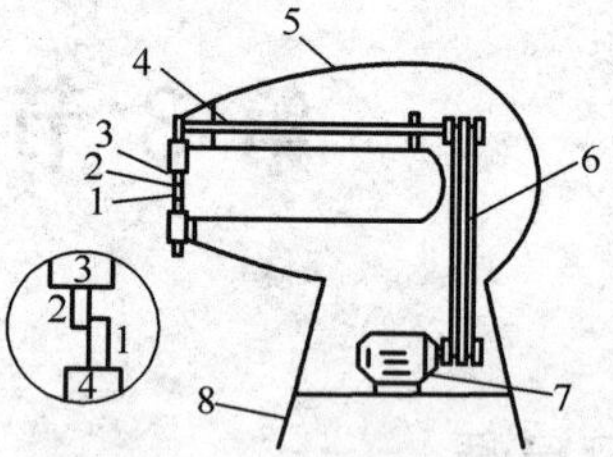

图 4—20　振动剪板机

1—下刀头　2—上刀头　3—滑块
4—偏心轴　5—外壳　6—皮带
7—电动机　8—底座

3. 圆盘剪切机

圆盘剪切机也叫滚剪机。圆盘剪切机的剪切轮通常有水平轮和倾斜轮两种，如图 4—21 所示。圆盘剪切机可以剪切直线、圆、圆弧或曲线，规格是以剪切钢板的最大厚度和剪切直径表示的。例如，Q23-3×1500 圆盘剪切机的剪板厚度为 3 mm，剪切板料的最大直径为 1 500 mm。圆盘剪切机的调整是根据板料的厚薄来确定转速和上下圆盘刀刃间隙。

a)　　b)　　c)

图 4—21　圆盘剪切机

a）圆盘剪切机　b）水平轮　c）倾斜轮

二、压力机床

常见的压力机一般可分为机械压力机和液压压力机两大类。液压压力机主要有水压机和油压机两种。

1. 机械压力机

机械压力机又称为冲床，可分为曲柄压力机和偏心压力机，如图 4—22 所示。曲柄压力机和偏心压力机的主要功能是落料、冲裁、压延、压弯等。

（1）曲柄压力机。曲柄压力机中，滑块安装在曲柄轴上，通过曲柄轴的旋转使滑块在一定行程内竖直往复运动，其压力冲向工件形成所需产品。

（2）偏心压力机。偏心压力机与曲柄压力机的结构基本相同，所不同的是偏心压力机的滑块运动是由偏心轴的回转而获得的。

2. 液压压力机

（1）折弯压力机（折边机）。折弯压力机是用来对条料或板料进行直线弯曲的机床，如图 4—23 所示。折弯压力机的油缸带有机械挡块，能在行程范围内的任意一个点进行加压。折弯压力机上用的弯曲模可分为通用模和专用模两类，通用模如图 4—24 所示。常用的通用弯曲模上模一般是 V 形的，有直臂式和曲臂式两种。

（2）液压机。液压机主要用于成形类的冲压，优点是结构简单、使用方便、稳当。单缸油压机适用于汽车车身的整形修复，大吨位的油压机在汽车制造业常用于制造门板等大型钣金件，如图 4—25 所示。

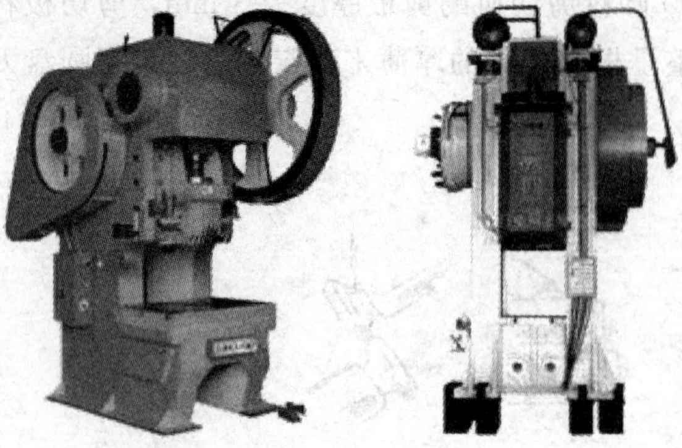

a）　　b）

图 4—22　曲柄压力机和偏心压力机

a）曲柄压力机　b）偏心压力机

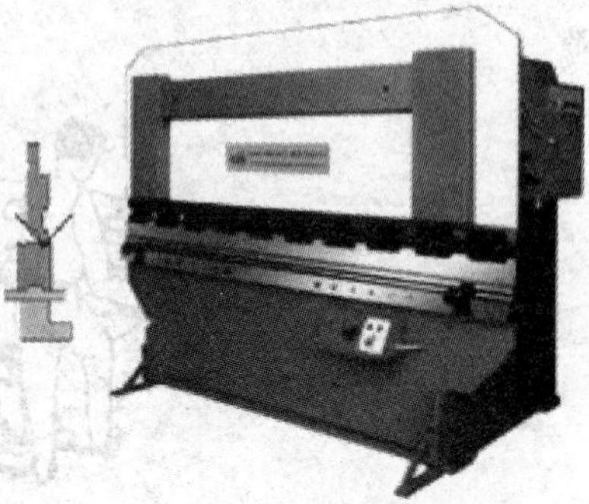

图 4—23　液压折弯压力机

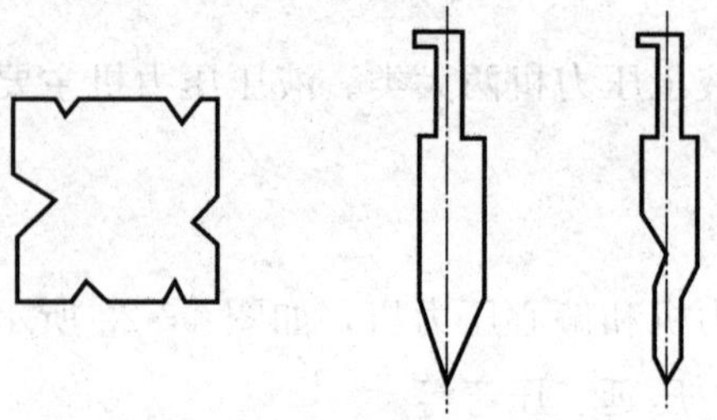

a）　　b）

图 4—24　通用弯曲模

a）下模　b）上模

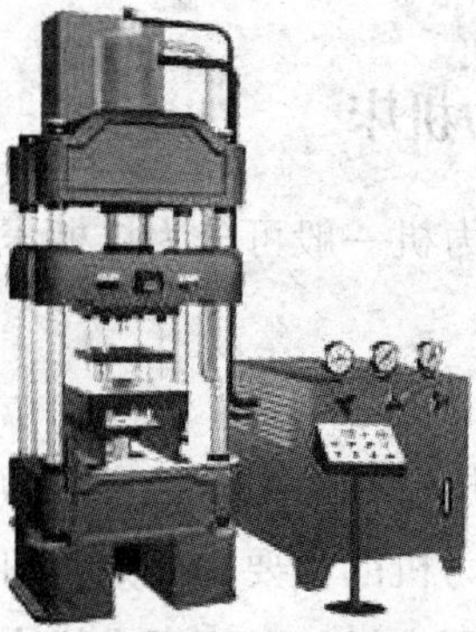

图 4—25　液压机

三、车身修复设备

1. 车身外形修复机

图 4—26　车身外形修复机

车身外形修复机（见图 4—26）是汽车车身整形修复工常用的维修设备。车身外形修复机的主要功能是点焊熔植、拉伸、加热急冷收缩、淬火处理等。当车身覆盖件受到损伤发生凹陷变形后，车身外形修复机能有效的对车身覆盖件的凹陷进行修复，是车身外形修理的理想专用设备。

2. 台式车身校正仪

台式校正系统（见图 4—27）有固定式和移动式两种类型。维修场地较小的维修单位普遍使用可移动式校正台。这种校正台使用方便，移动灵活，可根据需要及时调整修理场所。这种校正台由一个工作台和一个校正器组成。矫正前先将受损的汽车在矫正台的底架上固定，然后将液压千斤顶移至所需矫正的位置，通过液压千斤顶的牵引力可对变形的车身或车架进行牵拉矫正。

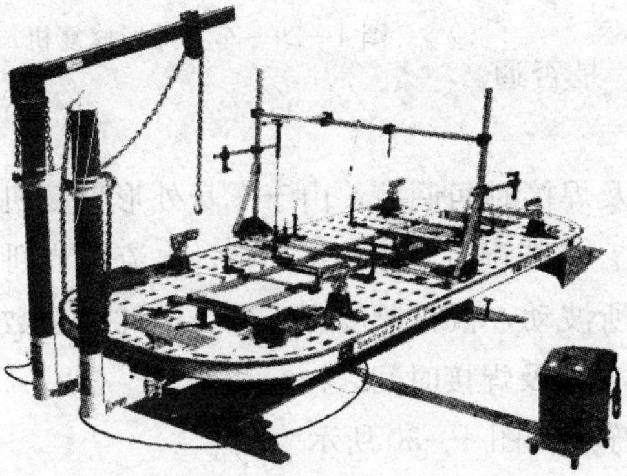

a）

b）

图 4—27　台式校正系统

a）固定式　b）移动式

3. 气体保护焊机

利用气体作为电弧介质，并保护电弧和焊接区的电弧焊称为气体保护电弧焊，简称气体保护焊。气体保护焊的种类较多，有惰性气体保护焊、活性气体保护焊等。在汽车维修中，大部分企业主要使用 CO_2 气体保护焊，CO_2 气体保护焊焊机如图 4—28 所示。CO_2 气体保护焊用 CO_2 气体作为保护气体，具有生产率高、成本低、熔深大、焊接变形和内应力小、焊接质量高、操作简便、适用范围广等优点。

图 4—28　CO_2 气体保护焊机

技能要求

使用车身外形修复机修复车门板

操作准备

1. 车身外形修复机设备一套，如图 4—29 所示。

2. 损伤车门板一块。

3. 打磨机、吹枪。

操作步骤

首先打开电源开关，调节电流及焊接时间，然后进行试焊，根据试焊情况再次调整各种数据。熔植垫片（或 OT 片），用惯性锤钩住垫片，利用滑锤的惯性力将凹陷拉出。

图 4—29　车身外形修复机

步骤 1　检查车身外形修复机是否完好，是否通电，然后打开电源开关。

步骤 2　对车身外形修复机进行功能调节及焊接时间调节，由于车身外形修复机的型号较多，应根据所用修复机的说明书进行调节。功能调节到熔植垫片挡，电流调节到 30～40 挡，时间在 6～8 挡。由于使用时电压会有所波动，板材厚度有不同，因此以上数据仅供参考。在操作过程中，应根据实际情况确定电流及焊接时间。

步骤 3　用打磨机将损伤处的涂层打磨干净，如图 4—30 所示。

步骤 4　熔植垫片，熔植完后一只手握住惯性锤并钩住垫片，另一只手握住滑锤进行撞击，利用滑锤的惯性力将凹陷拉出。拉出凹陷时应先从凹陷的边缘开始，逐渐向凹陷最深处靠拢，直至将凹陷全部拉出，如图 4—31 所示。

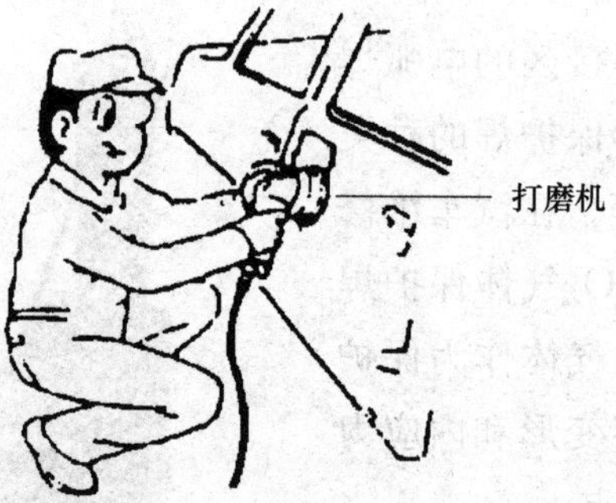

图 4—30　打磨涂层

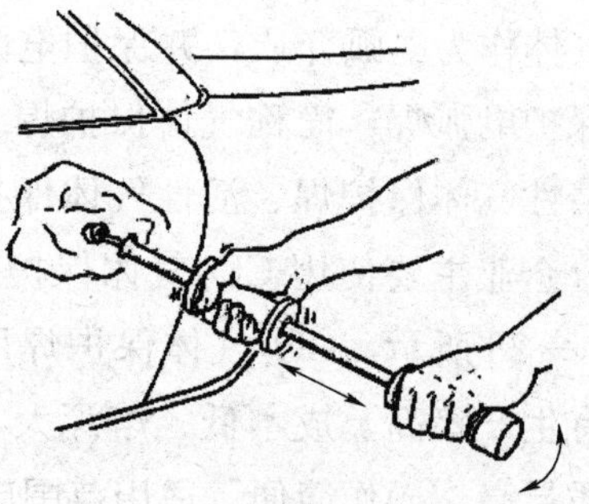

图 4—31　用惯性锤拉出凹陷

注意事项

1. 车身外形修复机通电前应先检查核定电压是否与实际电源电压相符。

2. 进行试焊前应先检查场地周围是否有易燃、易爆物品。

3. 使用惯性锤时用力不能过大，防止过拉，应根据损伤程度确定力度。

模拟测试题

一、判断题（将判断结果填入括号中，正确的填“√”，错误的填“×”）

1. 台虎钳简称虎钳，传统的有固定式和回转式两种。（　　）
2. 垫铁制作有两个要点：一是用手能够在垫铁使用时垫稳；二是垫铁能抵垫到位。（　　）
3. 钢卷尺是测量长度、划线、检验工件平面等的测量工具。（　　）
4. 龙门剪板机是最常用的一种剪切设备，既可剪切直线又可剪切曲线。（　　）
5. 台式校正系统一般由一个工作台和一个校正器组成。（　　）

二、单项选择题（选择一个正确的答案，将相应的字母填入题内的括号中）

1. 台虎钳的大小规格是以钳口的长度来表示，以下哪种不属于常用类型（　　）。

A. 100 mm　B. 125 mm　C. 150 mm　D. 200 mm

2. 弯头剪刀一般能剪切（　　）以下的薄钢板及其他的有色金属材料。

A. 0.8 mm　B. 1.0 mm　C. 1.2 mm　D. 1.5 mm

3. 手电钻是以电为动力的手持式钻孔工具，电源电压一般有 220 V 和（　　）V。

A. 12　B. 24　C. 36　D. 48

4. 90°角尺是一种固定 90°的垂直角度尺，可用于（　　）。

A. 检验垂直线　B. 检验工件的垂直角度

C. 划垂直线　D. 以上都是

5. 以下哪一项不是 CO_2 气体保护焊的优点（　　）。

A. 生产率高　B. 内应力小　C. 操作简便　D. 飞溅较小

模拟测试题答案

一、判断题

1. √　2. √　3. ×　4. ×　5. √

二、单项选择题

1. A　2. B　3. C　4. D　5. D

5

第 5 章

常用金属材料及热处理常识

第 1 节　常用金属材料的名称、规格及用途　/88
第 2 节　金属材料的力学性能及拉伸试验　/95
第 3 节　金属的冷塑性变形与冷作硬化　/99
第 4 节　金属材料热处理常识　/101

第 1 节　常用金属材料的名称、规格及用途

学习目标

了解常用金属材料的名称

熟悉常用金属材料的相关合金含量

能够正确识别各种金属材料

能够按用途选择金属材料

知识要求

金属材料的分类如图 5—1 所示。

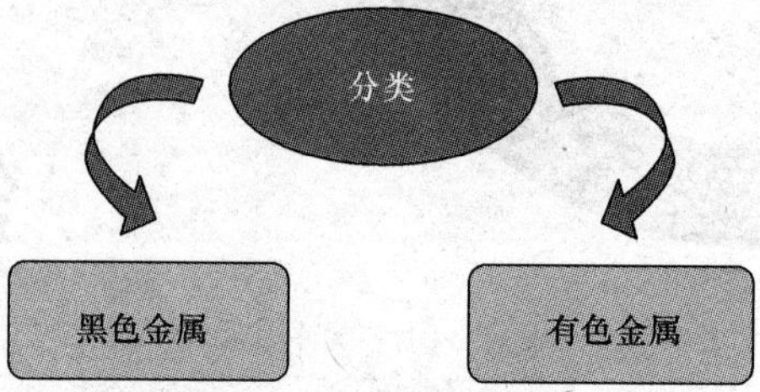

图 5—1　金属材料分类

一、黑色金属

以铁（Fe）为基本元素的铁碳合金称为黑色金属，它包括碳素钢、合金钢、铸铁和铸钢。

1. 钢的基本知识

（1）钢的分类。钢按化学成分可分为碳素钢、合金钢。按冶炼方法可分为转炉钢、平炉钢、电炉钢。按脱氧程度可分为镇静钢、半镇静钢、沸腾钢。按钢的品质可分为普通钢、优质钢、高级优质钢。按用途可分为结构钢、工具钢、特殊性能钢。碳素钢及合金钢是汽车维修中较常用的钢材，本教材重点介绍碳素钢。

1）普通碳素结构钢。普通碳素结构钢简称普碳钢或普钢，这种钢成分单一，杂质含量较多，价格低廉，多用于轧制型材和板材，用于对性能要求不高的场所。普通碳素结构

钢的含碳量多数在0.30%以下，强度较低，塑性、韧性、冷塑性、变形性能较好。一般情况下可以不进行热处理直接使用。

2）优质碳素结构钢。含硫（S）、磷（P）等杂质较低的碳素钢称为优质碳素钢，优质碳素结构钢的含碳量小于0.8%。

优质碳素结构钢的分类、性能、用途见表5—1。

表5—1　优质碳素结构钢的分类、性能、用途

分类	含碳量	性能	用途
低碳钢	≤0.25%	强度和硬度较低，塑性和韧性较好，焊接性好	用于制造受力不大，韧性要求高的机械零件
中碳钢	0.25%～0.6%	强度较高，塑性和韧性较好，一般需经正火或调质后使用	多在调质状态下使用，制作机械制造工业的零件
高碳钢	>0.6%	硬度较高，有较好的耐磨性、热硬性、焊接性，塑性差	用于制造弹簧和易损零件

3）合金钢。除铁、碳外，添加适量的一种或多种合金元素而构成的铁碳合金，称为合金钢。合金钢可获得高强度、高韧性、耐磨、耐腐蚀、耐低温、耐高温、无磁性等特殊性能。

合金钢按合金元素含量的不同可分为低合金钢（合金元素小于5%）、中合金钢（合金元素在5%～10%）和高合金钢（合金元素大于10%）。

（2）钢板。钢板大多是由轧制而成，可分为热轧和冷轧。钢坯在加热后经过几道轧制，再切边、矫正后成为钢板的叫做热轧钢板。在热轧板卷的基础上，在再结晶温度以下经过冷轧工序轧至而成的钢板称为冷轧钢板。钢板呈平板状、矩形。

1）薄钢板。厚度小于或等于3 mm的钢板称为薄钢板，汽车车身整形修复工常用的薄钢板厚度为0.5～2 mm。

2）厚钢板。厚度大于或等于4 mm的钢板称为厚钢板，厚钢板可分为中厚钢板、厚钢板、特厚钢板。中厚钢板的厚度在4.5～20 mm，厚钢板的厚度在20～50 mm，特厚钢板的厚度大于或等于50 mm。

3）汽车车身用钢板。汽车车身用钢板主要有普通钢板和高强度钢板两类。

①普通钢板。在车身结构中使用的普通钢板有热轧钢板和冷轧钢板。汽车车身上用的热轧钢板厚度一般在1.6～8 mm，用于制造汽车上强度要求高的零部件，如车身横梁、车架、车身内部钢板、底盘零件、底盘大梁等。

冷轧钢板的厚度为0.4～1.4 mm，多用于车身覆盖件。冷轧钢板的表面质量好，具有

良好的可压缩性和焊接性能。

②高强度钢板。汽车轻量化以及高强度钢的应用指明了当前汽车制造重要的发展方向。高强度钢使抗拉强度性能得到了提高，在汽车的多种零部件上得到了应用，如翼子板内护板、支柱加强件的上下部分等构件。

4）板材规格表示方法。板材规格的表示方法：厚度×宽度×长度。数字前不加文字说明的，一般为热轧钢板。如 1 mm×800 mm×1 500 mm，表示厚度为 1 mm，宽度为 800 mm，长度为 1 500 mm 的热轧钢板。

如果是冷轧钢板须在尺寸前加一个“冷”字，例如：冷 1.2 mm×700 mm×1 500 mm。表面进行酸洗、磷化或其他处理过的钢板，也应在尺寸前加上文字说明，例如：酸洗钢板 0.8 mm×800 mm×1 000 mm。

（3）镀膜薄钢板。镀膜薄钢板是在具有良好深冲性能的低碳钢板表面涂覆 Sn，Zn，Al，Cr，Pb-Sn 合金等。常用的镀膜钢板包括镀锡薄板、镀锌钢板、镀铝钢板、镀铅-锡合金钢板等。

1）镀锡钢板。镀锡钢板俗称马口铁，通常在 0.10～0.32 mm 的低碳钢板表面镀上一层均匀的纯锡而制成的钢板。镀锡钢板的生产方法有热镀和电镀两种。热镀法的镀锡层厚且不均匀，锡耗大，效率低，因此逐渐被电镀法所取代。电镀法生产率高，成本低，镀层薄而均匀，可生产不同的镀层厚度，还可进行单面或双面镀。镀锡钢板广泛用于食品罐头工业和制作轻便耐蚀器皿。

2）镀锌钢板。镀锌钢板又称镀锌铁皮或白铁皮，是由普通碳素薄钢板经过酸洗、镀锌而制成。在汽车工业中，镀锌钢板在客车制造业中应用较广，如车身外蒙皮等均采用镀锌钢板。

2. 异型钢

除板材、管材和金属制品外，各种不同断面的钢材都称异型钢。异型钢按断面形状可分为型钢、钢管等。

（1）型钢。型钢是通过轧制、挤出等工艺制成，具有一定截面形状和尺寸的条型钢材。型钢按断面形状可分为简单断面型钢和复杂断面型钢。简单断面型钢主要是指圆钢、方钢、扁钢、六角钢、等边角钢、不等边角钢。复杂断面型钢指钢轨、工字钢、槽钢等。汽车车身整形修复工常用的型钢有扁钢、角钢、槽钢等，如图 5—2 所示。

（2）钢管。钢管可分为无缝钢管和有缝钢管两大类。钢管的品种与规格较多，其性能要求也不一样。钢管按断面形状可分为圆钢管和异形钢管，异形钢管又有方形管、矩形管、椭圆管等。汽车车身整形修复工经常接触的钢管断面如图 5—3 所示。

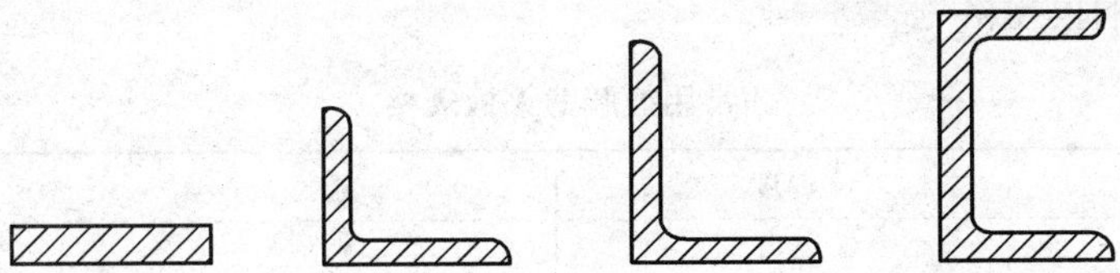

图 5—2　部分型材断面

a）扁钢　b）等边角钢　c）不等边角钢　d）槽钢

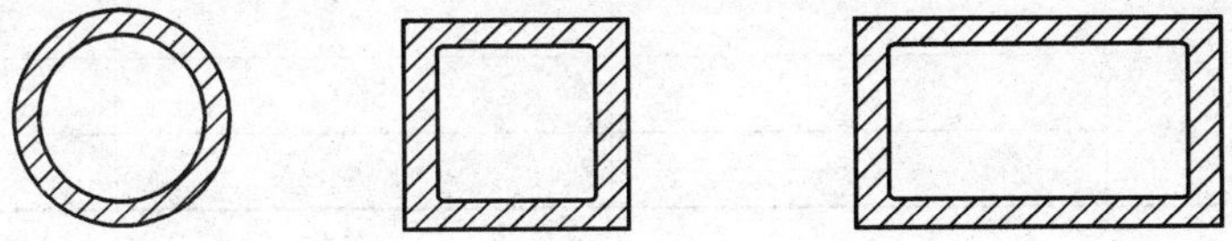

图 5—3　部分管材断面

a）圆管　b）方管　c）矩形管

3. 钢板、型钢、钢管的规格与表示方法

（1）常用钢板的规格。常用热轧薄钢板规格见表 5—2。

表 5—2　常用热轧薄钢板规格　mm

钢板厚度	钢板宽度			钢板长度		
0.6	600	800	1 000	1 200	1 500	2 000
1.0	800	1 000	1 250	1 600	2 000	3 000
1.2	800	1 000	1 250	2 000	2 500	3 000
1.5	800	1 000	1 250	2 000	2 000	3 000

常用冷轧薄钢板规格见表 5—3。

表 5—3　常用冷轧薄钢板规格　mm

钢板厚度	钢板宽度			钢板长度		
0.5～0.8	800	1 000	1 250	2 500	3 000	3 500
1.0	800	1 000	1 250	2 500	3 000	3 500
1.2	800	1 250	1 500	2 500	3 000	4 000
1.5	1 000	1 250	1 500	2 500	3 000	4 000

常用镀膜薄钢板规格见表 5—4。

表 5—4　　常用镀膜薄钢板规格　　mm

名称	厚度	宽度	长度
镀锌	0.5	710	1 500
	0.8	1 000	2 000
	1.0	1 000	2 000
	1.2	1 000	2 000
镀铅	0.5	900	1 800
	1.0	1 000	2 000
	1.2	850	1 700
	1.5	1 000	2 000

（2）扁钢规格的表示方法。扁钢规格的表示方法用符号“▭厚度×宽度”来表示。如▭ 4×50 表示厚度为 4 mm、宽度为 50 mm 的扁钢。

（3）等边角钢规格的表示方法。等边角钢的规格有两种表示方法。

1）用号数表示。号数指的是角钢的边宽。如 3＃，4＃，5＃角钢，分别表示的是 30 mm，40 mm，50 mm 等边角钢。这种表示方法虽然简便，但角钢的厚度无法表示。

2）用符号表示。符号表示等边角钢的规格可用“∟边宽×边宽×厚度”表示，如∟ 40×40×3，表示两边宽均为 40 mm，厚为 3 mm 的等边角钢。

（4）不等边角钢规格的表示方法。不等边角钢的规格可用号数及符号两种方法表示。

1）用号数表示。不等边角钢的号数用一个分数来表示，长边为分子，短边为分母，单位为 cm。如 9/5.6＃，表示长边为 90 mm（即 9 cm），短边为 56 mm（即 5.6 cm）的不等边角钢。

2）用符号表示。用符号表示不等边角钢的规格可用“∟长边×短边×厚度”表示，如∟ 56×36×3，表示长边是 56 mm，短边为 36 mm，厚为 3 mm 的不等边角钢。

（5）槽钢规格的表示方法。槽钢规格用符号“［高度×腿宽×腰厚”表示，如图 5—4 所示。如高度为 120 mm、腿宽为 53 mm、腰厚为 5 mm 的槽钢可表示为［120×53×5，也可用“［12”来表示。

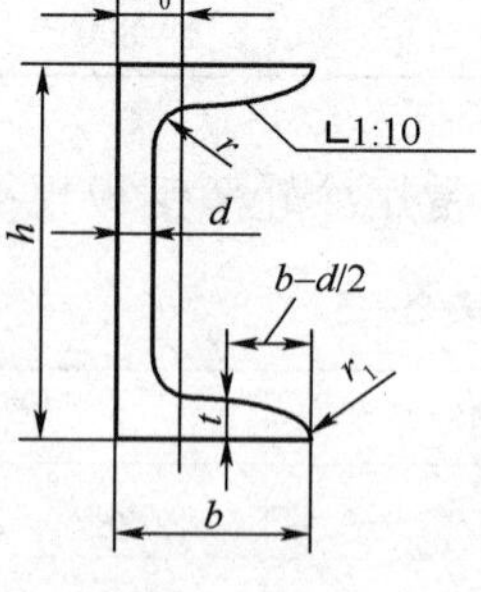

图 5—4　槽钢规格表示方法

h—高度　b—腿宽　d—腰厚

t—平均腿厚　r—内圆弧半径

r_1—腿端圆弧半径　Z_0—重心距离

（6）圆管规格的表示方法。用符号“ϕ”表示圆管外径，如 ϕ20×2，表示圆管外径为 20 mm、管壁厚为 2 mm。

（7）方管、矩形管规格的表示方法。方管、矩形管规格的表示方法都是以边长×边长×材料厚度的前面加符号“□”的方式来表示，如□40×40×2，表示边长均为40 mm，管壁厚为 2 mm 的方管。□50×40×2，表示一边长为 50 mm，另一边长为40 mm，管壁厚为 2 mm 的矩形管，如图 5—5 所示。

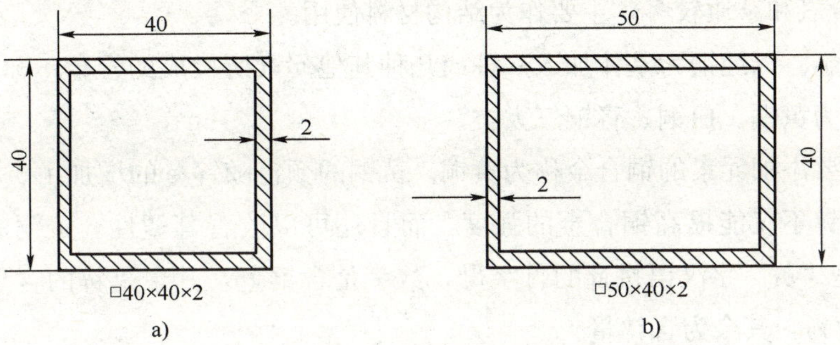

图 5—5　方管、矩形管的表示方法

a）方管　b）矩形管

型钢和钢管除特殊规格外，一般长度都为 6 000 mm（即 6 m）。

相关链接

高强度钢的强度高，特别是在正火或正火加回火状态有较高的综合力学性能。冷轧高强度钢的抗拉强度≥340 MPa，热轧及酸洗高强度钢的抗拉强度≥370 MPa，高强度钢的屈服强度≥210 MPa。高强度钢主要用于汽车车身及其他大型焊接结构件。高强度钢在车身上的应用使车身结构得到了优化，能够减少各种加强板和补强板，同时降低成本。

超高强度钢的抗拉强度在 1 620 MPa（165 kgf/ mm^2）以上，屈服强度在 1 370 MPa（140 kgf/ mm^2）以上。超高强度钢具有高的抗拉强度和足够的韧性，比强度（强度与密度之比）大，屈强比（σ_s/σ_b）高，而且具有良好的焊接性和成形性等工艺性能。车身的前、后纵梁等主要构件均采用超高强度钢制作。

二、有色金属材料

除铁碳合金（黑色金属）以外的其他金属材料称为有色金属，如金、银、铜、铝、锡等。在汽车中，汽车车身整形修复中所接触的有色金属主要是铜和铝。

1. 铜及铜合金

（1）纯铜。纯铜呈紫红色，又称紫铜。纯铜的密度为 8. 93 g/cm^3、熔点为 1 083℃。

纯铜具有良好的导电性、导热性、塑性、耐腐蚀性和延展性等物理化学特性。纯铜能承受各种冷、热压力加工。

纯铜分为三级，牌号有 T1、T2、T3。T1 和 T2 含氧和杂质较少，具有高的导电、导热性，良好的耐腐蚀性和加工性能，可以进行熔焊和钎焊，主要用作导电、导热和耐腐蚀元器件。T3 含氧和杂质较多，主要作为结构材料使用。

（2）铜合金。以纯铜为基体加入一种或几种其他元素所构成的合金，称为铜合金。常用的铜合金分为黄铜、白铜、青铜三大类。

以锌为主要添加元素的铜合金称为黄铜。黄铜的颜色随锌量的增加由黄红色变为淡黄色。黄铜中的锌不仅能提高铜合金的强度，而且还可以改善其塑性。黄铜的牌号以“H”表示，“H”是“黄”字汉语拼音的首字母，数字是含铜量，其余是锌的含量。如 H67 表示含铜量为 67%，其余为含锌量。

以镍为主要添加元素的铜合金称为白铜。白铜具有抗有机酸及盐类溶液的腐蚀能力。白铜中镍的含量一般不超过 30%。白铜的牌号以“白”字汉语拼音的首字母“B”表示，后面加镍元素的含量表示，如 B5 表示镍的含量为 5%的白铜。

除黄铜、白铜以外的其他所有的铜合金统称为青铜，青铜中又可分为锡青铜、铝青铜、磷青铜。

2. 铝及铝合金

（1）纯铝。纯度为 99.0%～99.9%的铝称为纯铝，目前纯铝的牌号用“1×××”系列表示，如“1080”。相对应的旧牌号名称为“L1”。当纯铝在自然状态下时，其表面会迅速生成一层致密的三氧化二铝（Al_2O_3）保护膜，能防止内部金属的进一步氧化，其熔点为 2 050℃。

纯铝的密度为 2.7 g/cm^3，约为钢铁材料密度的 1/3，熔点为 660℃。纯铝具有很高的塑性，易于加工。纯铝具有较高的导电性、导热性。纯铝的强度低，不能用作结构材料，只能靠冷作硬化或合金化来提高强度。

（2）铝合金。铝合金的密度低、强度高、塑性好，具有优良的导电性、导热性和抗蚀性。

铝合金按加工方法可分为变形铝合金和铸造铝合金。变形铝合金又可分为不可热处理强化铝合金和可热处理强化铝合金。可热处理强化铝合金可以通过淬火和时效等热处理手段来提高机械性能。

铝合金材料在汽车上的应用已越来越广泛，如汽车轮毂盖、仪表板、装饰压条、大客车的蒙皮等。

技能要求

钢板厚度及品种识别

操作准备

1. 不同厚度的低碳钢、中碳钢、镀膜钢板等若干块。

2. 150 mm 游标卡尺一把，砂轮机（手提、固定均可）。

操作步骤

首先将钢板进行厚度分类，然后根据观察确定钢板的品种（识别时可用手感感觉钢板的硬度）。

步骤 1 将所有被测钢板放置在指定位置，用游标卡尺对每块钢板进行厚度测量，同一规格的钢板放于同一处。

步骤 2 将归类的同一规格钢板，再根据钢板硬度不同区别出钢板的品种。一般情况下低碳钢板硬度较低，镀膜钢板硬度其次，中碳钢板的硬度较高。识别时对较厚的钢板也可在砂轮机上磨削测定，观察磨削时火花飞溅的情况来进行判断，低碳钢飞溅的火花一般较为集中，中碳钢飞溅的火花较为分散。对镀膜钢板也可通过板材表面颜色来进行判定，镀膜钢板表面大多有镀锌层的感觉。

注意事项

1. 测定钢板厚度时，读取游标卡尺的数据应看清楚。

2. 不同品种的钢板硬度有所区别，观察时要看清楚。

3. 同一品种的普通钢板与镀膜钢板硬度有所区别，不要与厚度混淆。

第 2 节　金属材料的力学性能及拉伸试验

学习目标

了解金属材料的力学性能指标

掌握金属材料力学性能拉伸试验的方法

能够正确判断金属材料塑性的好坏

能够用简单方法对金属材料的疲劳强度进行测试

知识要求

一、金属材料的力学性能

金属材料的力学性能是指金属材料在外力的作用下，抵抗变形或破坏的能力，包括强度、弹性、塑性、刚度、硬度、冲击韧性、疲劳强度等。

1. 强度

金属材料在外力作用下，抵抗塑性变形和断裂的能力称为强度。金属材料的强度指标种类比较多，按照作用力的性质，有抗拉强度、抗弯强度、抗剪强度、抗扭强度等。最常用的强度指标是屈服强度和抗拉强度。

2. 弹性

金属材料在外力作用下，改变其形状和尺寸，当外力去除后能恢复到原来形状和尺寸的能力称为弹性。

3. 塑性

金属材料在外力作用下，产生永久变形而不致被引起破坏的能力称为塑性。常用的塑性指标有伸长率和断面收缩率两个。

4. 刚度

金属材料在受力时抵抗弹性变形的能力称为刚度。材料的刚度通常用弹性模量 E 来衡量。

5. 硬度

金属材料抵抗局部变形，特别是塑性变形、压痕或划痕的能力称为硬度，硬度是衡量金属软硬程度的一项重要性能指标。

硬度常用的指标有布氏硬度、洛氏硬度、维氏硬度。

6. 冲击韧性

金属材料对外来冲击负荷的抵抗能力称为冲击韧性。冲击韧性的衡量指标一般由冲击韧性值（a_k）和冲击功（A_K）表示，单位分别为 J/cm^2 和 J（焦耳）。

7. 疲劳强度

材料在无限次交变载荷作用下而不会产生破坏的最大应力称为疲劳强度。

二、金属材料的拉伸试验

金属材料的强度和塑性可通过拉伸试验确定。拉伸试验一般是用静态拉力对试样进行轴向拉伸至断裂，是测定其力学性能的试验。从拉伸试验中，可掌握金属材料的屈服强度、抗拉强度、延伸率及断面收缩率等多项力学性能指标。

在进行拉伸试验前，先在圆形截面的标准试样中间，确定一段距离作为测量伸长量的标准，称为原始标距 L_0，如图 5—6a 所示。

试验时将试样放在拉力机上沿试样中心轴线缓慢加载，试样经过弹性变形、塑性变形、出现“缩颈”直至断裂几个阶段。断裂后，测量试样伸长量和断裂处的截面积，再根据试样的原始标距和原始截面积，以及各特征点载荷，便可计算该材料的有关性能指标。拉伸曲线图，如图 5—7 所示。

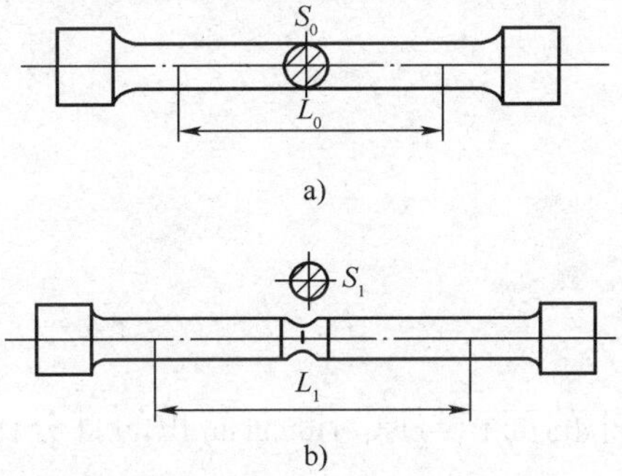

图 5—6　试样

a）标准试样　b）拉断后试样

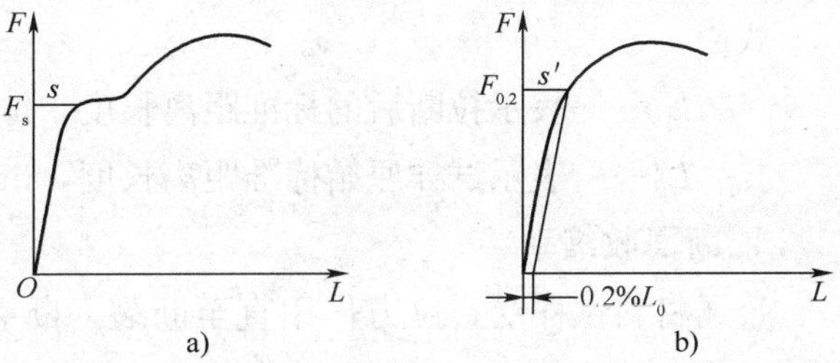

图 5—7　拉伸曲线示意图

a）屈服点　b）屈服强度

1. 屈服强度

屈服强度是金属材料在外力作用下，发生屈服现象时的屈服极限，即抵抗微量塑性变形的应力。有些金属材料不能明显地出现“流动”现象，很难测定其屈服强度，一般以产生 0.2％相对变形时的应力值为近似屈服极限，称为条件屈服极限或屈服强度，用符号 $\sigma_{0.2}$表示，参见图 5—7b 的 s'点。

屈服强度如图 5—7a 中的 s 点所示，用符号 σ_s表示，计算公式如下：

$$\sigma_s=\frac{F_s}{A_0}\ (\text{MPa})$$

式中

F_s——表示产生流动时的载荷，N；

A_0——表示试样原始截面积，mm^2。

2. 抗拉强度

抗拉强度是试样拉断前承受的最大拉应力，是金属材料由均匀塑性变形向局部集中塑性变形过渡的临界值，用符号 σ_b 表示，计算公式如下：

$$\sigma_b=\frac{F_b}{A_0}\ (\text{MPa})$$

式中

F_b——表示断裂时的最大拉力，N；

A_0——表示试样原始截面积，mm^2。

3. 伸长率

试样断裂后，其断面标准距离部分所增长的长度与试样原始标准距离长度的百分比值，称为伸长率。用符号 δ 表示，计算公式如下：

$$\delta=\frac{L_1-L_0}{L_0}\times 100\%$$

式中

L_1——表示拉断后的标准距离长度，mm；

L_0——表示试样原始标准距离长度，mm。

4. 断面收缩率

金属材料试样受到拉力作用直至断裂，断裂处缩小的面积与原始断面面积的百分比值，称为断面收缩率，用符号 ψ 表示，计算公式如下：

$$\psi=\frac{A_0-A_1}{A_0}\times 100\%$$

式中

A_0——表示试样原始截面积，mm^2；

A_1——表示试样断口处截面积，mm^2。

技能要求

金属板材弹性与塑性的简单测试

操作准备

1. 不同的金属板材若干块，尺寸为 1 mm×50 mm×150 mm。
2. 台虎钳、大力钳、手锤。

操作步骤

将板材的一部分夹紧在台虎钳上，另一部分用大力钳夹紧。用适当的外力对板材进行弯曲，直至弯到 90°。

步骤 1 准备板材及工具，在板材上划出弯折线，将板材按弯折线夹紧在台虎钳上，另一端用大力钳夹紧。

步骤 2 手握大力钳，用适当的力对板材施力，将板材弯曲至 90°，如图 5—8 所示。用同样的方法、外力大小一致，对已准备好的板材作弯曲，弯曲时要做到每块板材的弯曲角度一致，如弯曲过度应作矫正。

图 5—8 用大力钳弯曲板材

步骤 3 板材在去除弯曲力后会产生回弹，将弯曲好的各种板材放在一起，观察各种板材去除弯曲力后回弹的大小。

步骤 4 对每块板材进行分析，由于每块板材的品种不一样、材质不一样，因此可以分析得出弹性较好的材料，塑性较好的材料。以此得出各种板材的弹性与塑性情况。

注意事项

1. 板材的厚度应一致，不能有误差。
2. 弯曲时用力尽可能一致，最好有合适的设备或工具。
3. 弯曲的角度应一致。

第 3 节 金属的冷塑性变形与冷作硬化

学习目标

了解金属材料的冷塑变形规律

熟悉金属材料冷作硬化的优、缺点

能够正确判断金属材料的冷作硬化

能够利用金属材料的冷塑性变形规律进行冷压力加工

知识要求

一、冷塑性变形

1. 定义

冷塑性变形又称冷压力加工，是指金属材料在不经过任何加热方式情况下进行的压力加工。如冲压、冷弯、冷拔、冷轧等。

2. 冷塑性变形的优、缺点

（1）冷塑性变形的优点

1）冷塑性变形的制件表面质量好，表面粗糙度低。

2）冷塑性变形的产品尺寸精度高，可生产断面形状复杂的产品。

3）冷塑性变形能对细、薄材料进行加工。

4）冷塑性变形过程中材料产生加工硬化，可提高材料的强度。

5）冷塑性变形生产工艺简单，由于材料不需加热，可以连续生产，提高生产效率。

（2）冷塑性变形的缺点。冷塑变形加工时，由于变形抗力大，所需设备能量大，因此成本很高。而且有残余应力产生，成品塑性较差，加工过程中需要中间退火。

二、冷作硬化

1. 定义

冷作硬化又称加工硬化，是指金属材料在冷塑变形过程中，金属晶格被扭曲、畸变，使金属的强度、硬度提高，塑性、韧性下降。

2. 冷作硬化的优、缺点

（1）冷作硬化的优点。金属的加工硬化是金属强化的重要手段之一。有些金属材料无法通过热处理手段使其强化，如纯铜、防锈铝等，只能通过冷作硬化的方法来提高强度。

（2）冷作硬化的缺点。加工硬化虽能提高强度，但却降低了塑性，给继续进行变形加工带来困难。

3. 消除冷作硬化

金属材料的冷作硬化现象会使材料的塑性指标急剧下降，阻碍材料的进一步变形，严重时会引起制品破裂。特别是经过多次拉深，冷作硬化现象就会更为严重。为了保证金属制品的质量，在加工过程中必须消除冷作硬化现象。消除冷作硬化可在加工过程中进行中间退火处理，也可通过捶击的方法进行消除。

技能要求

用捶击方法消除板材冷作硬化

操作准备

1. 已产生冷作硬化的板材一块。

2. 工作平台、手锤。

操作步骤

首先检查已产生冷作硬化的板材的硬化情况及硬化部位，检查时可采用手指按压的方法，手指按上去特别硬的部位说明已产生冷作硬化。然后用手锤进行消除冷作硬化捶击，直至全部消除。

步骤 1 检查板材冷作硬化情况及硬化部位。检查方法可将变形板材放置在工作平台上，首先用目测的方法观察板材发生硬化的大致情况，然后用手指按压的方法确定变形部位的硬化情况，同时检查板材产生硬化的部位，是局部硬化还是整体硬化。

步骤 2 确定板材硬化部位后，在工作平台上用手锤针对冷作硬化部位进行捶击消除冷作硬化。捶击的方法基本与整平方法相似，先从硬化部位的周边开始捶击逐步向硬化部位移动，捶击时周边的捶击力度可大些，且捶击点要密。越接近硬化部位捶击力逐渐减弱，捶击点的密度也相应地降低，这样反复多次即可将硬化消除。

注意事项

1. 检查冷作硬化时应仔细，要确定板材此部位的现象为冷作硬化。
2. 用捶击消除冷作硬化时，捶击点应正确，防止产生新的冷作硬化。

第 4 节　金属材料热处理常识

学习目标

了解金属材料热处理的作用和目的

熟悉金属材料热处理的分类

掌握各种热处理的基本方法

能够对金属材料进行退火处理

知识要求

一、热处理的基本知识

钢的热处理，一般分为普通热处理和表面热处理两大类，如图 5—9 所示。

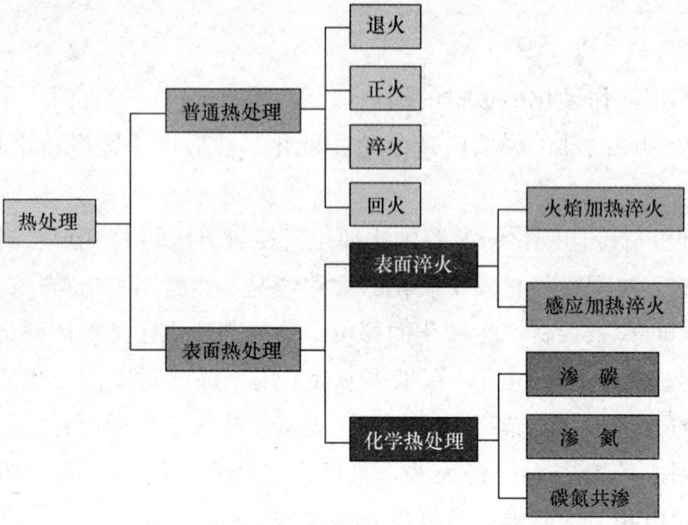

图 5—9 热处理分类

1. 热处理定义

热处理是将固态金属加热到预定的温度，并在该温度下保持一定时间，然后以一定的速度冷却的一种热加工工艺。

2. 热处理的作用和目的

热处理的作用是改变金属材料的内部组织，从而获得预期的性能。

热处理的目的是提高金属材料的力学性能，强化金属材料，充分发挥材料的性能潜力，降低结构重量，节约原材料，延长使用寿命，改善工件的加工工艺性能，提高劳动生产率和加工质量。

3. 普通热处理和表面热处理

（1）普通热处理。通过控制加热、保温和冷却的方法来改变金属的组织和性能的热处理称为普通热处理。普通热处理可分为退火、正火、淬火及回火等。各种热处理方法的加热、保温及冷却的温度和时间如图 5—10 所示。

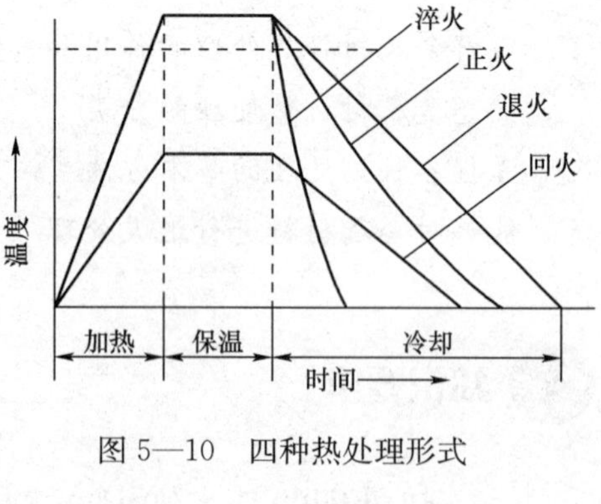

图 5—10 四种热处理形式

（2）表面热处理。通过对钢件表面的加热、冷却而改变表层力学性能的金属热处理工艺称为表面热处理，表面淬火和化学热处理通称为表面热处理。表面淬火是表面热处理的主要内容，通过改变表面层组织来达到表面与心部的不同性能要求，目的是获得高硬度的表面层和有利的内应力分布，以提高工件的耐磨性能和抗疲劳性能。

化学热处理则是通过改变表面层化学成分及组织来达到表面与心部的不同性能要求的热处理方法。

4. 预备热处理和最终热处理

（1）预备热处理。预备热处理的目的是消除先前加工所造成的某些缺陷，或为以后的冷加工和最终热处理做好准备。

（2）最终热处理。最终热处理是使金属材料满足在使用条件下的性能要求，如淬火、回火或表面热处理。

二、热处理的基本方法

1. 退火

将钢加热到一定温度，保温一定时间，然后缓慢地随炉温冷却到500℃以下，再在空气中冷却的热处理方法称为退火。常见的退火工艺有再结晶退火、去应力退火、球化退火、完全退火等。

退火的目的是为了降低钢的硬度，提高塑性和韧性，以利于进一步切削加工。消除钢中的组织缺陷，消除残余内应力，提高组织和成分的均匀化，为热锻、热轧或后续热处理做好组织上的准备，以防止变形和开裂。

2. 正火

将钢件加热到临界温度以上30～50℃，保温一定时间后，移出炉外，在静止的空气中冷却的热处理方法称为正火。正火与退火的明显不同是正火的冷却速度稍快。

正火的目的与退火大体相同，主要是提高低碳钢的力学性能，改善切削加工性，细化晶粒，消除组织缺陷，为后续热处理做好组织准备等。正火常常作为最终热处理代替淬火和回火。

3. 淬火

将钢件加热到临界温度以上的某一温度，保温一定时间，然后急剧冷却的热处理方法称为淬火。淬火的冷却介质有水、油、盐和碱水溶液等。

淬火的目的是为了提高工件的硬度及耐磨性，提高工件的综合力学性能，获得特殊的物理、化学性能。

钢的淬火通常是一种强化的手段，以便充分发挥材料的潜力。

常用的淬火方法有：单介质淬火、双介质淬火、分级淬火、等温淬火及局部淬火等。

4. 回火

将淬火后的钢件，再加热到某一温度并停留适当的时间，然后缓冷或快速冷却到室温的热处理方法称为回火。常见的回火方法有低温回火、中温回火和高温回火三种。

回火的目的是减少或消除淬火时产生的内应力，提高钢的韧性，适当调整钢的强度和硬度，防止工件变形和开裂，达到使用性能要求，稳定组织与尺寸。

5. 调质

将工件淬火后接着进行高温回火的热处理工艺称为调质，又称为高温回火。

调质后的工件既能保持一定的强度，又有较好的塑性和韧性，具有良好的综合力学性能。

钢材经过调质后的塑性、韧性比正火状态好，但硬度和强度并无明显差别，因此重要的结构零件应进行调质处理。

6. 时效

合金工件经过固溶处理、冷塑变形或铸造、锻打后，在较高的温度或室温中放置，其性能、形状随时间而变化的热处理工艺称为时效处理。时效处理可以保证铸件的尺寸稳定，防止变形开裂。时效处理可分为自然时效处理和人工时效处理。

（1）自然时效。自然时效是最古老的时效方法，铸件在机械加工前将其放置在室外6～18个月，经过几个月甚至几年的风吹、日晒、雨淋和温度变化，给构件多次造成反复的温度应力。在温度应力形成的过载下，促使残余应力发生松弛而使尺寸精度获得稳定，这样便可将内应力降低20%～30%。这种方法简单易行，但生产周期长，占用场地大，不易管理，不能及时发现构件内的缺陷，因而目前已很少采用。

（2）人工时效。人工时效也称为消除内应力退火，其方法是将铸件加热至550～650℃进行去应力退火，这样内应力可消除90%以上。

技能要求

对钢件进行退火处理

操作准备

1. 待退火工件。
2. 加热设备（氧-乙炔设备）一套。
3. 夹具（鲤鱼钳或其他夹具）。
4. 硬度检查工具（一般为锉刀）。

操作步骤

准备好加热设备，进行调试。将需退火处理的工件进行加热，加热至退火温度后，让其缓慢冷却。

步骤1 准备加热设备。例如，采用氧-乙炔火焰加热，首先检查氧气与乙炔钢瓶是否漏气，瓶内气体是否符合使用要求。然后打开氧气、乙炔总开关，将加热设备调试至可用状态。

步骤2 对需退火工件进行加热至退火温度，一般为该钢材的临界温度以上20～30℃。对一般的中碳钢加热，也可通过加热时工件颜色的变化判断加热温度。一般只要把钢加热到暗红色就能达到退火要求。

步骤3 将加热后的工件保温一定时间，冷却至500℃以下时，将工件放入空气中缓慢冷却。

步骤4 退火结束后可用锉刀对退火后的工件表面进行锉削试验，如锉削时表面打滑的证明退火操作没达到要求，表明硬度还没消除，需再重复操作。

注意事项

1. 加热时要注意温度不能过高。
2. 保温时可将工件放置于石棉中或炉中，让其缓慢冷却，切忌急速冷却。
3. 用锉刀测试时不要用力过大。

模拟测试题

一、判断题（将判断结果填入括号中，正确的填"√"，错误的填"×"）

1. 根据国家标准，板材按厚度可分为特厚板、厚板、中板、薄板。（ ）
2. 以镍为主要添加元素的铜合金称为黄铜。（ ）
3. 金属材料抵抗局部变形，特别是塑性变形、压痕或划痕的能力称为硬度。（ ）
4. 冷塑变形又称冷压力加工，是指金属在再结晶温度下的弹性变形。（ ）
5. 钢的淬火通常是一种强化的手段，以便充分发挥材料的潜力。（ ）

二、单项选择题（选择一个正确的答案，将相应的字母填入题内的括号中）

1. 黑色金属是以化学元素铁（Fe）为基本物质的铁碳合金，它包括（ ）。

A. 碳素钢　　B. 合金钢　　C. 铸钢　　D. 以上都是

2. 在车身结构中使用的热轧钢板，它的厚度一般在（ ）。

A. 1.0～6 mm　　B. 1.6～8 mm　　C. 2.0～9 mm　　D. 2.6～10 mm

3. 纯铜具有许多有价值的性能，以下哪一项不是其主要特征（ ）。

A. 导电性好　　B. 良好塑性　　C. 散热性好　　D. 强度高

4. 金属材料在外力作用下改变其形状和尺寸，当外力去除后能恢复其原来状态的能力称为（　　）。

A. 强度　　B. 弹性　　C. 韧度　　D. 疲劳

5. 冷作硬化虽然降低塑性，但能提高材料（　　）。

A. 强度　　B. 硬度　　C. 屈服点　　D. 以上都是

模拟测试题答案

一、判断题

1. ×　2. ×　3. √　4. ×　5. √

二、单项选择题

1. D　2. B　3. D　4. B　5. D

第 6 章

弯曲与矫正

第 1 节　弯曲变形的基本原理与特点　/108
第 2 节　弯曲件的回弹　/112
第 3 节　手工弯曲成形　/115
第 4 节　冷作矫正　/131
第 5 节　加热矫正　/137

第 1 节　弯曲变形的基本原理与特点

学习目标

了解金属弯曲变形的过程与特点

熟悉金属坯料压弯时弯曲区域内材料的变化状态

掌握影响最小弯曲半径的因素

能够利用压弯变形原理对板料进行压弯操作

能够正确选用最小弯曲半径

知识要求

弯曲是将金属板材、型钢、钢管等用手工或机械的方法弯成各种角度、曲率和形状。在汽车车身修理中很多构件都要用到弯曲加工工艺，每一个汽车车身整形修复工都必须熟练掌握弯曲工艺。弯曲的操作方法主要有压弯、滚弯和拉弯三种。

一、弯曲时坯料的变形过程

1. 弯曲过程

（1）弹性变形。板材刚开始受压时的变形程度较小，变形区内应力最大的内、外表面材料没有产生屈服，仅为弹性变形。此时如果去掉外力，材料会恢复到原来的形状和尺寸。

（2）弹—塑性变形。随着压力的不断增加，变形程度也随之增大，变形区的内、外表面材料屈服后进入塑性变形状态。随着变形程度的进一步增大，塑性变形由表面向中心逐步扩展。在拉伸与压缩之间，必有一层材料长度不发生变化，这层叫中性层。

（3）纯塑性变形。材料变形到一定程度后，整个变形区的材料完全处于塑性变形，这时如果去掉压力，材料不会再改变现存的形状或尺寸。

2. 弯曲变形的特点

（1）弯曲变形区域。弯曲时，板料的直边部位不发生变化，只在圆角部位发生变化，如图 6—1 所示。所以圆角部位是弯曲变形的主要区域。

（2）弯曲变形区的中性层。当弯曲变形程度很小时，中性层（a′b′）的位置基本处于材料厚度的中心。当弯曲变形程度较大时，中性层的位置向材料内侧移动，变形越大，内移也越大，如图 6—2 所示。

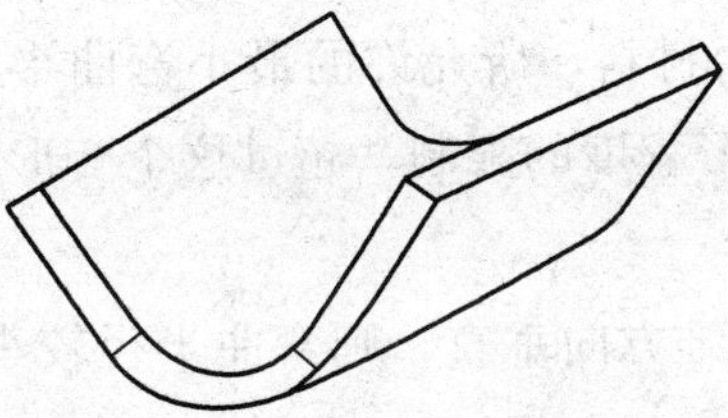

图 6—1　弯曲变形

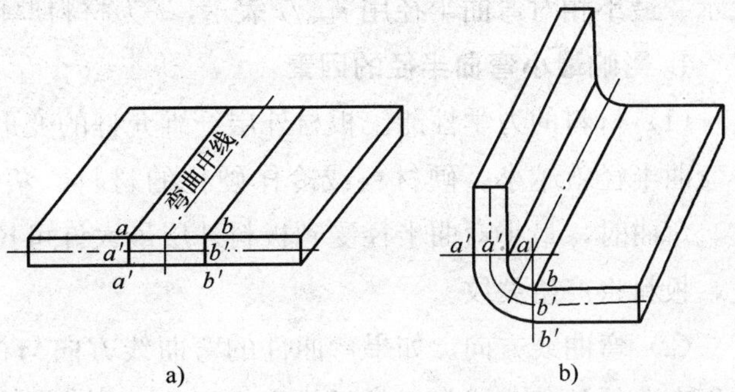

图 6—2　中性层

a）弯曲前　b）弯曲后

（3）弯曲变形区的材料厚度。弯曲变形时，圆角部位的材料厚度会随着变形而改变，变形越大，材料的变薄现象越严重。

（4）弯曲变形区横断面变化。弯曲变形时，变形区的应力作用在切向和径向的变形完全相同，仅在宽度方向不同。窄板外层材料宽度减小，内层材料宽度增大。宽板的宽度基本不变，如图 6—3 所示。

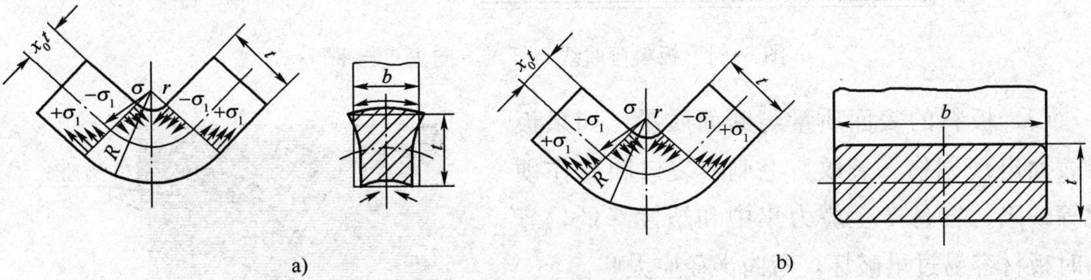

图 6—3　板料弯曲时宽度变化

a）窄板宽度变化　b）宽板宽度变化

3. 弯曲区域内的材料状态

板材在弯曲变形时由于外层受拉应力，内层受压应力而引起中心层的内移，板材外层在厚度方向产生压缩，有向曲率中心移动趋势，使材料纤维之间相互挤压。中心层在内移过程中，外层拉伸区大于内层压缩区，板材外层的变薄量大于内层的增厚量，引起了板材变薄。中性层内移越大，板料变薄也越严重。

二、最小弯曲半径

材料在不发生破坏的情况下，能够弯成的最小圆角半径，称为最小弯曲半径，用 r_{min} 表示。最小相对弯曲半径用 r_{min}/t 表示，t 为材料厚度。

1. 影响最小弯曲半径的因素

（1）材料的力学性能。板材外层纤维允许的变形程度越大，说明材料的塑性越好，最小弯曲半径就越小。硬材料或冷作硬化的材料、塑性差的材料，所允许的最小弯曲半径大。弯曲时，最小弯曲半径受到板料外层最大许可拉伸变形程度的限制，超过这个变形程度，板料将产生裂纹。

（2）弯曲线方向。如果弯曲件的弯曲线方向与板料纤维方向垂直，则弯曲半径较小。如果弯曲件的弯曲线与板料纤维方向平行，则弯曲半径较大，如图 6—4 所示。多向弯曲的工件，弯曲线应与板料纤维方向成一定角度弯曲，防止板料产生裂纹，如图 6—5 所示。

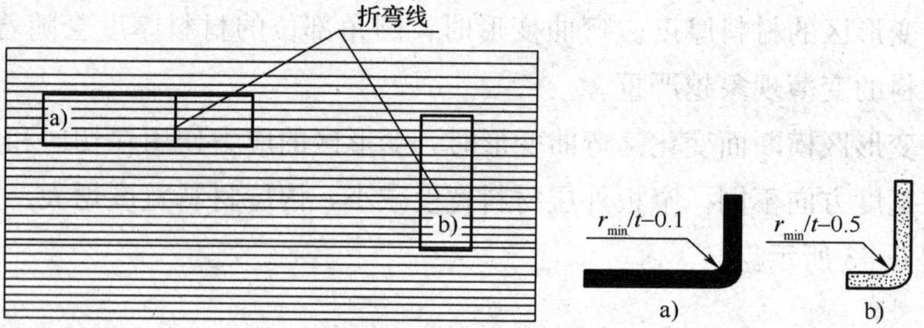

图 6—4　板料弯曲线与纤维方向垂直与平行

（3）板料的表面质量与断面质量。如果板材表面出现划伤、裂纹、毛刺、裂口和冷作硬化等缺陷，容易产生应力集中和塑性降低，弯曲时板材容易过早破坏，弯曲半径应大些。

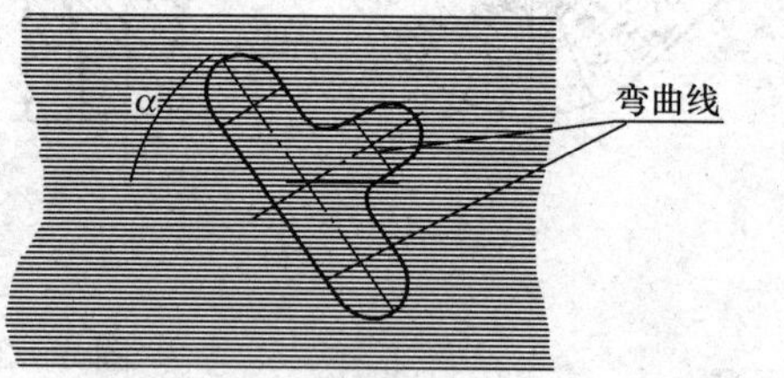

图 6—5　弯曲线与板料纤维方向成一定角度

（4）弯曲角的大小。弯曲角较小时，变形区、圆角部位的变形程度较小，材料外层受拉伸程度也小，不容易开裂，弯曲半径较小。反之，弯曲角越大，最小弯曲半径越大。

（5）材料退火状态。板料经矫正后会产生冷作硬化，通过退火降低硬度后可提高塑性，弯曲半径较小。

2. 最小相对弯曲半径 r_{min}/t 的选用

弯曲时，最小相对弯曲半径可以通过计算方法获得，但由于理论计算与实际使用有一定差异，考虑到部分工艺因素，经多次试验获得最小相对弯曲半径的部分材料数值见表6—1。

表 6—1　最小相对弯曲半径 r_{min}/t 的值　mm

<table>
<tr><th rowspan="2">材料</th><th colspan="2">正火或退火</th><th colspan="2">硬化</th></tr>
<tr><th>弯曲线方向与纤维垂直</th><th>弯曲线方向与纤维平行</th><th>弯曲线方向与纤维垂直</th><th>弯曲线方向与纤维平行</th></tr>
<tr><td>纯铝</td><td rowspan="4">0</td><td rowspan="4">0.3</td><td>0.3</td><td>0.8</td></tr>
<tr><td>纯铜</td><td>1.0</td><td>2.0</td></tr>
<tr><td>黄铜 H70</td><td>0.4</td><td>0.8</td></tr>
<tr><td>05、08F</td><td>0.2</td><td>0.5</td></tr>
<tr><td>08、10</td><td>0</td><td>0.4</td><td>0.4</td><td>0.8</td></tr>
<tr><td>15、20</td><td>0.1</td><td>0.5</td><td>0.5</td><td>1.0</td></tr>
</table>

技能要求

观察板材弯曲后断面变化情况

操作准备

1. 4 mm×30 mm×100 mm、4 mm×10 mm×100 mm 板材各一块。

2. 弯曲工具（工作平台、台虎钳、钣金锤等）。

3. 钢直尺、划针。

操作步骤

按要求将不同的板材划出弯曲线，将板材夹在台虎钳上，按规定的弯曲半径用钣金锤对板材弯曲成 90°。观察板材断面的变化情况。

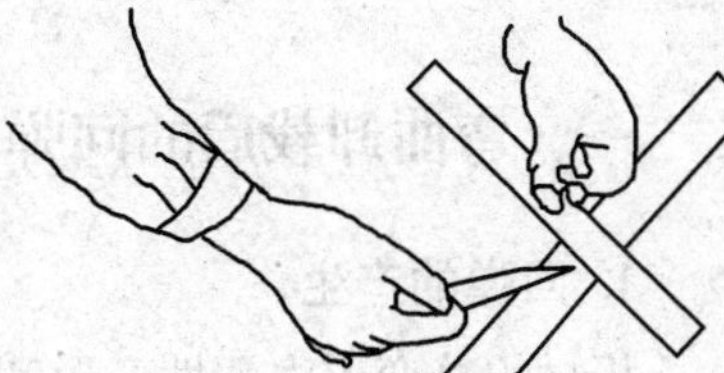

图 6—6　划线

步骤 1　对板材按要求划出弯曲线，如图 6—6 所示。

步骤 2　将板材按划出的弯曲线装夹在台虎钳上，装夹时板材要与钳口垂直并夹紧，且在受力时不能有松动。

步骤 3　用钣金锤进行弯曲操作时，捶击要击打在靠近钳口的板面上，但不能紧靠钳口，把板材弯曲至 90°，并有 $R3$ 的圆角半径。

步骤 4　不同宽度的板材全部弯曲结束后，将板材的断面正对眼睛，观察宽钢板与窄钢板弯曲圆角处断面的变化情况。观察后可以发现宽钢板的断面没有变化，窄钢板的断面呈扇形状变化。这种变化的原因是由于宽钢板在弯曲时周边材料受阻，圆角处的材料无法自由伸展，所以没有变化，窄钢板由于板材较窄，弯曲时圆角处的材料没有阻碍可以任意变化，内侧材料受挤压而向外延展，外侧材料受拉伸而变窄，整个断面呈扇形状变化。

注意事项

1. 选择板材时应选择同一材质的板料。

2. 弯曲时应采用同一弯曲半径。

第 2 节　弯曲件的回弹

学习目标

了解弯曲件卸载后的回弹变形

熟悉影响弯曲件回弹的因素

掌握减小弯曲件回弹的措施

能够采取一定的措施减小弯曲件回弹

能够利用弯曲件的回弹制作构件

知识要求

一、弯曲卸载后的回弹

1. 回弹的产生

板材的总变形由塑性变形和弹性变形两部分组成。当弯曲结束去除外力后，板材中除了塑性变形以外，还有部分弹性变形存在。在没有外力的作用时，弹性变形势必要恢复，弹性变形在恢复过程中使弯曲变形区外侧的材料缩短，内侧材料伸长，便产生了弯曲件的回弹。

2. 回弹的形式

弯曲件的回弹现象通常表现为两种形式，一是弯曲半径的改变，由回弹前弯曲半径R_0变为回弹后的R_1。二是弯曲角度的改变，由回弹前弯曲中心角度α_0变为回弹后的工件实际中心角度α_1，如图 6—7 所示。

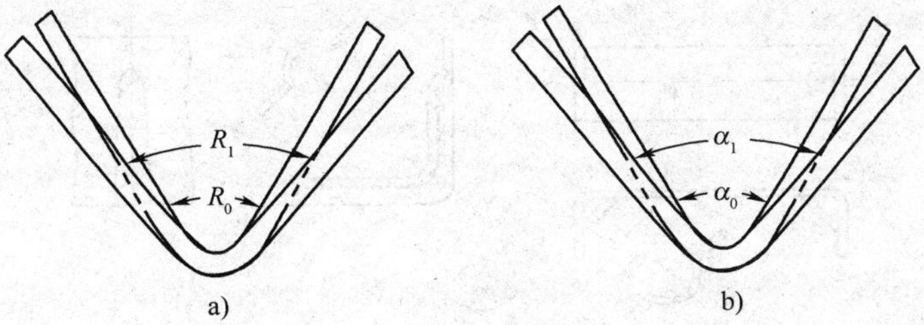

图 6—7　弯曲件回弹

a）弯曲半径回弹　b）弯曲角回弹

二、影响回弹的因素

1. 材料的力学性能

回弹的大小与材料的屈服极限成正比，与弹性模量成反比。屈服极限越小，回弹就小。弹性模量越小，回弹就大。

2. 相对弯曲半径

弯曲变形程度用相对弯曲半径 r/t 来表示，相同条件下，r/t 越小，说明弯曲变形程度越大，回弹越大。r/t 越大，说明弯曲变形程度越小，回弹也越小。

3. 弯曲中心角度

弯曲中心角度越大，说明变形区域越大，塑性变形程度较小，回弹也随之增大。

4. 零件形状

形状简单的零件回弹大，形状复杂的零件回弹小。“V”形零件的回弹大，“U”形零件的回弹小。

5. 模具间隙

“U”形零件的凸凹模间隙越小，回弹越小。如果间隙较大，材料在模具中容易松动，回弹就变大。

6. 弯曲方式

矫正弯曲比自由弯曲回弹小，加热弯曲比冷弯曲回弹小。

三、减小回弹的措施

1. 补偿法

补偿法是根据弯曲件的回弹趋势与回弹量大小，修正凸模、凹模工作部分尺寸和几何形状，卸载后弯曲件通过回弹补偿。

（1）改进弯曲件设计。改进弯曲件结构可在弯曲变形区压制加强筋，以增加弯曲区材料的刚度和塑性变形程度，达到减小回弹角的目的，如图 6—8 所示。

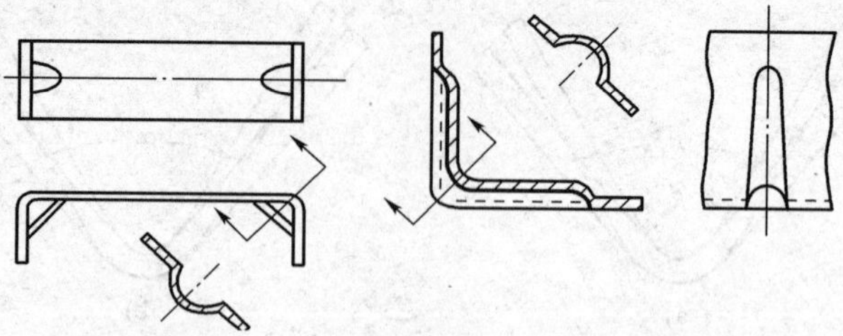

图 6—8　在弯曲变形区压制加强筋

（2）采用合适的弯曲工艺。通过采用校正弯曲代替自由弯曲来减少回弹。对冷作硬化的材料，弯曲前进行退火处理，使材料屈服强度降低，减少回弹。条件允许时也可采用拉弯工艺减少回弹。

（3）合理设计模具结构。硬材料在弯曲时，根据材料的回弹值修正模具工作部分的尺寸和形状。软材料在模具上减小凸凹模间隙，应采用较小的圆角。

单角弯曲时，采用小圆角使弯曲后的回弹得到补偿，如图 6—9 所示。

双角弯曲时，可在凸模两侧作出回弹角，回弹后得到补偿，如图 6—10 所示。

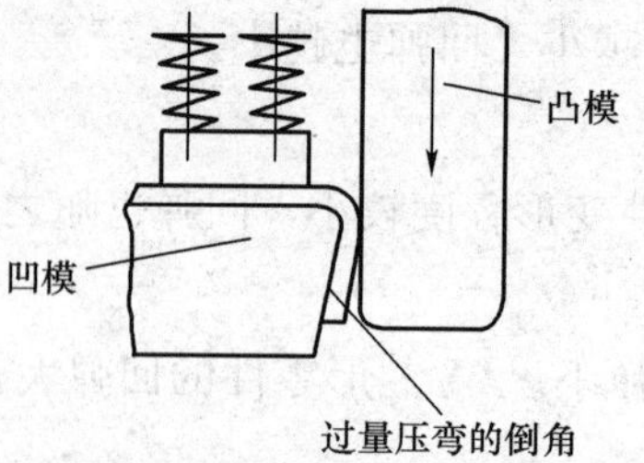

图 6—9　单角弯曲回弹角做在凹模上

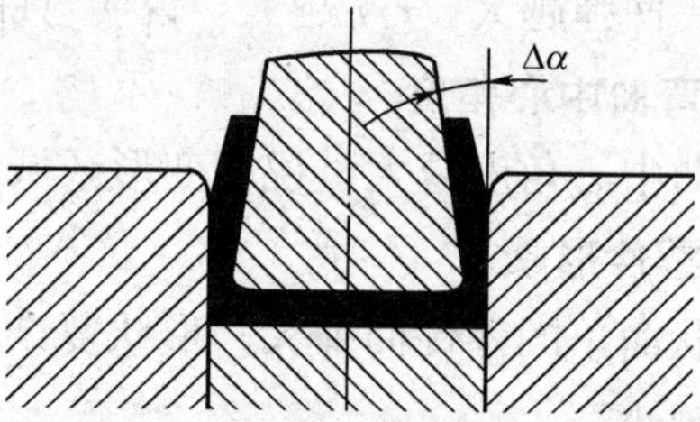

图 6—10　在凸模两侧作出回弹角

2. 校正法

校正法是工件在受压弯曲时，当凸模、板材、凹模三者贴合后再进行瞬时加载，使材料产生拉伸应变，使弯曲件起到校正作用。卸载后拉、压两区纤维的回弹趋势相互抵制，达到减小回弹的效果。

技能要求

手工操作消除弯曲件回弹

操作准备

1. 产生回弹的直角弯曲件，如图 6—11 所示。

2. 工作平台、直角尺、钣金锤、线痕凿等。

操作步骤

首先根据弯曲件尺寸要求测定弯曲件回弹数据，然后使用工具对产生回弹的钣金件进行手工校正，使其达到技术要求。

步骤 1 准备手工矫正弯曲件工具，直角尺、钣金锤、线痕凿等。

步骤 2 检查弯曲件回弹值，因弯曲件的原要求是 90°，可用直角尺测量产生回弹的数值，如图 6—12 所示。

步骤 3 用钣金锤及有关工具对弯曲件进行手工校正，直至达到要求，如图 6—13 所示。

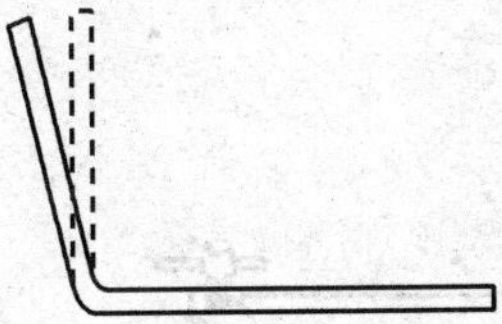

图 6—11 回弹后的弯曲件

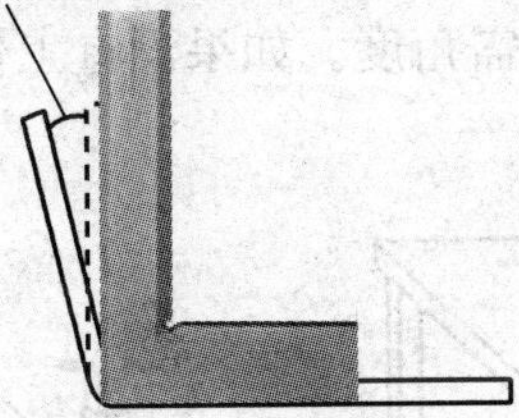

图 6—12 测量回弹量

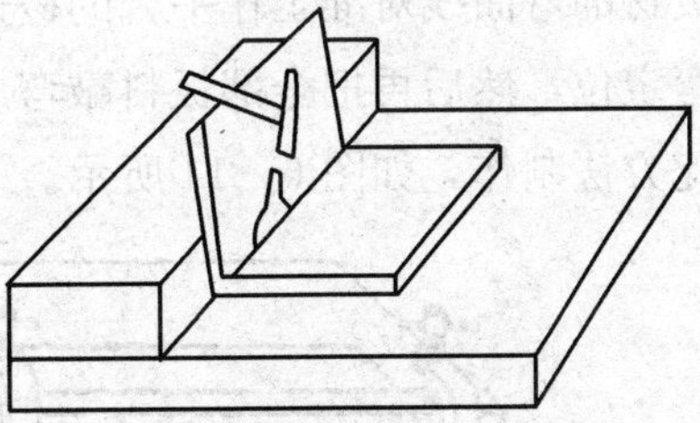

图 6—13 手工矫正弯曲件

注意事项

1. 在对弯曲件进行手工校正前，应了解弯曲件的材质。

2. 对材质较硬的弯曲件，如弯曲角度过小应先进行中间退火处理。

第 3 节 手工弯曲成形

学习目标

了解手工弯曲成形的操作要领

熟悉手工弯曲成形的各种方法

能够对板材进行卷边操作

能够对板材进行拱曲成形

知识要求

一、薄钢板的手工弯曲成形

薄钢板的手工弯曲成形是汽车车身整形修复工经常接触的基本技术。形状简单、数量少的薄板零件可以利用简易的工、夹具进行手工成形。较复杂的零件除了采用机械成形外，还必须进行手工的修整和再加工。

1. 弯曲

（1）板料的直角弯曲。对板料进行直角弯曲时，首先在展开料上划出弯曲线，然后将板材的弯曲线对准工作平台的棱边用方钢或扁钢夹紧在工作平台上。用木锤将板料两端敲弯定位，然后再把全部板料敲弯成所需角度。如果没有工作平台，可直接用两根方钢参照此方法制作，如图 6—14 所示。

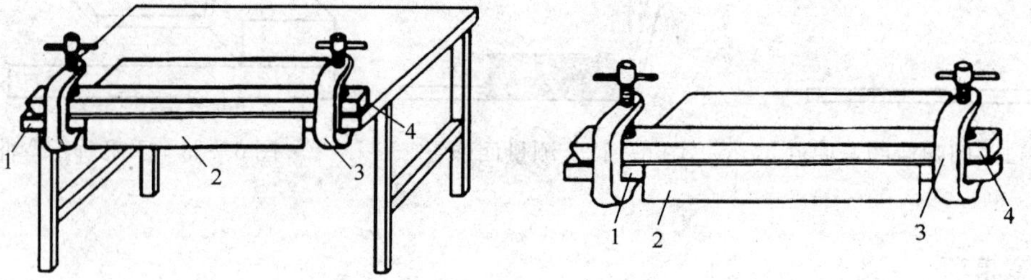

a)　　　　b)

图 6—14　角形件的弯曲方法

1—工作平台（下方钢）　2—板料　3—弓形夹　4—上方钢

a）在工作平台上弯曲　b）在方钢上弯曲

制作的板材如果较小，宽度不超过台虎钳钳口的宽度，可把板料直接装夹在台虎钳上进行敲制，如图 6—15 所示。

（2）多个直角的弯曲。多个直角的弯曲如“─┐└─┘┌─”形件的操作应先弯出一直角，如图 6—16b 所示。然后弯出板料的另一直角，如图 6—16c 所示，使板材成为槽形件。最后将工件如图 6—13d 所示的方法夹紧在台虎钳上，将钳口上露出的两段直边向外敲平，成为“─┐└─┘┌─”形件如图 6—16a 所示。

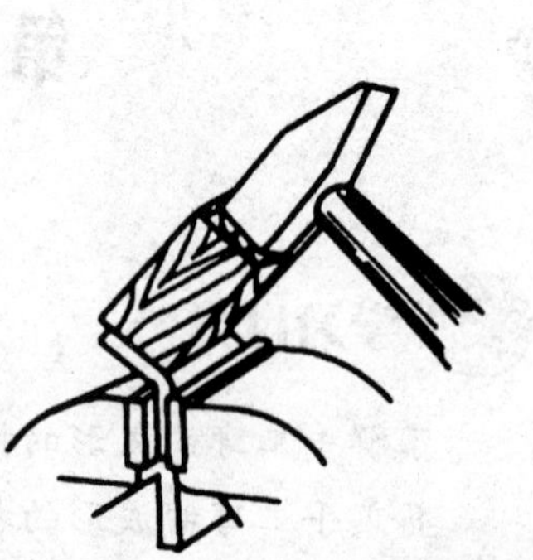

图 6—15　在台虎钳上敲制

（3）用手工方法弯制筒形件。弯制筒形件首先要计算圆筒的周长并下料，将板材放在圆钢（或方钢）上用钣金锤（或方木条）把两边各敲成略小

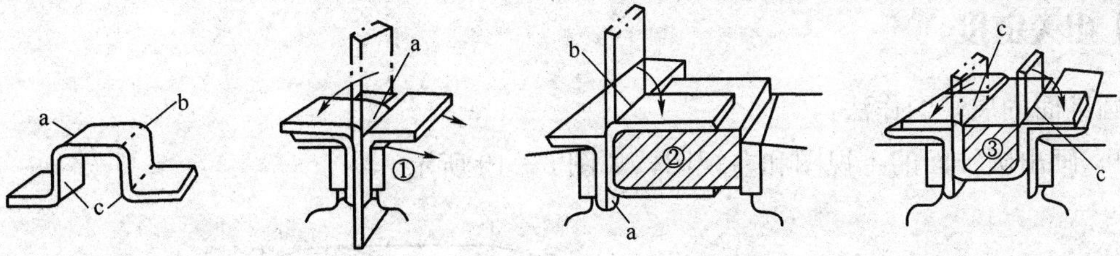

a)　b)　c)　d)

图 6—16　多个直角弯曲工序

a）工件　b）工序 1　c）工序 2　d）工序 3

于 1/4 圆，如图 6—17a 和 b 所示。然后将板件弯制成大体的圆筒形，如图 6—17c 所示。当圆筒接口弯制接近合拢时，可放在平台上压弯，如图 6—17d 所示，直至全部合拢为止。全部合拢后，再将圆筒整形。

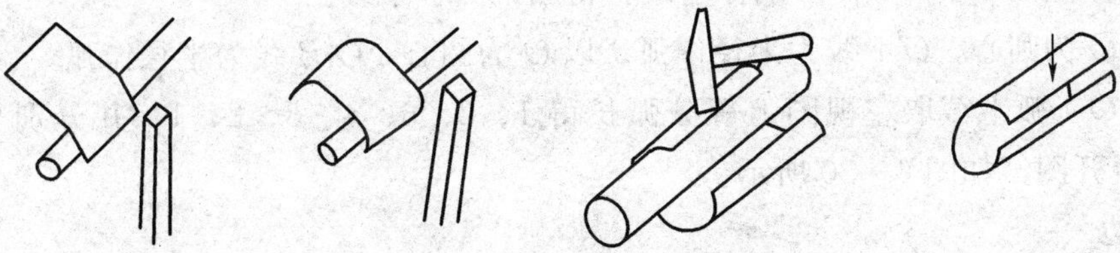
a)　b)　c)　d)

图 6—17　用手工方法弯制筒形件

a）一端制成 1/4 圆　b）另一端制成 1/4 圆　c）弯制板料中心　d）压弯合拢

（4）用手工方法弯制圆锥面。首先要根据要求作出展开图，将板材的两边放在圆钢上先制成放射形，然后依次把中间部位全部按放射线形敲弯，直至达到要求，如图 6—18b 所示。

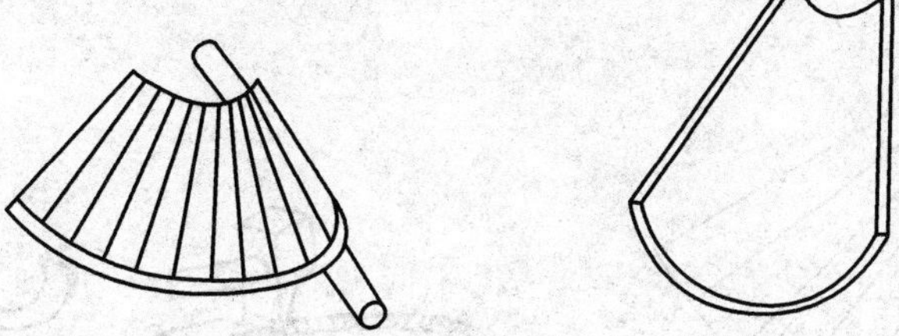
a)　b)

图 6—18　圆锥面的弯制方法

a）敲制　b）零件

相关链接

圆锥面的展开图作法：

1）画出圆锥面的主视图和左视图，如图 6—19 所示。

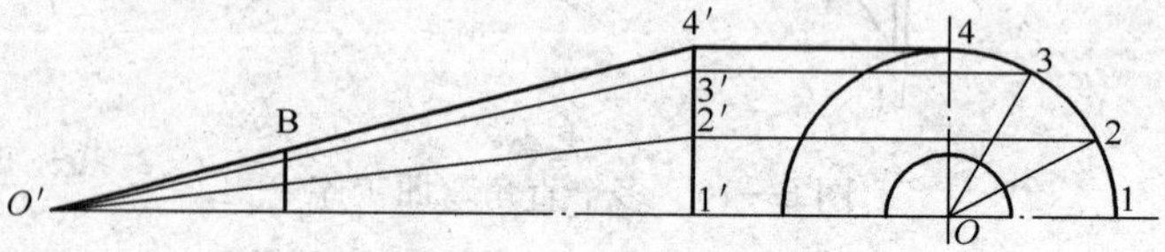

图 6—19　圆锥面主视图和左视图

2）将左视图六等分，然后向主视图作投影得点 1′、2′、3′、4′。

3）延长 4′B 线交于半圆周中心线得 O′。

4）从 O′点向 3′、2′、1′分别作射线，得圆锥面各素线。

5）以 O′为圆心，O′4′线为半径作弧。以 O′为圆心，O′B 线为半径作弧。

6）在 O′4′弧上截取左视图上等分弧长得 1、2、3、4、3、2、1，并分别与 O′连接，即得所求展开图，如图 6—20 所示。

2. 放边

使工件单边变薄而弯曲成形的方法，称为放边。

(1)“打薄”放边。制作凹曲线弯边的零件，可采用“打薄”放边的方法制作。制作时将直角板材放在工作平台上，直角材的底面紧贴工作平台表面，避免在捶放过程中角材产生翘曲，然后用钣金锤捶放直角板材的一边。捶放时，捶击的面积占捶击边的 3/4 部位，不能沿角材的整个面捶击，否则起不到放边的作用，锤痕要均匀并成放射线状，如图 6—21 所示。

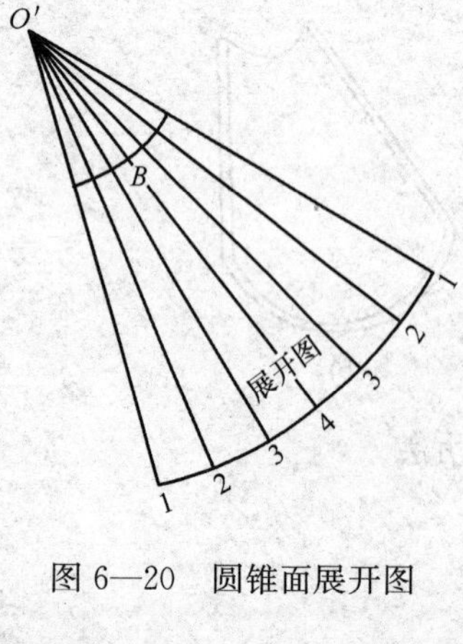

图 6—20　圆锥面展开图

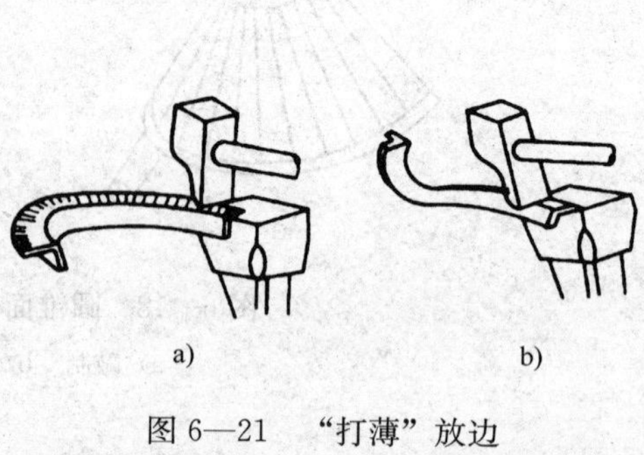

图 6—21　“打薄”放边

a）捶击 3/4 处　b）捶击错误

通过对板材边的放射线状捶击，使边缘材料逐渐变薄、面积随之增大、弯边伸长形成弧形，可以制成各种放边制件。“打薄”放边效果较为显著，但是毛料变薄不均匀，内应力大，表面质量低，操作不当时容易开裂。

（2）“拉薄”放边。“拉薄”放边是将板料放在厚橡皮或木墩上，利用橡皮或木墩既软又有弹性的特点，用木锤或橡胶锤捶打要放的边，使材料伸展拉长，如图 6—22 所示。

（3）型胎上放边。型胎上放边是将需放边的板料放置在型胎上，利用顶木顶放毛料，使毛料向宽度和带有弧形的长度方向伸展，如图 6—23 所示。

a)　　　　b)

图 6—22　“拉薄”捶放

a）成形工件　b）先“拉薄”弧面，后制筋

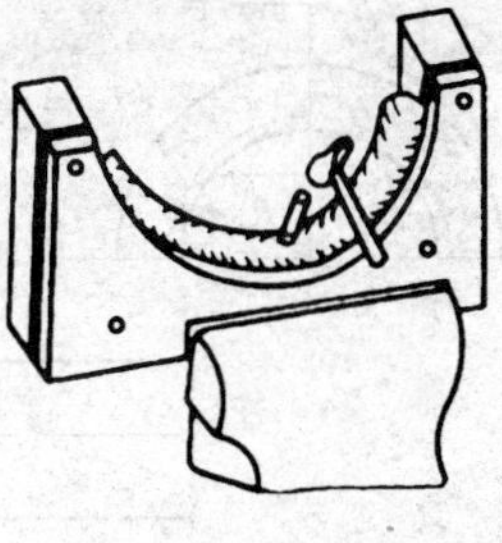

图 6—23　型胎上放边

（4）放边零件展开尺寸的计算方法。半圆形零件（见图 6—24a），展开尺寸的计算公式如下：

宽度 B 计算

$$B=a+b\left(\frac{r}{2}+t\right)$$

式中

a，b——弯边宽度，mm；

r——圆角半径，mm；

t——材料厚度，mm。

展开长度 L 计算

$$L=\pi\left(R+\frac{B}{2}\right)$$

式中

R——零件弯曲半径，mm；

B——放边一边的宽度，mm。

直角零件（见图 6—24b）。直角零件展开宽度 B 的尺寸计算方法与半圆形零件相同，长度 L 等于直线部分和曲线部分之和。即：

$$L=L_1+L_2+\frac{\pi}{2}\left(R+\frac{b}{2}\right)$$

式中

L_1，L_2——直线部分长度，mm；

R——弯曲半径，mm；

b——放边一边的宽度，mm。

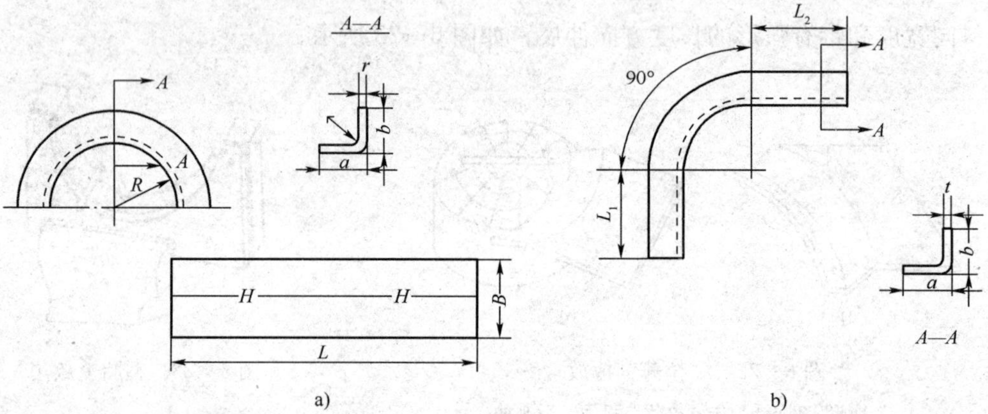

图 6—24　展开长度计算

a）半圆形零件　b）直角零件

3. 收边

收边是将毛料单边起皱，在防止伸展恢复的情况下把起皱处整平，使毛料弯曲成工件的方法。常用的有折皱钳起皱收边、橡皮打板拍打收边和搂弯收边等方法。

（1）折皱钳起皱收边。在钣金维修作业中折皱钳起皱收边是较常用的一种收边方法，折皱钳一般可以自制，可以用钢板割制，也可用 8～10 mm 的圆钢弯曲后制成，折皱钳内侧表面要光滑，以免划伤工件表面，如图 6—25 所示。

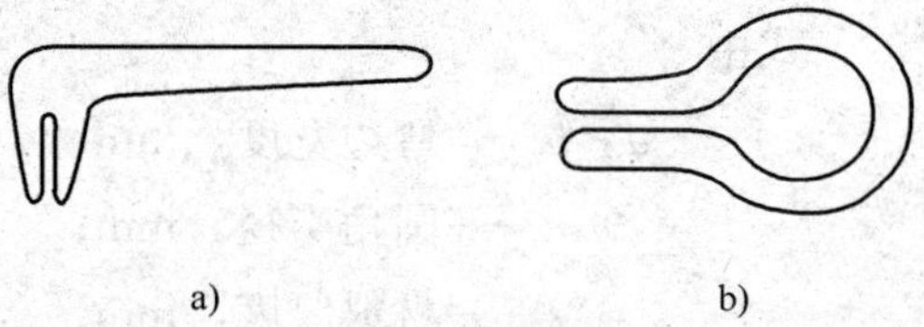

图 6—25　折皱钳

a）钢板制作　b）圆钢制作

操作时先用折皱钳将需收边部位起皱，然后用钣金锤将皱褶在工作平台（或规铁）上敲平，如图 6—26 所示。

（2）橡皮打板拍打收边。修整零件时利用橡皮的柔软性，对板料“松动”部分用橡皮打板拍打，使材料收缩如图 6—27 所示。这种方法适用于较薄的板材，目前很少采用。

（3）搂弯收边。搂弯收边的方法是把毛坯夹在型胎上，将毛坯顶住使板材起皱，然后用木锤敲打顶住部分，使板料起皱弯曲，逐渐紧贴型胎，达到收缩的目的，如图 6—28 所示。

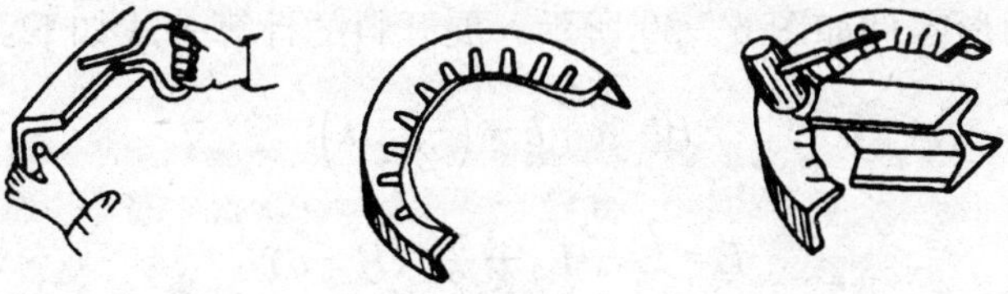

a)　　　　b)　　　　c)

图 6—26　用折皱钳起皱

a）起皱　b）起好皱的工件　c）在规铁上敲平

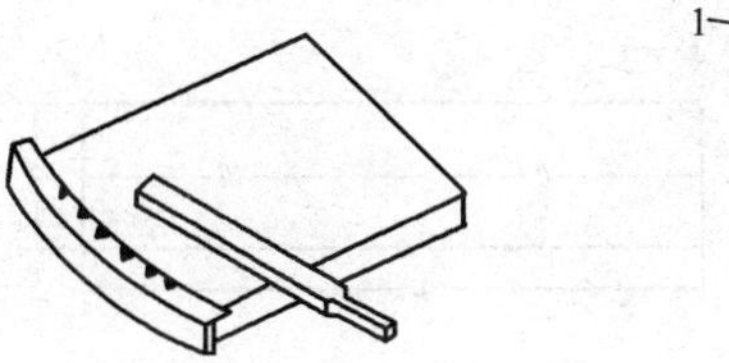

图 6—27　用橡皮打板收边

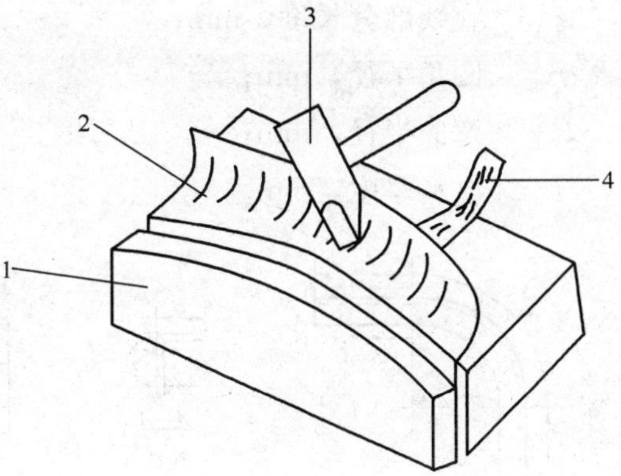

图 6—28　搂弯收边

1—型胎　2—毛坯　3—木锤　4—顶杆

（4）收边零件的展开计算。角材收边成半圆形零件（见图 6—29）。展开料的计算公式如下：

宽度　$B=a+b-\left(\frac{r}{2}+t\right)$

长度　$L=\pi(R+b)$

式中

a，b——弯边宽度，mm；

r——圆角半径，mm；

R——弯曲半径，mm；

t——材料厚度，mm。

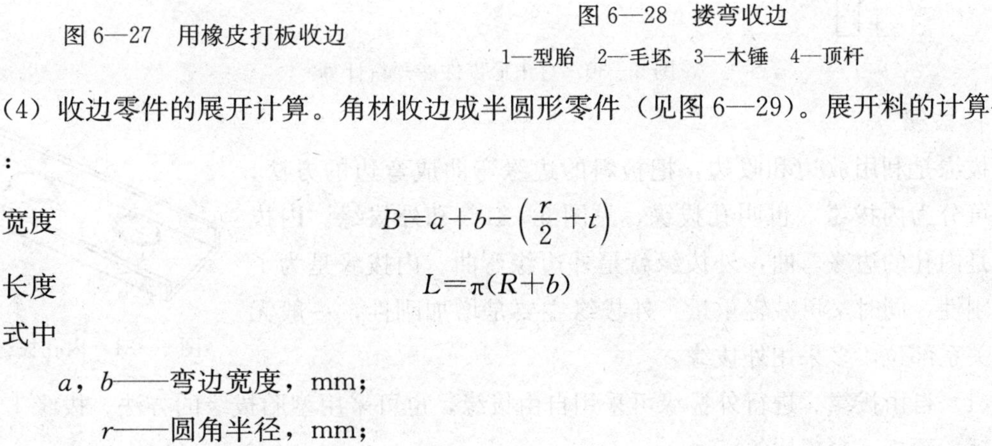

图 6—29　半圆形零件展开料计算

角材收边成直角形零件如图 6—30 所示。展开料的计算公式如下：

宽度 $$B=a+b-\left(\frac{r}{2}+t\right)$$

长度 $$L=L_1+L_2+\frac{\pi}{2}(R+b)$$

式中

a，b——弯边宽度，mm；

L_1，L_2——直线部分长度，mm；

r——圆角半径，mm；

R——弯曲半径，mm；

t——材料厚度，mm。

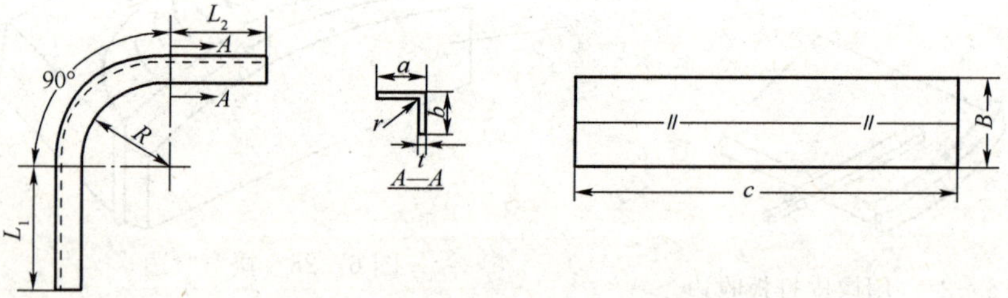

图 6—30 直角形零件展开料计算

4. 拔缘

拔缘是利用放边和收边，把板料的边缘弯曲成弯边的方法。拔缘可分为内拔缘（也叫孔拔缘，见图 6—31）和外拔缘。内拔缘就是内孔的边缘弯曲，外拔缘就是外边缘弯曲。内拔缘是为了增加刚性，同时又可减轻重量。外拔缘主要是增加刚性，一般无配合关系部位，多采用外拔缘。

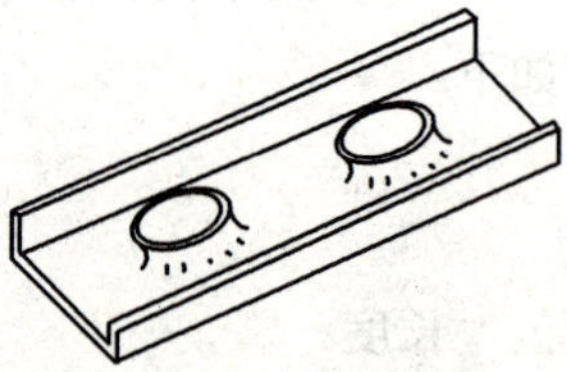

图 6—31 内孔拔缘

（1）自由拔缘。进行外拔缘可采用自由拔缘，也可采用型胎拔缘的方法。拔缘工具有钣金锤、顶杆、台虎钳等。

1）计算出坯料直径，下料并去除毛刺。

2）划出拔缘的宽度线。

3）在铁砧上用锤子敲打进行拔缘。拔缘时应边捶击边转动坯料，第一周主要是按轮廓线敲制出棱线，然后再逐渐弯曲成形，如图 6—32 所示。

4）修整。修整时应将坯料上的皱褶打磨平整，使制件表面光洁、无明显的锤痕。最后获得所需的外拔缘件。

拔缘时应注意制件不能有开裂、皱褶重叠的现象。

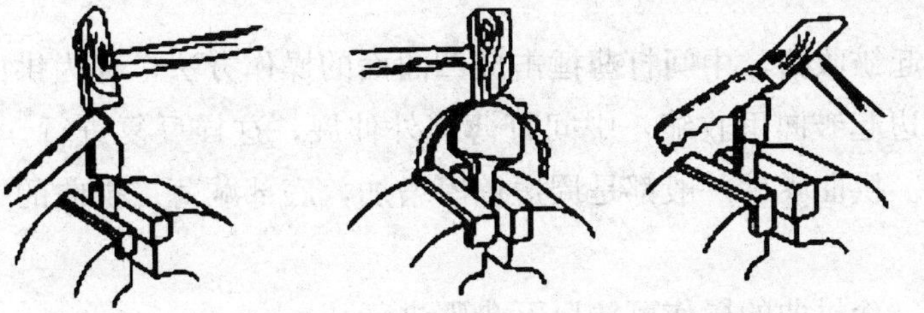

图 6—32　自由拔缘（外拔缘）

内拔缘是将板料内孔的边进行拔缘，使板料弯边，如图 6—33 所示。在拔缘时由于材料的延伸，易产生裂纹。因此在拔缘前要将板料边缘的毛刺去除，在拔缘过程中如果产生裂纹，要及时把毛刺打磨平整后再继续拔缘。

（2）按型胎拔缘。按型胎拔缘适宜于制作口径较小的零件，可一次成型。

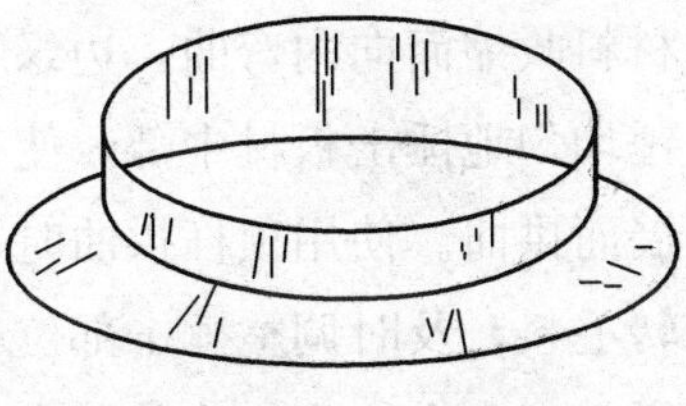

图 6—33　内拔缘

1）内孔拔缘方法

①下展开料。根据要求计算出制件的直径，同时下展开料并去除毛刺。

②将坯料放在型胎上并用压板压住。

③拔缘。对直径不超过 80 mm 的内孔，可用圆木一次冲制成型。对口径较大的内孔可制作一个凸模进行拔缘，如图 6—34 所示。

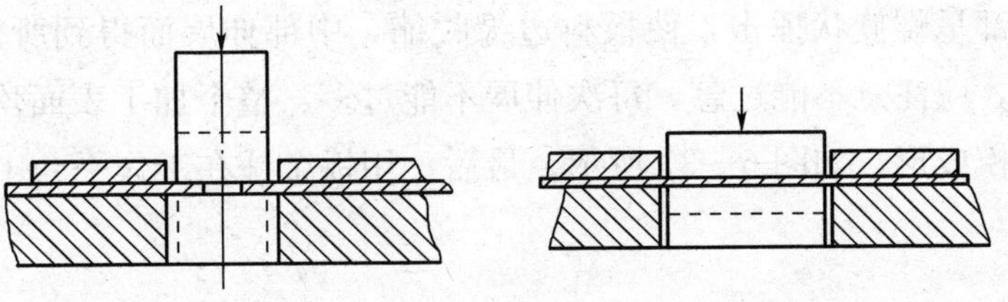

a)　　b)

图 6—34　内孔拔缘方法

a）用木锤冲制　b）用凸模进行拔缘

对于局部弯边，不易拔缘的制件，可以采取放余量的方法。在敲弯边时，将余量部分的板料拉至弯边处，使弯边材料有外来补充，如图 6—35 所示。

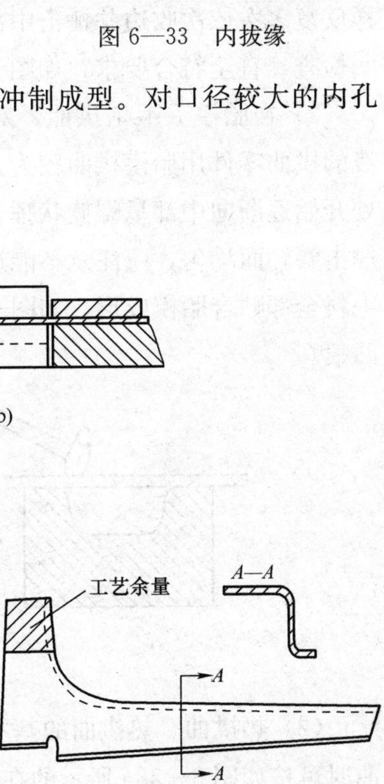

图 6—35　放工艺余量

2）外拔缘。外拔缘相当于按型胎“搂边”，拔缘时先将坯料固定在型胎上，用压板压紧，然后按型胎进行拔缘。

5. **拱曲**

将板材周围起皱收边，中间打薄捶击成凹曲面的操作方法，称为拱曲。拱曲的基本原理是通过板材周边起皱向里收缩，中间打薄向外伸展，这样反复进行，使板材逐渐变形，得到所需的形状。拱曲零件一般都是周边壁厚增加，底部减薄。拱曲的方法有冷拱曲和热拱曲两种。

（1）冷拱曲。冷拱曲的操作可按以下步骤进行：

1）顶杆手工操作法。对制作拱曲深度较大的零件一般都采用顶杆手工操作方法。拱曲前应检查板材是否有良好的塑性，如发现板材已产生加工硬化，则需先进行退火处理。

操作时，将板材边缘先制出皱褶，然后在顶杆上将皱褶敲平。板材由于边缘起皱，材料收缩而向内弯曲，边缘皱褶收平后用木锤均匀地捶击板材中部，使毛料中部材料伸展而拱曲。使用顶杆拱曲时，应边捶击边旋转毛料，及时调整捶击部位和捶击力度，这样反复多次依次收边并捶击中部，并配合中间检查，直至符合要求，如图 6—36 所示。

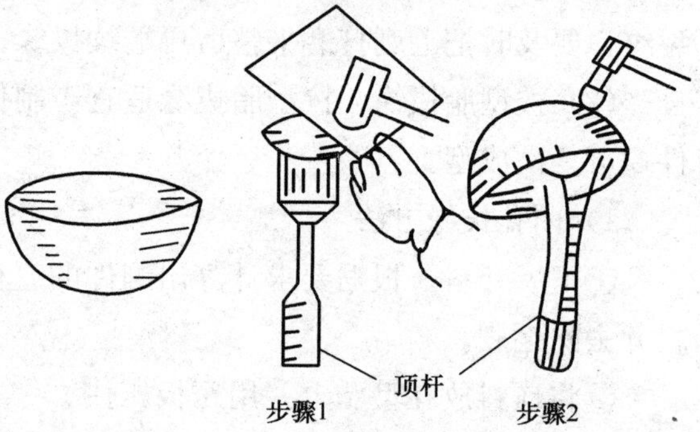

图 6—36　拱曲

2）在胎模上手工拱曲。对制作深度较浅的拱曲零件用胎模拱曲较为方便。首先将毛料压紧在胎模上，锤子从离边缘 25～50 mm 处开始逐渐向中部呈螺旋状捶击，使板料边缘收缩，中部伸展而得到所需形状。拱曲时，捶击要轻而均匀，应注意不能过急，每次伸展不能过多，整个加工表面均匀地伸展，直至毛料全部贴合胎模成形，如图 6—37 所示。最后，用钣金锤在工作平台上将拱曲零件打磨凸痕。

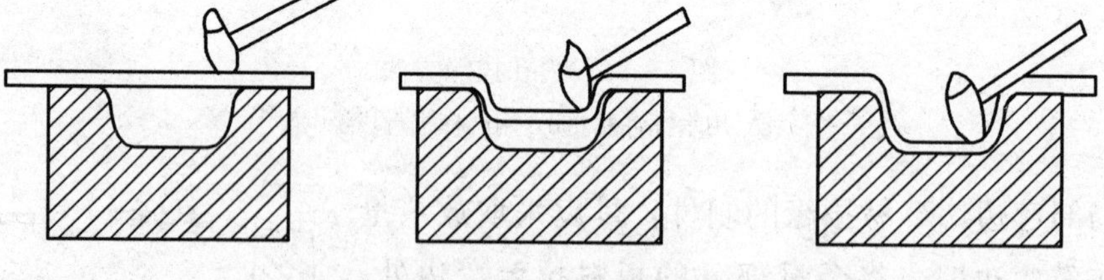
图 6—37　在胎模上手工拱曲

（2）热拱曲。热拱曲的基本原理是利用金属的热胀冷缩性质进行拱曲。板材进行热拱曲时可按如图 6—38a 所示的在 A 处沿△abc 进行加热，加热部位的材料因受热而膨胀，但因受热后的材料力学性能降低，不能向周围未被加热的部位伸展，被挤压后反而被压回缩小。三角形由原来的 abc 缩小到 $a'bc'$，A 处的板材得到了收缩。如果沿板材的四周对称而均匀地全部进行分区加热，便可收缩成图 6—38c 所示的拱曲件。

拱曲的程度与加热点的多少和每一点的加热范围有关，加热点越多越密，拱曲程度越大。

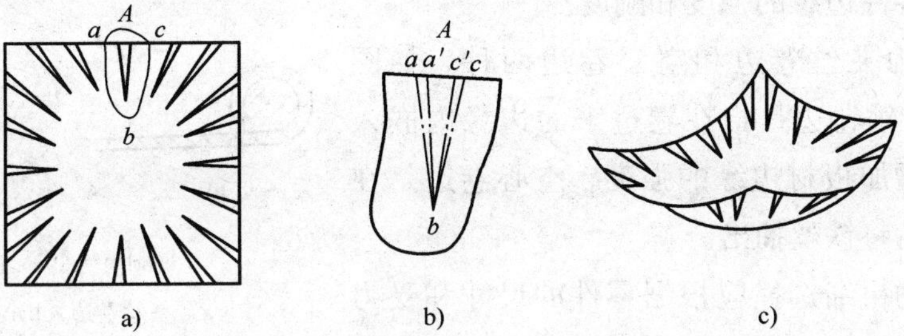

图 6—38　热拱曲

a）加热区域　b）加热区域放大　c）拱曲后工件

6. **制筋**

在钣金件上产生局部压延，制出各种不同的凹凸形状，从而改变毛料形状的方法叫制筋。制筋的作用在于增加零件的强度和刚度而不改变材料厚度。制筋方法如图 6—39 所示。

制筋操作可按以下步骤进行：

（1）剪切下料，在板材的制筋部位划出制筋线。

（2）将板材夹紧在提前准备好的模板上。

（3）用模块或线痕凿初制成形。

（4）对初制成形的筋线进行精修。

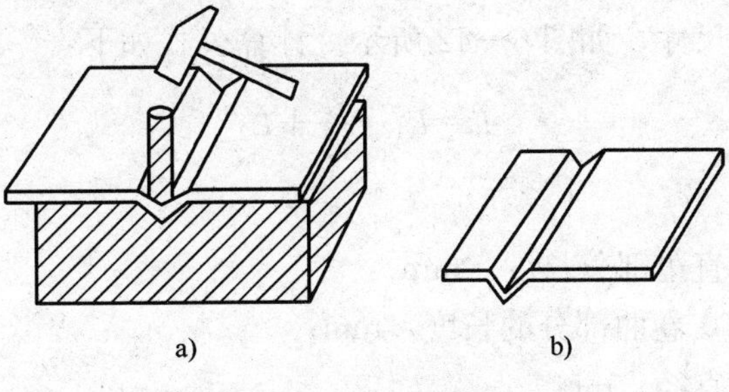

图 6—39　制筋

a）制筋过程　b）完成制筋的工件

二、卷边与咬缝

1. 卷边

将工件的边缘卷成圆弧的加工方法称为卷边，卷边的作用是消除板材边缘锐利的锋口，加强薄板零件边缘的强度和刚度。

卷边可分为夹丝卷边和空心卷边两种，如图6—40所示。夹丝卷边是指在卷过来的边缘内嵌入一根铁丝，以增加板材边缘的强度。空心卷边是在夹丝卷边完成后将铁丝抽出。

图6—40　卷边

a）夹丝卷边　b）空心卷边

卷边铁丝的粗细选择应根据零件的尺寸和受力来确定，一般铁丝的直径为板材厚度的3倍以上。包卷铁丝的边缘，应不大于铁丝直径的2.5倍，如图6—41所示。

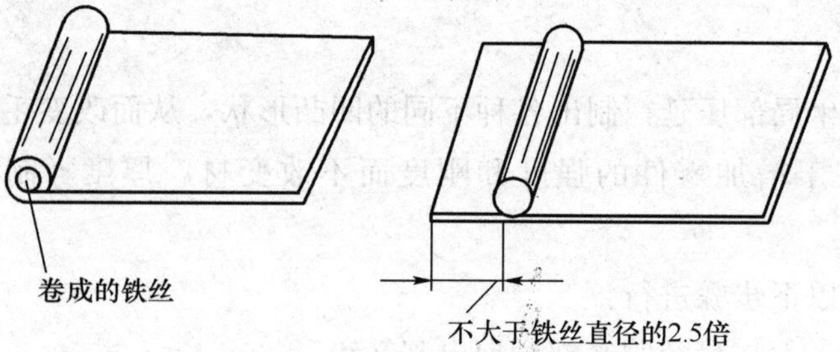

图6—41　卷边板料边缘尺寸

（1）卷边零件展开尺寸的计算。卷边零件由直边和卷曲两部分组成，计算展开长度时，不卷曲的直边部分长度是不变的，只要计算出卷曲部分的长度，然后再加上直边部分长度，便得出总的展开尺寸，如图6—42所示。计算公式如下：

$$L=L_1+\frac{d}{2}+L_2$$

式中

L_1——板材的直边部分长度，mm；

L_2——板材270°卷曲部分的长度，mm；

d——铁丝的直径，mm。

$L_2=\frac{3\pi}{4}(d+t)=2.35(d+t)$，将$L_2$值代入上式，得

$$L=L_1+\frac{d}{2}+2.35(d+t)$$

式中

t——材料厚度，mm。

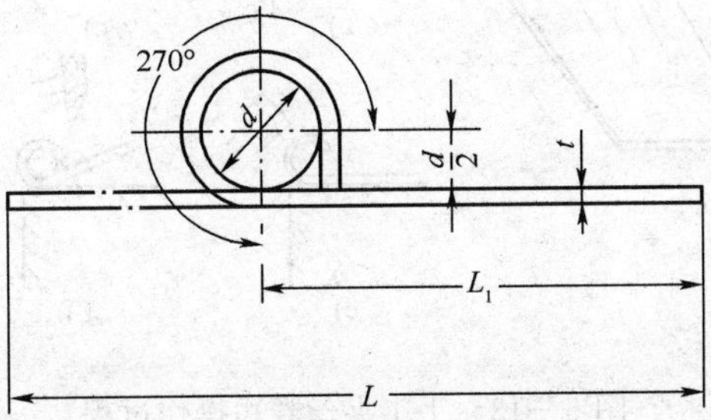

图 6—42　卷边展开尺寸的计算

（2）手工卷边操作。手工夹丝卷边的操作过程如图 6—43 所示。

1）在板材上划出两条卷边线，如图 6—43a 所示。

$$L_1=2.5d$$

$$L_2=\left(\frac{1}{4}\sim\frac{1}{3}\right)L_1$$

式中

d——铁丝的直径，mm。

2）将板材放在平台上（或方铁、角钢、轨道等），使卷边线（L_2）部分露出平台。一手压住板材，另一手用锤子或方木捶打露出平台的卷边部分，使伸出部分弯曲成 45°～60°，如图 6—43b 所示。

3）再将板材向外伸，把第二条卷边线 L_1 对准平台边缘进行捶打弯曲，并使第一次捶打的边缘靠近平台，如图 6—43c 所示。

4）将弯曲部分卷成圆弧形，如图 6—43d 所示。

5）翻转板材，将卷边朝上，轻而均匀地敲打卷曲部分，使卷边向里扣，圆弧形逐渐收小，预留出铁丝可以放得进去的缝隙，如图 6—43e 所示。

6）将铁丝放入卷边内，首先扣好两端以防铁丝弹出，然后将放入的铁丝全部扣完，并把边口用线痕凿扣紧，使卷边紧靠铁丝，如图 6—43f 所示。

7）把卷边接口靠住平台的缘角，轻力敲打使接口咬紧，如图 6—43g 所示。

空心卷边的操作过程与夹丝卷边一样，到最后将铁丝抽出即可。

2. 咬缝

将薄板的边缘相互折转扣合，并在无伸展的情况下压紧的连接方法称为咬缝。

（1）咬缝种类。常见的咬缝种类按结构有单扣、双扣等。按咬缝的形式有立扣、卧扣和角扣等，如图 6—44 所示。

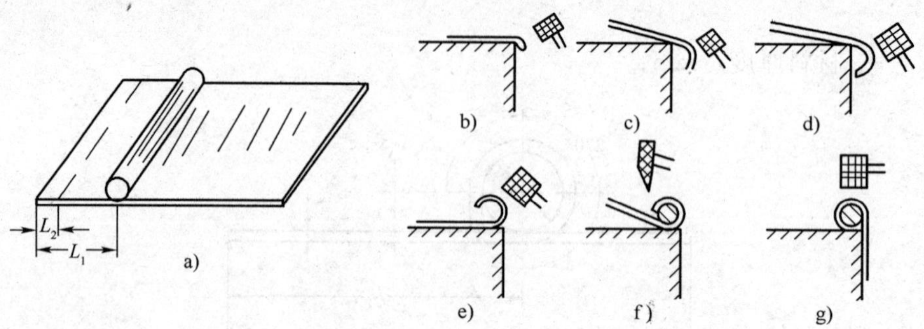

图 6—43　手工夹丝卷边操作过程

a）步骤 1　b）步骤 2　c）步骤 3　d）步骤 4　e）步骤 5　f）步骤 6　g）步骤 7

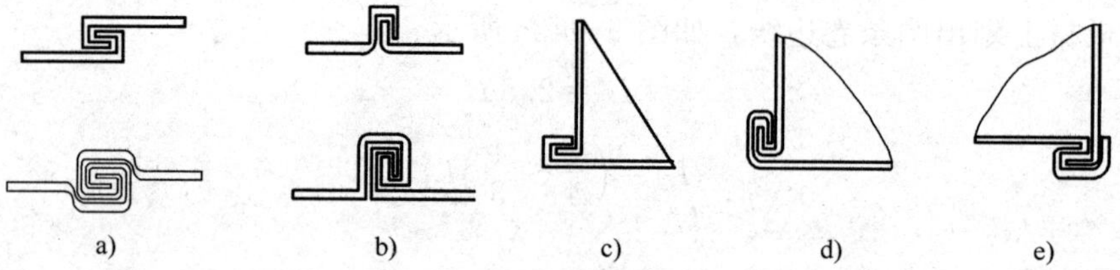

图 6—44　咬缝种类

a）卧式单扣与双扣　b）立式单扣与双扣　c）角式单扣　d）角式双扣　e）角式复合扣

（2）咬缝余量确定。在下咬缝料时，必须留出咬缝余量。咬缝的余量应根据板材的厚度、咬缝宽度和咬缝层数确定。一般板材厚度在 0.5 mm 以下时，咬缝宽度为 3～4 mm。板材厚度在 0.5～1 mm 时，咬缝宽度为 4～6 mm。

（3）咬缝操作。汽车车身整形修复工较常用的咬缝主要是卧式单扣。弯制卧式单扣时，把已划出扣缝弯折线的板材放在角钢（或方铁）上，使弯折线对准角钢的角棱，如图图 6—45a、b 所示。将伸出部分弯折成 90°角，然后翻转板料，使弯曲部分朝上。再把弯折边向里扣，不要扣死。最后把板材伸出咬缝宽度略向下弯折，同时留有适当的间隙。第二块板材按第一块板材的制作方法制作，两块板材全部制作完后，将两块板材彼此扣合，最后压紧，如图 6—45c 所示。

立式单扣的弯制过程基本与卧式单扣相同，只是在一块板材上做成立式单扣，另一块板材折 90°角，然后相互压紧即可，如图 6—45e 所示。

立式双扣是在一块板材上制成双扣缝，另一块板材做单扣缝，然后相互扣合压紧，如图 6—45f 所示。

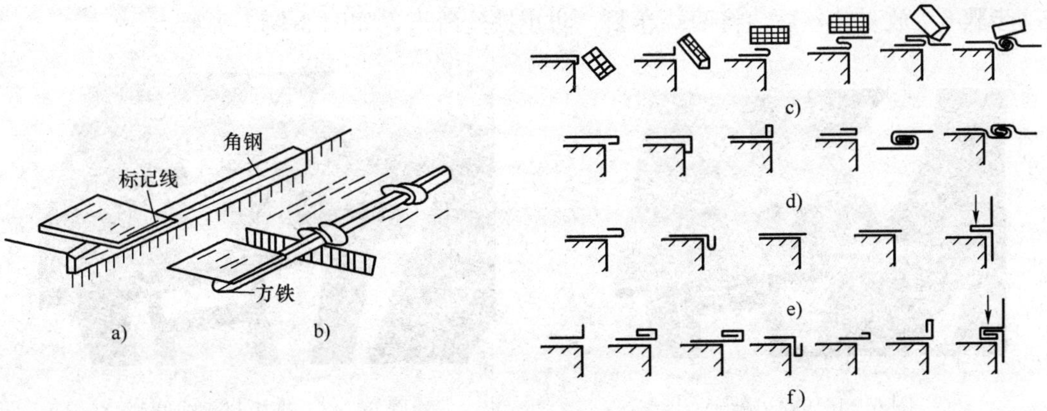

图 6—45 咬缝的操作过程

a）固定在钳桌上的角钢 b）固定在钳桌上的方铁 c）卧式单扣的弯制过程

d）卧式双扣的弯制过程 e）立式单扣的弯制过程 f）立式双扣的弯制过程

技能要求

卷边操作

操作准备

1. 1 mm 低碳钢薄钢板、ϕ3 mm 铁丝。

2. 工作平台、钣金锤、线痕凿、凿子、鲤鱼钳等。

操作步骤

在薄钢板上划出卷边线，把薄钢板放在工作平台上伸出 2～3 mm，敲弯伸出部分基本成 90°角。把板材伸出 6～7 mm，继续敲成圆弧形。翻转板材，将圆弧继续收小，留出铁丝直径左右的缝隙。放入铁丝，将两端卷紧，防止铁丝滑出，再按次序将整条边卷紧。最后用线痕凿把板材的边口收紧，使铁丝完全紧贴板材，并对卷边进行整形。

步骤 1 按要求准备板材及铁丝。

步骤 2 在板材上划出卷边弯折线。

步骤 3 将板材放在工作平台上并伸出 2～3 mm，把伸出部分敲弯至 90°，如图 6—46 所示。

步骤 4 把板材再伸出 6～7 mm 敲成圆弧形，如图 6—47 所示。

步骤 5 翻转板材，将圆弧继续收小，留出铁丝能伸进去的缝隙，如图 6—48 所示。

步骤 6　放入铁丝后，将两端卷紧，防止铁丝滑出，如图 6—49 所示。

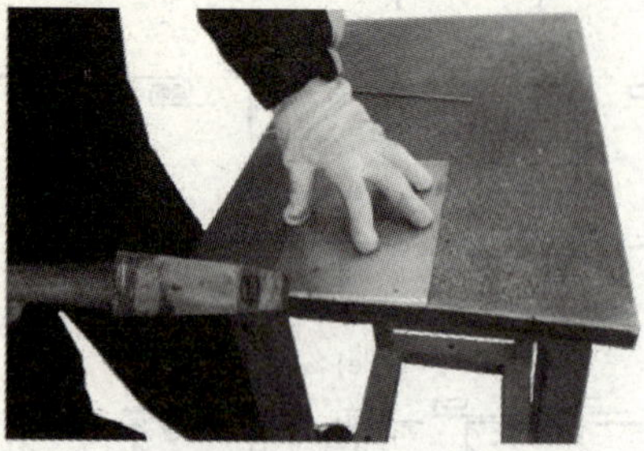

图 6—46　卷边敲弯

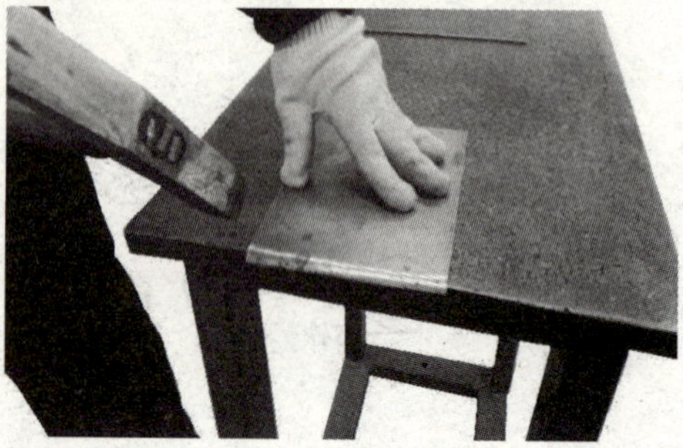

图 6—47　把板料敲成圆弧

图 6—48　翻转板材收小圆弧

图 6—49　卷紧两端

步骤 7　按次序将整条边卷紧，用线痕凿把板材的边口收紧，使铁丝完全紧贴板材，如图 6—50 所示。

步骤 8　对卷边进行整形，如图 6—51 所示。

图 6—50　卷紧铁丝

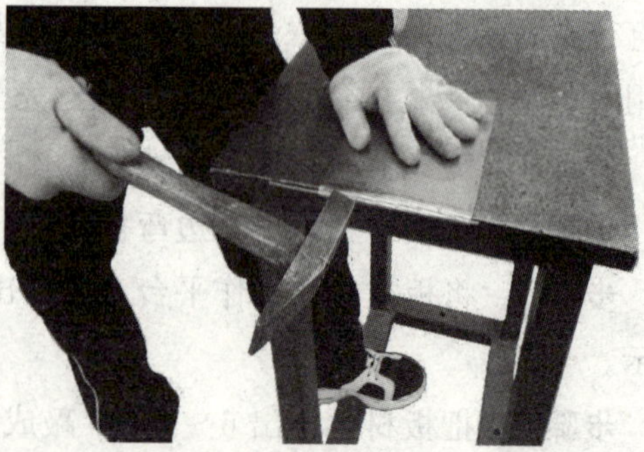

图 6—51　对卷边整形

注意事项

1. 第一次弯折时虽成90°角，但应带有圆弧。

2. 卷丝时要防止铁丝滑出。

第4节　冷作矫正

学习目标

了解手工冷作的矫正工艺

掌握薄钢板手工矫正技能

能够对薄钢板的各种变形进行手工矫正

能够对厚钢板的各种变形进行手工矫正

知识要求

汽车车身钣金构件的凹凸不平、扭曲、断裂等现象在使用中是常见的。对钣金构件的损伤进行整平、复原的工艺称为矫正。

不进行任何加热以手工或机械方法进行的矫正称为冷作矫正。对塑性较好的板材，如果变形较小一般均采用冷作矫正。

一、手工矫正

1. 薄钢板的手工矫正

薄钢板的变形一般有中间凸起、周边扭动、复杂变形三种，具体变形现象见表6—2。

表6—2　**薄钢板变形及产生原因**

变形	现象	产生原因
中间凸起	板材中部有“鼓动”现象	受外力或内应力作用引起板材中间多，周边少
周边扭动	板材周边呈荷叶起伏状	板材受力后中间收缩、周边延伸
复杂变形	板材既有“鼓动”又有荷叶起伏状等多种变形	板材受到外力作用后，多种变形同时存在

(1) 薄钢板中间凸起矫正。薄钢板中间凸起变形的原因是由于受外力作用或受应力作用后，板材中间纤维比四周的纤维长，四周纤维收缩后引起变形，即中间松，四周紧。消

除中间凸起的方法可用钣金锤或木锤从周边开始捶击，逐步向中间移动。在周边紧的板材处捶击时捶击点要密，捶击力度相对较大。捶击到中间时由于板材料纤维较长，所以捶击点要疏而轻，使周边与中间的材料达到平衡，捶击方法如图 6—52 所示。也可以从中间开始逐步向周边移动，捶击点与捶击力度正好与从周边开始的方法相反，直至“鼓动”消除、薄钢板整平。

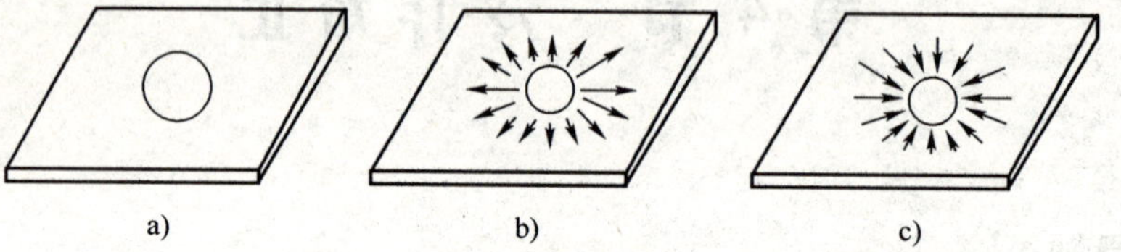

图 6—52　薄钢板的手工矫正

a）薄钢板中部凸起　b）由中间向外捶击　c）由外向中间捶击

对薄钢板进行冷作矫正时，凸起的这部分材料由于已经延伸，因此捶击时要注意捶击点的位置，尽量少敲或不敲，否则会加重它的变形，如图 6—53a 所示。同时，捶击点不能敲击到离板材边缘 5 mm 左右的范围内，否则边缘部位会产生新的变形，使板材引起复杂变形，如图 6—53b 所示。

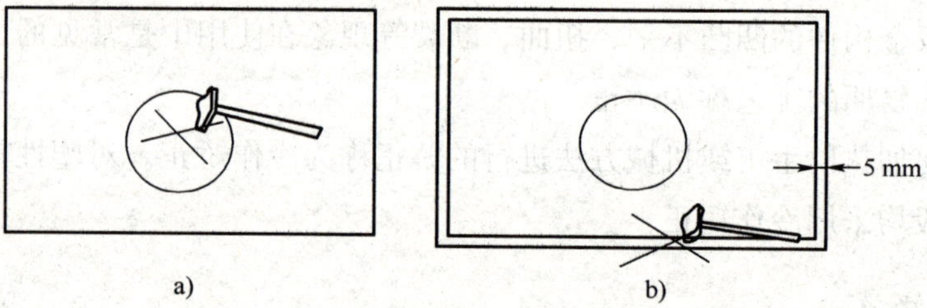

图 6—53　捶击点的两大误区

a）鼓动区域内　b）周边区域

（2）薄钢板周边扭动矫正。薄钢板周边扭动是由于板材变形后四周纤维长，中间部分的纤维短，中间材料收缩后引起了板材的变形，即中间紧，四周松。对这种变形的矫正与中间凸起变形的矫正恰好相反，用钣金锤或木锤从中间开始逐步向周边捶击，捶击时周边的捶击点应稀，捶击的力度较轻，捶击点越到中间越密，且捶击力度逐渐加大，直至板材的扭动消除，使薄钢板整平。根据变形程度的大小，也可从周边逐渐向中间捶击，如图 6—54 所示。

（3）复杂变形。复杂变形是凸起与扭动变形交织在一起。产生复杂变形有多种原因，薄钢板受到外力或内应力的影响可引起复杂变形，在矫正过程中如果矫正方法不正确导致失控也会引起复杂变形。

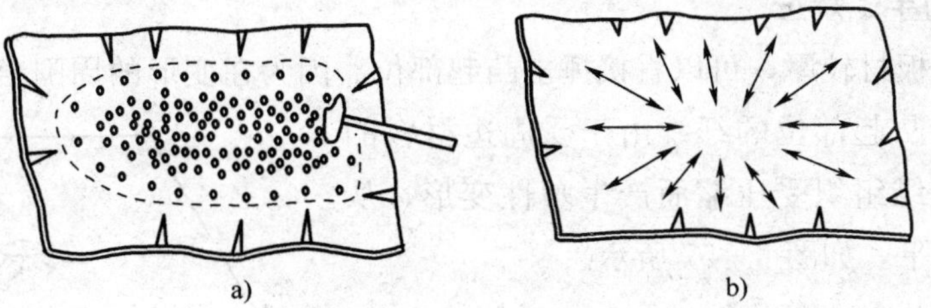

图 6—54　周边扭动的矫正方法

a）捶击规律　b）两种不同的手势

矫正方法及步骤如下所示：

1）把多个较小的凸起部分并为一个较大的凸起。在复杂变形中整个板材如果有多个凸起，对这种变形应先在几个凸起之间用钣金锤捶击，把几个凸起连为一体，变成一个较大的凸起，然后再按中间凸起的矫正方法矫正，如图 6—55 所示。

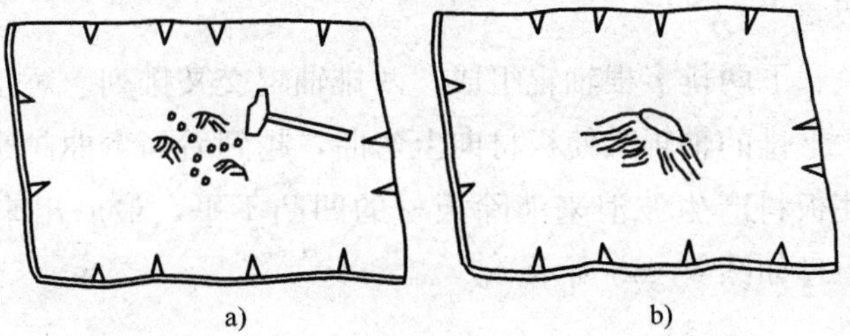

图 6—55　把几个凸起并为一个

a）锤子在几个凸起间穿梭捶击　b）并为单个凸起

2）分区域矫正。对复杂变形也可根据变形情况把整块板材分为凸起变形矫正区域和扭动变形矫正区域，如图 6—56a 所示。

矫正时可根据变形情况分区域进行矫正，对凸起变形按凸起变形的矫正方法矫正，对扭动变形按扭动变形的方法进行矫正，如图 6—56b 所示。

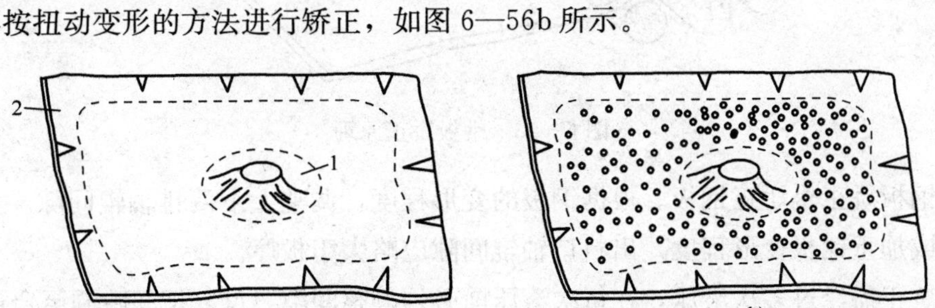

图 6—56　中间凸起和周边扭动并存的矫正方法

a）捶击的两大禁区：中间凸起和周边扭动　b）捶击区域

2. 厚钢板的手工矫正

厚钢板由于板材较厚，可以直接捶击凸起部位。因为在变形的周围会形成一个阻碍变形延伸的区域，凸起部位的纤维由于受周边材料的压缩作用，使纤维组织受压缩而产生塑性变形，从而使板材得到矫平，如图 6—57 所示。

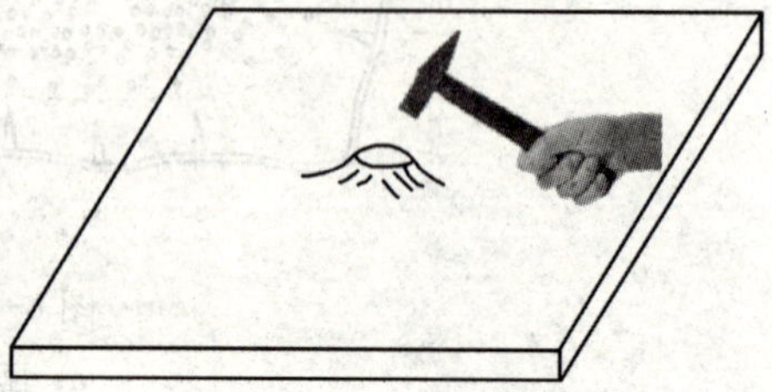

图 6—57　直接捶击凸起部分

二、机械矫正

机械矫正是利用各种钢板矫正机、卷板机以及小型压力机等来进行矫正。

1. 钢板矫正机矫正钢板

（1）钢板矫正机的原理。板材引起凹凸不平、波浪形扭动等变形主要是由于纤维的长短和应力不均匀所致。消除凹凸不平和波浪形扭动，除了手工矫正外也可以通过钢板矫正机进行矫正，使钢板整平。

钢板矫正机有上、下两排多根轴辊组成，两排轴辊交叉排列。矫正时钢板在上排轴辊的作用下向下弯曲，下排的轴辊又使板材向上弯曲，越到后面弯曲越小。这样多次反复上下弯曲操作，就能使板料产生波浪来消除板材的凹凸不平，最后出来的板材就能达到平整，钢板矫正机的原理如图 6—58 所示。

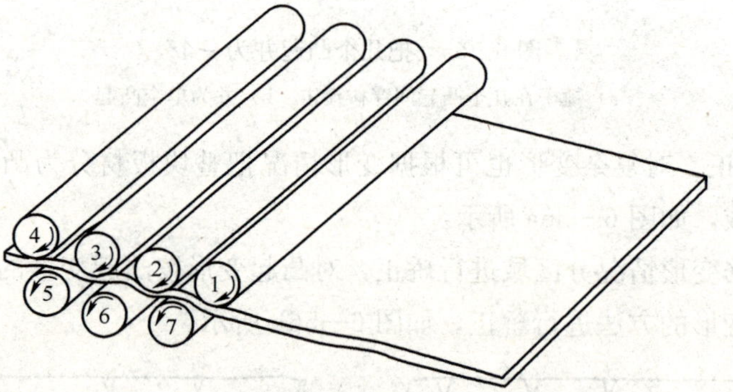

图 6—58　钢板矫正原理

（2）钢板矫正机矫正钢板。根据钢板的变形程度，调整上下两排轴辊间隙。为了不使出料困难或加重钢板变形程度，出料口轴辊间隙应略大于板厚。

由于矫正需经过多次滚压，在每次滚压前必须调整间隙，反复把间隙调至合适为止。

对于局部凸起较高的部位，可先用锤子把凸起部位捶低一点，然后再用矫正机矫平。

2. 卷板机矫正钢板

厚钢板在无钢板矫正机的情况下，也可利用卷板机来替代钢板矫正机，达到矫平的目的，卷板机如图 6—59 所示。

卷板机的使用方法：

(1) 间隙调整。滚卷前按钢板厚度确定上、下辊轴的间隙。

(2) 试滚。间隙调整后，应先进行试滚，视滚后情况再次调整上、下辊轴的间隙。

(3) 滚卷。间隙调整合适后，正式进行滚卷，并为下一次滚卷调整好间隙。

(4) 修整。滚卷结束后，对边缘的压痕用钣金锤在平台上进行修整。

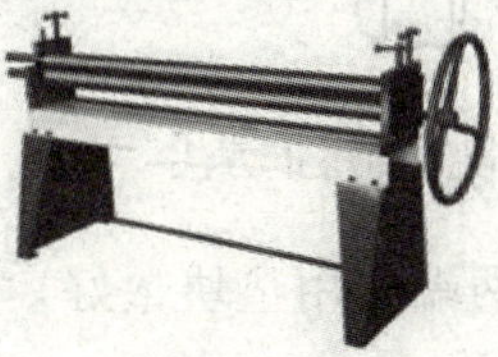
a)

b)

图 6—59　用卷板机矫正钢板

a）手动卷板机　b）卷板机矫平钢板

3. 压力机矫正钢板与型材

手动单缸油压机是汽车车身整形修复工较常使用的一种压形和矫正设备，它具有操作方便、使用安全等特点，如图 6—60 所示。

(1) 用压力机矫正钢板。厚钢板较适宜用压力机矫正周边的扭曲和凸起部位。其矫正方法是将需矫正的钢板放置在压力机上，在变形部位放一块矩形铁块，然后起动压力机，使压柱与矩形铁块接触后，逐渐加压直至扭曲消除。压力机矫正钢板如图 6—61 所示。

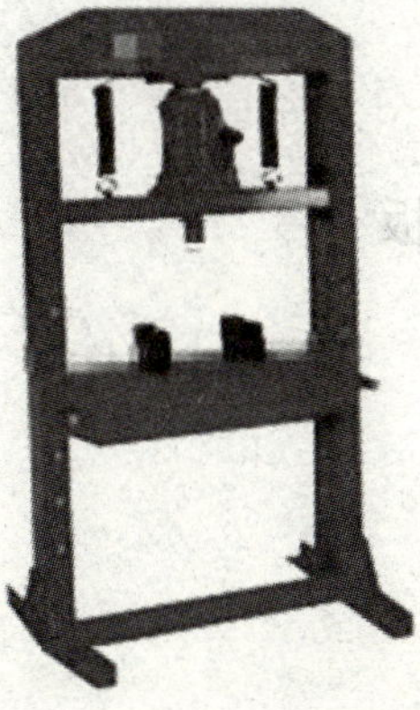
图 6—60　手动单缸压力机

图 6—61　压力机矫正钢板

(2) 用压力机矫正角钢

1）角钢面朝上的矫正方法。将角钢的两端在矫正前先用铁质或木质垫块垫好，垫块的厚度一般以超过角钢宽 15 mm 为宜，然后将压力机下降矫正角钢。为了不使角钢压伤，搁置在角钢与压柱间的缓冲块最好能使用木质的，如图 6—62 所示。

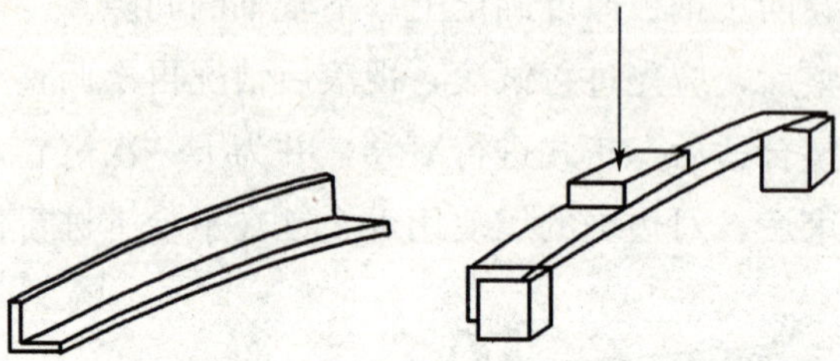

图 6—62　角钢面朝上的矫正方法

2）一条边垂直朝上的矫正方法。将角钢两端先用垫块垫好，将锯有缺口的缓冲木块垫在需矫正的位置上，如图 6—63a 所示。在矫正时，最好在角钢的背面将角钢顶住，这样在矫正时，角钢不会因压力不均而产生翻转或引起其他变形，如图 6—63b 所示。

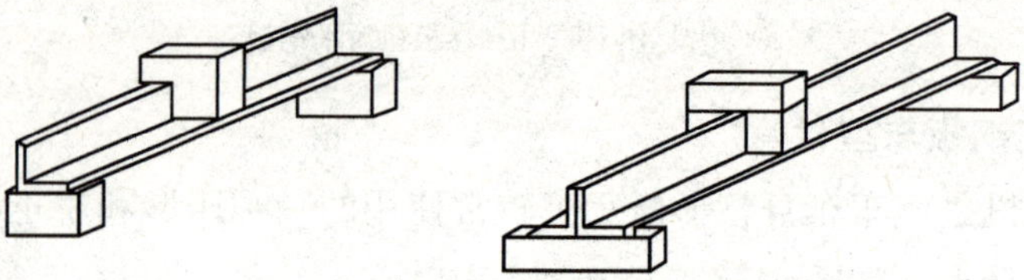

a)　　b)

图 6—63　用压力机矫正角钢的方法

a）一条边垂直朝上的压法　b）两根背靠背的压法

技能要求

冷作矫正薄钢板

操作准备

1. 变形后的薄钢板。
2. 钣金锤（粗修锤、精修锤）。
3. 工作平台。

操作步骤

首先判别板材变形种类，是中间凸起、周边扭曲还是复杂变形。然后对变形板材进行手工冷作矫正。

步骤 1 判别变形板材变形种类。可以用手按压或用两手扭动板材，如果用手按压产生振动响声的，则属中间凸起变形。如果用两手扭动板材产生扭动现象，则属周边扭曲变形。如果既有中间凸起又有扭动的，则是复杂变形。

步骤 2 用钣金锤对变形部位冷作粗矫正。中间凸起采用敲击周边的方法；周边扭动采用敲击中间的方法；如果是复杂变形则应将两种方法结合起来操作。

步骤 3 粗矫正基本满足要求后，用整形锤对粗矫正后的板材进行精修。精修时要注意手锤的端面应和板面处于同一水平状态，不能有倾斜，捶击力应轻。

注意事项

1. 矫正前对板材的判别要仔细。

2. 捶击时，捶击点力度与密度要根据变形轻重确定。

第 5 节　加热矫正

学习目标

了解加热矫正的要点

熟悉加热矫正的各种方法

掌握加热矫正的操作技能

能够对薄钢板的各种变形进行加热矫正

能够对厚钢板的变形进行加热矫正

知识要求

对工件采用局部加热的方法进行矫正称为加热矫正，加热矫正的热源是氧-乙炔焰或其他热源。加热矫正的原理是将钢板的变形部位局部加热，使被加热处金属受热膨胀。由于周围的金属温度低，因此膨胀受到阻碍，加热处钢板由于受压缩应力的影响开始收缩。冷却收缩后加热处的钢板纤维比原先的短，从而达到矫正的目的。

一、加热矫正的要点及加热区形状

1. 加热矫正的要点

（1）加热温度。低碳钢加热温度一般取 600～800℃，最高不超过 850℃。温度过低，矫正效果不明显。温度过高，容易损伤金属。

钢材的加热温度可参见表 6—3。

表 6—3 钢材表面颜色与相应温度

颜色	温度（℃）	颜色	温度（℃）
深褐红色	550～580	淡樱红色	800～830
褐红色	580～650	亮樱红色	830～900
暗樱红色	650～730	橘黄色	900～1 050
樱红色	770～800	暗黄色	1 050～1 150

（2）加热位置。加热位置正确才能达到良好的矫正效果，加热时一般选择变形的最高点。

（3）重复加热位置。重复加热矫正时，尽量避开原来的加热位置。

（4）冷却方法。厚度小于 8 mm 的钢板，加热后可采用浇水冷却。厚度过大的钢板不宜用水冷，以防表面温差过大而产生裂纹，可采用风冷的方法。

2. 加热区形状

局部加热矫正的加热形状有点状、线状和三角形状三种，如图 6—64 所示。

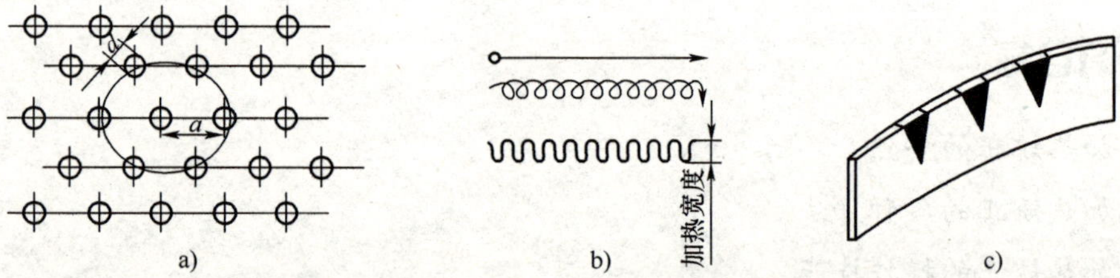

图 6—64 加热区形状

a）点状加热 b）线状加热 c）三角形状加热

（1）点状加热。点状加热的收缩较均匀，常用于薄板凸起变形的矫正。点状加热的加热形状为圆点状，加热范围应根据板材变形的严重程度而定，可一点加热或多点加热。在进行多点加热时，加热的点应以梅花式的形状分布，加热点直径根据板厚确定，薄板加热点的直径一般不小于 15 mm，点与点之间的距离，一般为 50～100 mm，如图 6—65 所示。

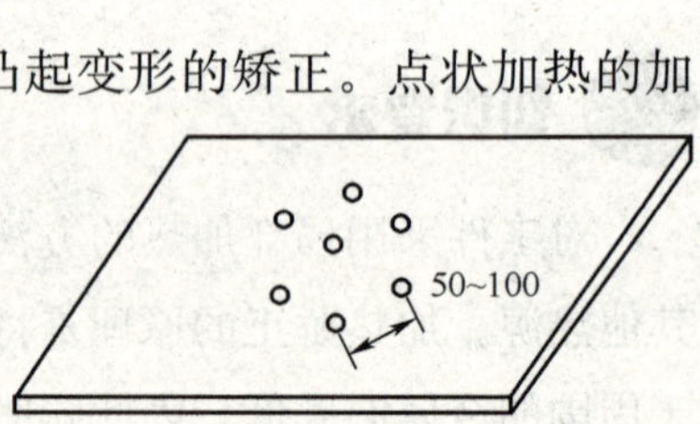

图 6—65 点状加热

（2）线状加热。线状加热一般用于型材及中厚板的矫正。线状加热时，热源沿直线方向移动或同时在宽度方向作一定的横向摆动。线状加热分直线加热、链状加热和带状加热三种，如图 6—64b 所示。

线状加热由于加热线的横向收缩一般大于纵向收缩，故加热线宽度一般为钢材厚度的 0.5～2 倍。

（3）三角形加热。三角形加热区的形状为三角形，由于三角形加热区域较大，所以收缩量也较大。在三角形加热时，由于沿三角形高度方向的加热宽度不等，所以收缩量也不等。

二、钢板的加热矫正方法

1. 薄钢板的矫正方法

薄钢板的各种加热方法如图 6—66 所示。

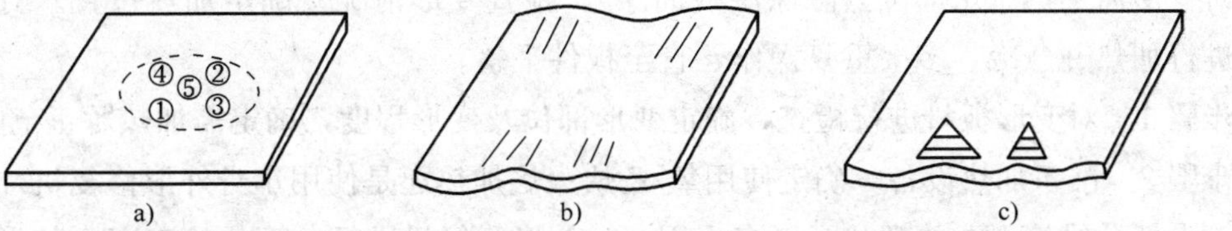

图 6—66　薄钢板的加热矫正方法

a）点状加热法　b）线状加热法　c）三角形加热法

（1）中间凸起的矫正。矫正中间凸起变形的薄钢板，先要确定加热范围及加热形式，一般情况下大多数采用点状加热矫正。在正确选择加热点位置后，用合适的加热方法进行加热，在达到一定温度以后，使加热部位急速冷却收缩而矫平。

（2）边缘呈荷叶状的矫正。对边缘呈荷叶状的矫正一般采用线状或三角形加热法，从凸起的两侧开始加热，并向凸起中心靠近。当温度达到要求后，可用手锤对加热的两侧捶击，使板材收缩，然后采用急速冷却的方法让加热处收缩。这样对每一个荷叶边处采用同样方法矫正，最后板材就可收平。

2. 厚钢板的矫正方法

厚钢板由于板材较厚，对凸起部位应采用线状加热的方法，如图 6—67 所示。

图 6—67　厚钢板的矫正方法

厚钢板加热温度和加热深度视钢板的厚度和变形程度而定，加热温度一般取 600～750℃，加热深度一般不超过钢板厚度的1/2，加热速度要尽量快。当加热到钢板能够在自重的压力下慢慢下沉，最后能与平台贴平时，即达到矫正的目的。

技能要求

薄钢板点状加热矫正

操作准备

1. 中间凸起变形薄钢板。

2. 加热设备（氧-乙炔焊设备或车身整形机）。

3. 冷却设备（空气压缩机）、吹枪。

操作步骤

对变形需加热矫正部位去除涂层（油漆），检查变形情况并确定加热位置。对需加热位置进行加热并急冷，多次重复操作，直至板件平整。

步骤1　对变形板材进行检查，确定变形部位及变形程度，确定需加热矫正范围。

步骤2　准备加热设备。确定使用氧-乙炔火焰加热还是使用车身外形修复机加热。根据目前大部分维修企业的现状，大多采用车身外形修复机进行矫正，检查车身外形修复机的电源及设备的完好情况，然后打开车身外形修复机电源开关，将设备调整到碳棒收火挡，并调节有关数据（有的设备没有数据调节，调到收火挡直接可以操作）。

步骤3　对板件进行加热矫正并急冷。加热时，应选择最高点进行点状加热。加热时应注意不能损伤板面，一般加热到600～800℃即可，不能出现红色，一旦出现红色说明加热已过度。加热后立即采用急冷的方法使板面收缩。

步骤4　一点收缩结束后再找出最高点，重复上一步骤，多次操作后直至板件平整。

注意事项

1. 检查变形部位时，应注意变形性质。

2. 加热点大小应根据板件厚度及变形严重程度随时调整。

模拟测试题

一、判断题（将判断结果填入括号中，正确的填“√”，错误的填“×”）

1. 弯曲的操作方法主要有压弯和拉弯两种。（　）

2. 板料塑性弯曲时，由于中性层的外移，使外层拉伸区大于内层压缩区。（　）

3. 如果弯曲件弯曲线与纤维方向平行，则弯曲半径可相对变小。（　　）

4. 薄钢板的手工弯曲成形是汽车车身整形修复工的专业技术。（　　）

5. 厚钢板的手工矫正可以直接用重磅铁锤捶击凸起部位。（　　）

二、单项选择题（选择一个正确的答案，将相应的字母填入题内的括号中）

1. 如果弯曲件弯曲线与纤维方向平行，则弯曲半径可以（　　）。

A. 小些　　B. 大些　　C. 不变　　D. 以上都不对

2. 加工硬化越激烈，回弹（　　）。

A. 越小　　B. 越大　　C. 不变　　D. 时大时小

3. 加热弯曲要比冷弯曲回弹（　　）。

A. 大　　B. 小　　C. 一样　　D. 无法比较

4. 制筋的作用在于增加零件的（　　）。

A. 强度　　B. 韧度　　C. 弹性　　D. 塑性

5. 多点加热分布是梅花式，其要求点与点之间的距离一般为（　　）。

A. 20～70 mm　　B. 30～80 mm　　C. 40～90 mm　　D. 50～100 mm

模拟测试题答案

一、判断题

1.× 2.× 3.× 4.√ 5.√

二、单项选择题

1.B 2.B 3.B 4.A 5.D

7

第 7 章

车身连接及焊接技术

第 1 节　车身板件的连接方式　/144

第 2 节　氧-乙炔焊接　/153

第 3 节　手工电弧焊　/162

第 4 节　钎焊　/171

第 5 节　CO_2气体保护焊　/175

第 1 节　车身板件的连接方式

学习目标

熟悉车身的各种连接方式

能够对车身可拆卸连接进行拆装操作

知识要求

汽车车身上的覆盖件都是通过可拆卸连接方法或不可拆卸连接方法来进行连接的。

一、车身可拆卸连接方式

1. 螺纹连接

汽车车身结构复杂，在一些经常需要修理或是经常要拆装的部位，都是通过螺栓或螺钉连接的方式将零件组装成部件，最终组装成整车。螺纹连接是一种广泛使用的可拆卸的固定连接，具有结构简单、坚固可靠、拆装快捷方便等优点。螺纹连接方式见表 7—1。

表 7—1　　螺纹连接方式

名称	图示	用途
螺栓螺母连接	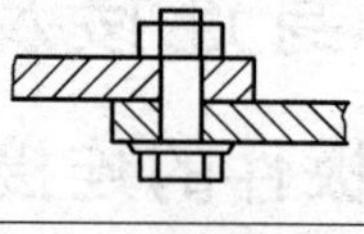	便于拆装，不损伤其他构件。对损坏的板件进行维修时方便。车身上经常需要拆装的板件，大多使用螺栓螺母连接
螺栓焊接螺母连接	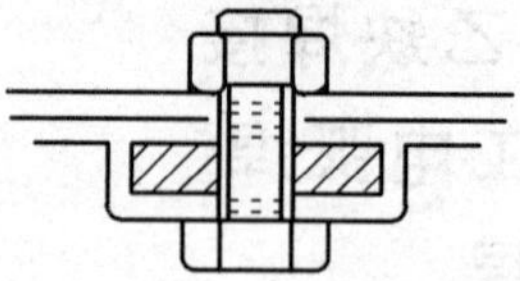	对车身无法留出装配位置的某些部位，或配件及附件无法使用螺栓装配，先将螺栓焊接在车身上，然后用螺母固定配件或附件
螺钉卡扣连接	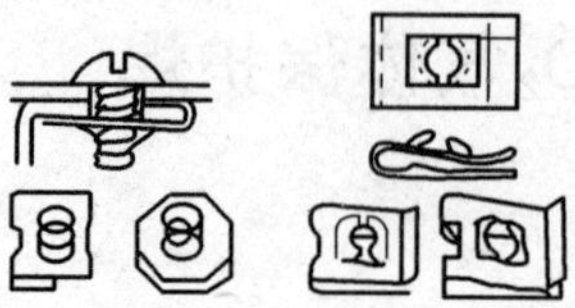	车身中既不能用螺栓螺母装配，也无法先焊接螺栓的附件采用螺钉卡扣连接，如保险杠与翼子板的连接等

续表

名称	图示	用途
自攻螺钉连接	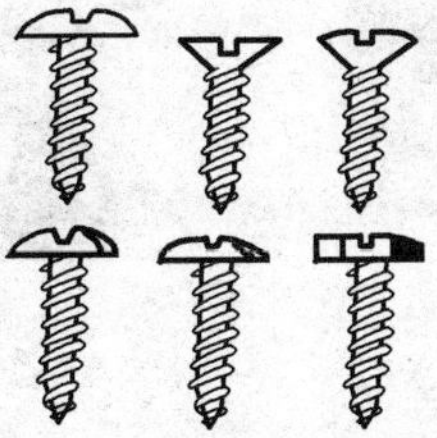	自攻螺钉连接简单，不需要螺栓螺母。对车身上安装强度要求不高的构件或附件，只需钻一个合适的小孔，直接将螺钉拧入固定所需安装的附件即可

2. 卡扣连接

在汽车车身内部非金属部件使用较多，如装饰板、装饰条、线路等，安装这些附件可通过卡扣连接完成。卡扣连接的优点是简单、方便可靠，卡扣如图 7—1 所示。

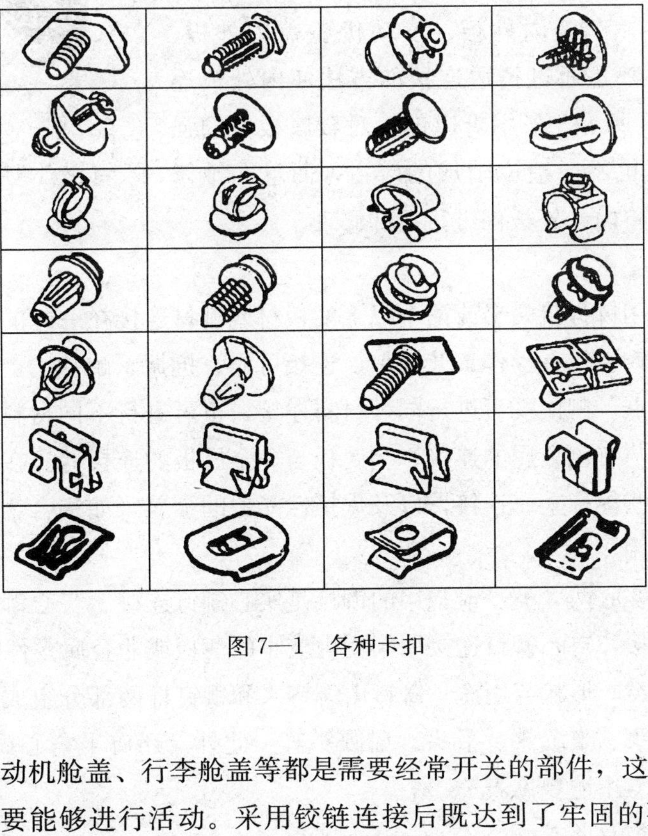

图 7—1　各种卡扣

3. 铰链连接

汽车车门、发动机舱盖、行李舱盖等都是需要经常开关的部件，这些部件除了要求连接牢固，而且还需要能够进行活动。采用铰链连接后既达到了牢固的要求，又能灵活开关。铰链连接的方法是将铰链的一边用螺栓固定在车身上，另一边安装在所需安装的构件上，如图 7—2 所示。

a)　　　　　　　　b)　　　　　　　　c)

图 7—2　铰链连接

a）车门铰链　b）行李舱盖铰链　c）发动机舱盖铰链

二、不可拆卸连接方式

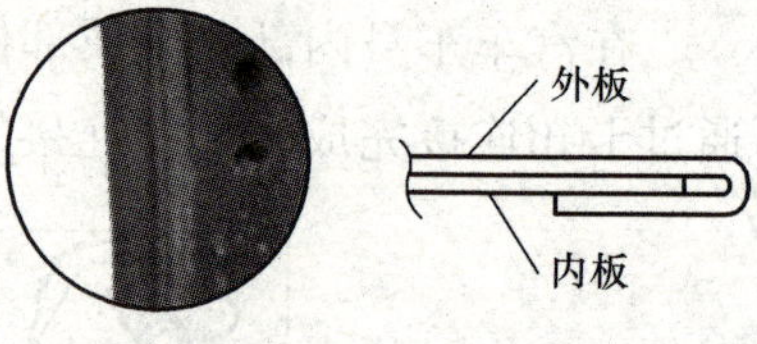

a)　　　　　　b)

图 7—3　折边连接

a）车门内外板折边连接　b）折边示意

1. 折边连接

在汽车车身中，车门内外板、发动机舱盖内外板、行李舱盖内外板等都是通过折边连接的方法使内外板连在一起，如图 7—3 所示。采用折边连接对金属板件的强度不会造成影响，也不会造成附加的应力，而且在维修时还可以根据需要将内、外板件进行拆卸修理。

2. 铆钉连接

铆钉连接是利用铆钉将两个或两个以上的板材或型材连接在一起的一种不可拆卸的静连接，简称铆接。铆接具有操作工艺简单、连接可靠、抗振、耐冲击、韧性和塑性好、容易检查和维修等特点。铆接既可进行同种材料连接，也可进行不同材料的连接，如钢板与钢板的连接、钢板与有色金属的连接、金属板与非金属板的连接等。在承受冲击和振动载荷的构件连接、某些异种金属连接，以及焊接性能差的金属（如铝合金）等的连接中，采用铆接仍有一定作用。

铆钉有空心和实心两大类。最常用的铆接是实心铆钉连接。实心铆钉连接多用于受力大的金属零件的连接，空心铆钉连接用于受力较小的薄板或非金属零件的连接。

（1）铆钉的种类、形状与用途。铆钉由铆钉头和铆钉杆两部分组成，常用的铆钉有半圆头、平锥头、沉头、半沉头、平头、扁圆头等。此外，还有半空心铆钉、空心铆钉等。铆钉的形状、规格与用途参见表 7—2。

（2）铆接的种类及形式

1）铆接的种类。根据构件的使用要求和应用范围，铆接可分为密固铆接、紧固铆接和紧密铆接三种。

表 7—2　　　　　　　　　　　　　　铆钉的形状与用途

形状		示意图	标准	规格范围（mm）		用途
				d	*L*	
实心铆钉	半圆头	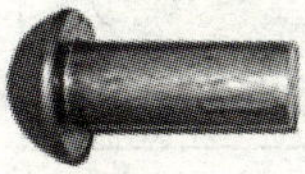	GB 863.1—1986 （粗制） GB 864—1986	12～36 0.6～16	20～200 1～110	用于承受较大横向载荷的铆接
	平锥头	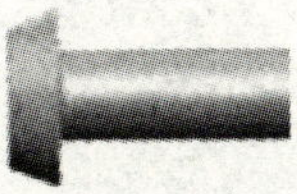	GB 864—1986 （粗制） GB 868——1986	12～36 2～16	20～200 3～110	用于腐蚀强烈的铆接
	沉头		GB 865—1986 （粗制） GB 869—1986	12～36 1～16	20～200 2～110	用于表面光滑、受载不大的铆接
	半沉头	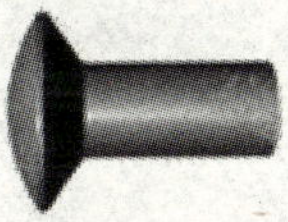	GB 866—1986 （粗制） GB 870—1986	12～36 1～16	20～200 2～110	用于表面光滑、受载不大的铆接
	平头	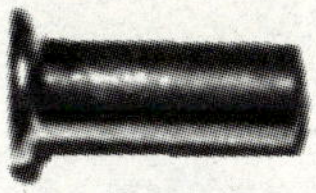	GB 109—1986	2～10	4～30	用于强固铆接
	扁圆头	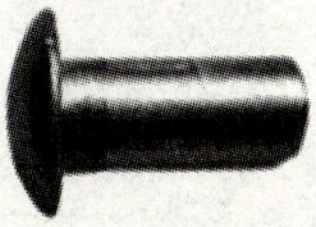	GB 871—1986	1.2～10	1.5～50	用于薄板和非金属材料铆接

①密固铆接是一种高要求铆接，特点是铆钉能承受较大的作用力，具有足够的强度来承受一定的载荷，构件的接合缝绝对紧密。铆接后在一定的压力作用下，液体或气体均不会渗漏。如压缩空气罐、锅炉压力管等。目前，密固铆接几乎被焊接所替代。

②紧固铆接对接合缝的密封性无特别要求，特点是铆钉能承受大的作用力，以一定的强度来承受相应的载荷，保证构件具有足够的强度，如屋架、桥梁、大客车车架扩展部分的连接等，铆接方法如图 7—4 所示。

③紧密铆接对构件的结合缝要求具有较高的密封性，以防泄漏。特点是这种铆接的金属构件，不能承受较大的作用力，只能承受小而均匀的载荷，如化学品储存罐、汽油箱和水箱、气罐、油罐等。目前，紧密铆接使用很少，被焊接所替代。

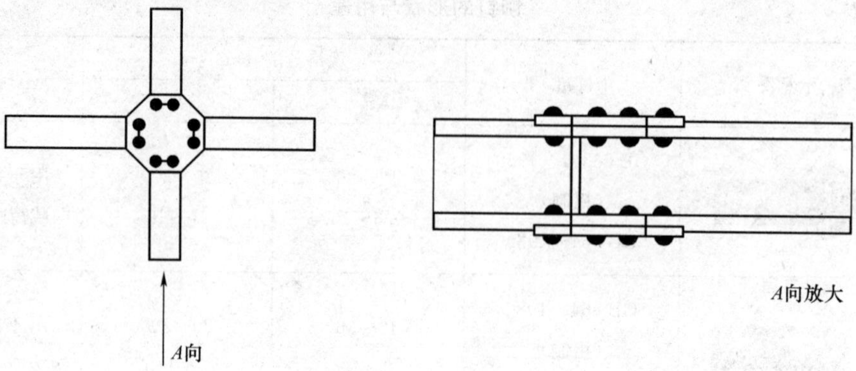

图 7—4　紧固铆接

2）铆接的形式。铆接有搭接、对接和角接三种形式。

①将两块板件的边缘搭叠在一起而进行的铆接称为搭接，如图 7—5a 所示。

②将两块板件按使用要求放在同一平面上，然后在板件上面加一层覆板后进行铆接的方式称为对接。覆板有单覆板和双覆板两种，如图 7—5b 所示。

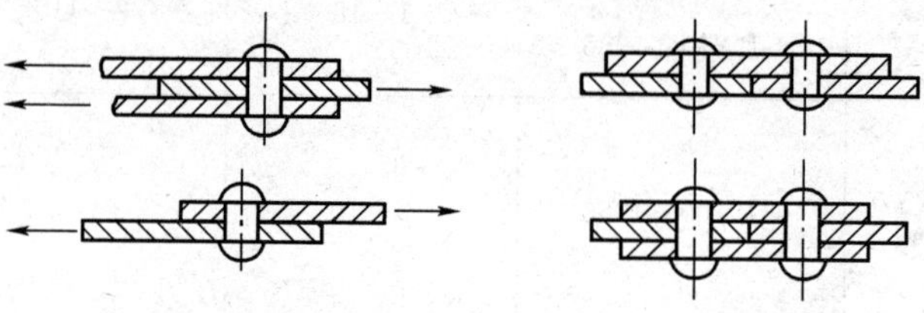

图 7—5　搭接与对接的形式

a）搭接　b）对接

③将两块板件或构件互相垂直或按一定角度用铆钉连接的方式称为角接。超过两件以上的角接，称为多角接或特殊连接，如图 7—6 所示。

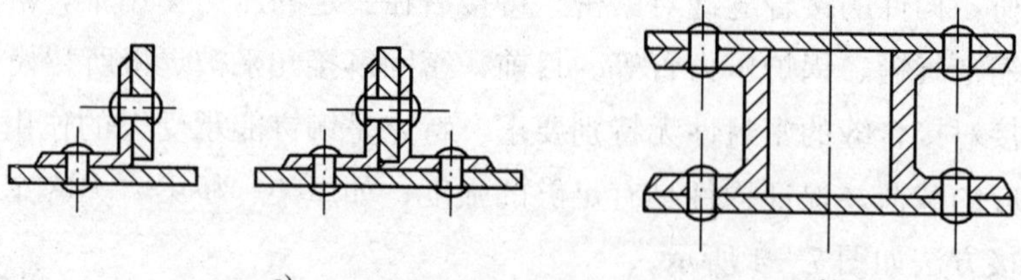

图 7—6　角接

a）角接　b）多角接

3. 粘接连接

粘接（粘合、粘接、胶粘）是借助胶粘剂在固体表面所产生的粘合力，将同种或异种材料牢固地连接在一起的方法。粘接技术具有工艺简单、性能可靠、应力分布连续、重量轻、经济高效、工艺温度低等特点。在汽车车身中主要用于金属、塑料、纺织材料、玻璃、橡胶等同种或相互之间的结构连接、固定和密封。

在现代汽车维修技术中，粘接技术已广泛应用于车身覆盖件的更换、车身结构件的更换及车身构件的密封上。

粘接根据需要还可以配合螺栓连接、铆接连接、电阻点焊、折边连接等进行混合连接，如图 7—7 所示。

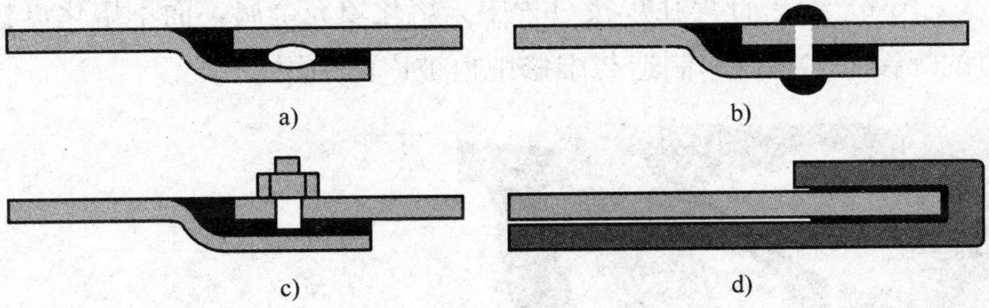

图 7—7　粘接连接的不同方式

a）粘接和电阻点焊连接　b）粘接和铆接连接　c）粘接和螺栓连接　d）粘接和折边连接

4. 焊接连接

焊接是通过加热或加压，或者两者并用，通过使用或不使用填充材料，以此使焊件达到原子结合的一种加工方法。

在汽车制造中，大部分不可拆卸构件的连接都采用焊接的方法进行连接。焊接既能节约金属材料，减轻结构重量，又具有加工方便、致密性好、强度高、经济效益好等优点。焊接可分为熔焊、压焊和钎焊三大类。

（1）焊接特点。除了在汽车制造中对不可拆卸的构件采用焊接技术外，在汽车维修中，也广泛采用焊接技术。焊接技术具有以下特点：

1）焊接不受工艺条件的限制，能进行全方位操作。

2）焊接不增加过多的材料，节约材料。

3）焊接的接缝密封性好，能有效防止泄漏。

4）焊接生产效率高。

5）焊接接头的强度受到操作技术、焊接工艺参数等的影响。

6）焊接的热影响区大，板件容易变形。

（2）焊接工艺在车身维修中的应用。多年来一直流行的氧-乙炔焊已被较为先进的焊接技术取代，目前在汽车维修业中较多应用的是气体保护焊、电阻焊及钎焊。

1）气体保护焊。气体保护焊是用外加气体作为电弧介质，保护电弧和焊接区的电弧焊。气体保护焊的电弧和熔池可见性好，焊接过程中可根据熔池情况调节焊接参数。气体保护焊操作方便，没有熔渣或很少有熔渣，焊后基本上不需要清渣。热影响区窄，焊后变形小。操作灵活，无论是薄板还是厚板都能焊接。

2）电阻焊。电阻焊是工件组合后通过电极施加压力，利用电流通过接头的接触面及邻近区域产生的电阻热，将焊件局部加热到塑性或熔化状态，形成焊接接头的方法，如图7—8所示。电阻焊由于操作简单、不需要填充材料，因此成本低，在汽车制造业中应用更为广泛。

3）钎焊（见图7—9）。钎焊在焊接过程中只熔化填充金属，而不熔化母材。这种温度低于母材熔点的焊接工艺在汽车制造与维修中也被广泛采用。

图7—8 电阻焊

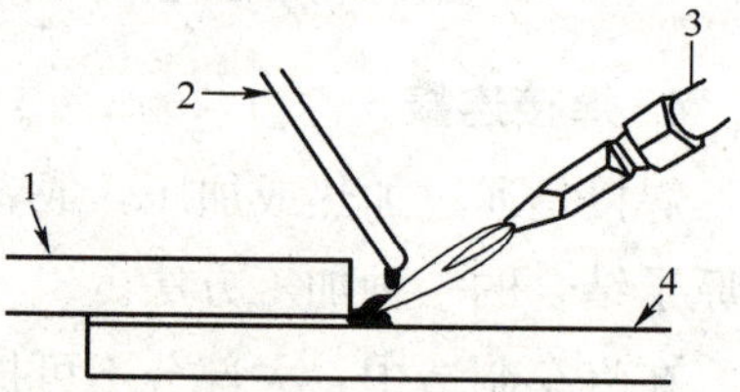

图7—9 钎焊

1，4—母材 2—钎焊条 3—加热装置

技能要求

汽车前翼子板拆装

操作准备

1. 乘用车一台（常用品牌），如图7—10所示。
2. 120件拆装工具套装一套，如图7—11所示。

图 7—10　乘用车

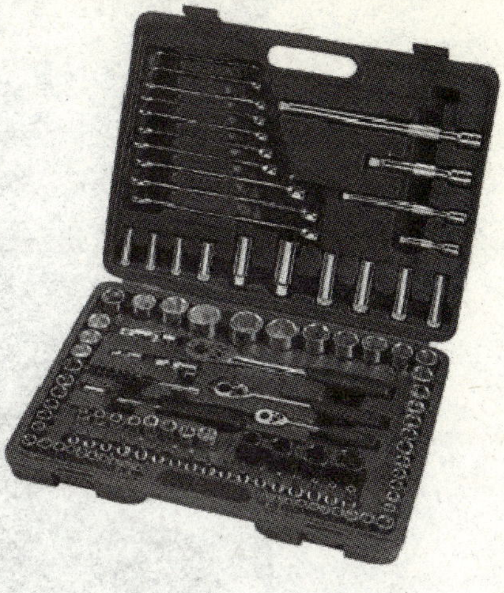

图 7—11　120 件拆装工具套装工具

操作步骤

打开发动机舱盖，拔去电源。拆卸前轮挡泥板，熟悉前翼子板固定螺栓位置。拆卸前翼子板，装配前翼子板。

步骤 1　打开发动机舱盖，选用合适的扳手拆卸电源，如图 7—12 所示。

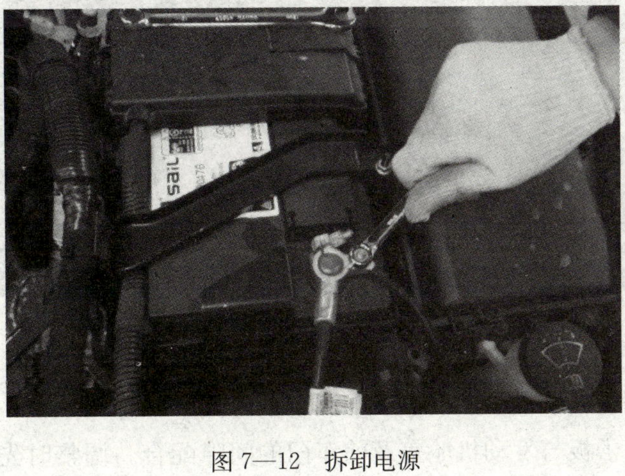

图 7—12　拆卸电源

步骤 2　拆卸前轮挡泥板，用拆卸卡子的专用工具将固定翼子板内衬的卡子拆下，然后取下挡泥板，如图 7—13 所示。

步骤 3　拆卸前翼子板，选择合适的套筒扳手将固定翼子板的螺栓拆下，然后取下翼子板，如图 7—14 所示。

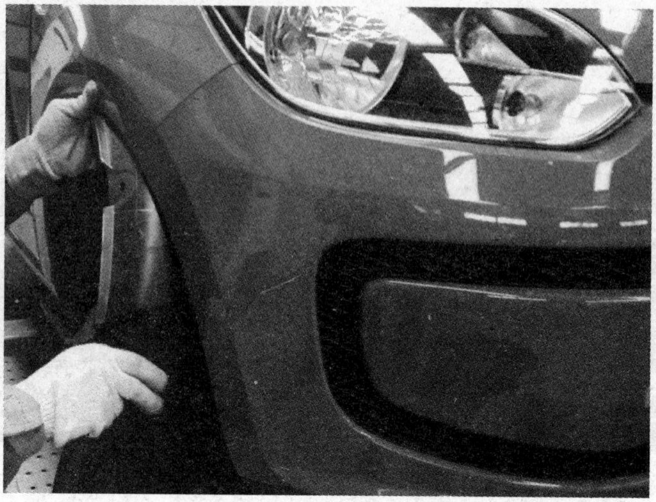

图 7—13　拆卸前轮挡泥板

图 7—14　拆卸前翼子板

步骤 4　先装配前翼子板，然后再装配翼子板内衬。

步骤 5　调整翼子板与发动机舱盖及前车门的间隙配合。调整时先调整前翼子板与发动机舱盖的间隙，要求间隙在 4～6 mm。调整时可拧松发动机舱盖铰链螺栓，将间隙调整合理后，紧固发动机舱盖铰链螺栓。然后调整前翼子板与前车门的间隙，要求间隙在 4 mm 左右。松开车门铰链螺栓，根据间隙情况将车门上、下、前、后移动，调整到间隙合理后，紧固车门铰链螺栓。

注意事项

1. 由于各种车型的装配位置不一样，在拆卸前必须熟悉螺栓安装位置。

2. 拆装时应注意不能损伤表面涂层。

第 2 节　氧-乙炔焊接

学习目标

了解氧-乙炔焊接设备的构成及火焰的种类

熟悉氧-乙炔焊接的火焰类型及焊接工艺

掌握氧-乙炔焊接设备的调整方法

能够对氧-乙炔焊接各种火焰进行调节

知识要求

氧-乙炔焊是利用氧气和中低压乙炔作为热源，通过加热使焊件熔化，添加或不添加焊丝，使焊件达到结合的焊接方法。在氧-乙炔焊中，乙炔是唯一能够为焊接提供足够温度的燃料气体，氧气与乙炔混合后燃烧的温度可达 3 300℃左右。

一、氧-乙炔设备简介

1. 钢制气瓶与减压器（压力表）

（1）氧气瓶（见图 7—15）。氧气瓶是储存氧气的一种高压容器。氧气瓶常规的额定压力为 15 MPa，可以储存常压下 6 m^3的氧气。瓶体外表面为天蓝色，喷有“氧气”两字，瓶底呈凹状，顶上有瓶帽以保护瓶阀。氧气瓶的肩部有明显的钢印标志，包括气瓶编号、制造厂名、制造年月等内容。

（2）乙炔瓶。乙炔瓶是储存乙炔气的容器。乙炔瓶体的外表为白色，内装有浸满丙酮的多孔性填料，如图 7—16 所示。当把乙炔压入气瓶后，便溶解于丙酮中，同时被分布在多孔性的细孔内，因此大大增加了乙炔的储存量，而且保证了乙炔在加压状态下的安全。

使用时，溶解在丙酮内的乙炔分解出来，而丙酮仍留在瓶内，以便溶解再次压入的乙炔。乙炔瓶阀下面的填料中心部分的长孔内放着石棉，其作用是帮助乙炔从多孔填料中分解出来。乙炔在丙酮内的溶解度随温度的上升而下降，因此，乙炔瓶的使用温度一般不允许超过 40℃。乙炔瓶的工作压力为 1.5 MPa，水压试验的压力为 6 MPa。

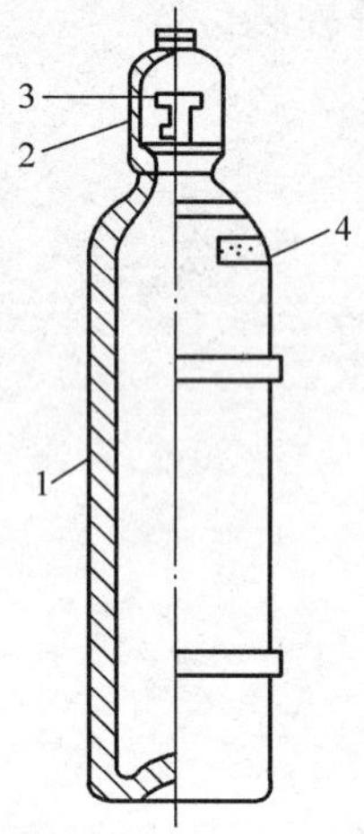

图 7—15　氧气瓶

1—瓶身　2—瓶帽　3—气阀　4—钢印

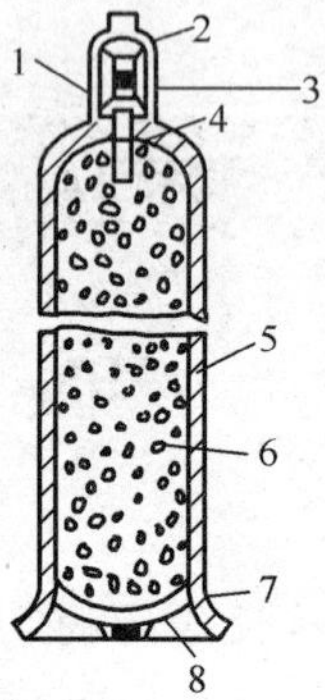

图 7—16　乙炔瓶

1—瓶口　2—瓶帽　3—瓶阀　4—石棉　5—瓶体　6—多孔性填料　7—瓶座　8—瓶底

（3）减压器。在氧-乙炔焊中，减压器分为氧气减压器和乙炔减压器。

1）氧气减压器（见图 7—17）。氧气减压器是装在氧气瓶上的减压装置，减压器上装有高压表及低压表，将瓶内的高压气体降为低压气体。当进口压力和出口流量发生变化时，能保证出口压力始终维持稳定，因此减压器的作用既可以减压又可以稳压。

2）乙炔减压器（见图 7—18）。乙炔减压器和氧气减压器一样，都是瓶装气体的减压装置。减压器中装有高压表及低压表，将瓶内的高压气体降为低压气体，保证输出气体的压力和流量自始至终保持稳定状态。

图 7—17　氧气减压器

图 7—18　乙炔减压器

2. 橡胶管与焊炬

(1) 橡胶管。焊炬中的氧气与乙炔是通过橡胶管把瓶内的气体输入到焊炬中。按规定氧气管为黑（蓝）色，乙炔管为红色，如图 7—19 所示。氧气管内径为 8 mm，乙炔管内径为 10 mm。氧气管承受压力为 1.5 MPa，而乙炔管承受压力为 0.5 MPa。连接焊炬的橡皮管长度为 5 m 以上，以 10～15 m 为宜。橡皮管不能漏气，禁止油污，氧气管与乙炔管不允许互相换用。

(2) 焊炬。焊炬又称焊枪，是气焊的主要工具，如图 7—20 所示。焊炬的作用是将可燃气体按一定比例混合后，以一定速度喷出燃烧，形成一定能率、一定成分，符合焊接要求的燃烧火焰。

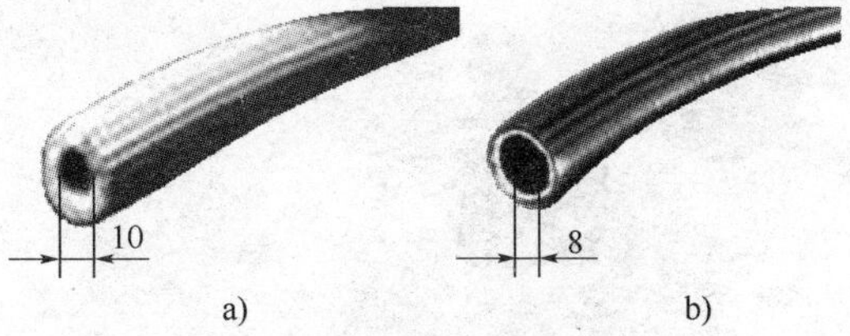

图 7—19　氧气管、乙炔橡皮管

a) 乙炔橡皮管　b) 氧气管

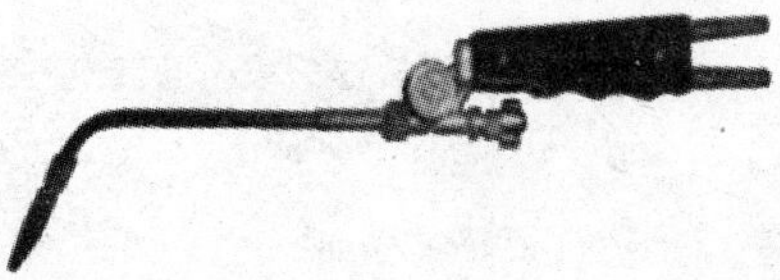

图 7—20　H01-6 焊炬

按可燃气体与氧气混合方式不同，焊炬可分为射吸式（低压式）和等压式两类，目前使用的基本都是射吸式焊炬。使用时将氧气与乙炔按一定的比例混合，以较高的流速喷出，形成燃烧火焰。

射吸式焊炬（以 H01-6 为例）由主体、氧气调节阀、乙炔调节阀、混合气管、喷嘴、射吸管、焊嘴、手柄、氧气及乙炔接头等部分组成，如图 7—21 所示。主体由黄铜制成，在主体的下侧有氧气调节阀、阀针和喷嘴，上侧有乙炔调节阀和阀针，旋动氧气与乙炔调节阀可使阀针做前后位移，来控制气体的流出与关闭，同时调节气体流量，控制火焰的能率。

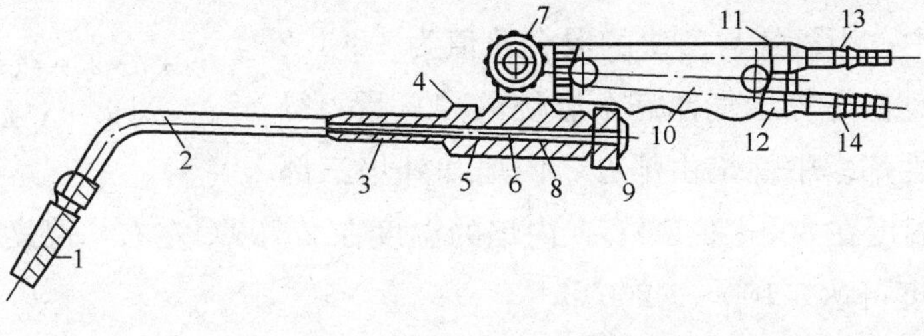

图 7—21　H01-6 焊炬构造图

1—焊嘴　2—混合气管　3—射吸管　4—射吸管螺母　5—喷嘴　6—氧气阀针　7—乙炔调节阀　8—主体　9—氧气调节阀　10—手柄　11—乙炔进气管　12—氧气进气管　13—乙炔管接头　14—氧气管接头

焊炬在使用时，先稍微打开氧气调节阀，再打开乙炔调节阀，氧气从喷嘴处喷出，在喷嘴的外围形成真空，造成负压（吸力），将聚集在喷嘴外围的乙炔气体吸出，并以一定的流速经过射吸管，通过混合气管，最后从喷嘴喷出。

3. 乙炔回火防止器

氧-乙炔焊在使用过程中如果操作不当或因其他原因，会发生回火现象。为了防止发生回火后燃烧的火焰进入乙炔瓶，应在乙炔减压器的前端装上乙炔回火防止器（见图 7—22）。乙炔回火防止器的作用一是防止倒流的气体火焰进入钢瓶，二是回火后保证乙炔继续正常供给，使燃烧火焰不熄灭。

a)　　　b)

图 7—22　干式乙炔回火防止器

a）干式乙炔回火防止器　b）回火防止器安装位置

二、氧-乙炔火焰的类型

氧-乙炔火焰是乙炔与氧气混合燃烧后生成的火焰。根据乙炔与氧气的不同比值，可分为中性焰、碳化焰和氧化焰，火焰的构造形状如图 7—23 所示。

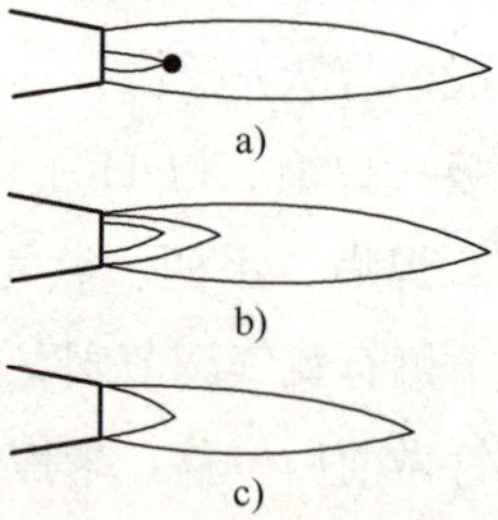

图 7—23　气焊火焰的分类

a）中性焰　b）碳化焰　c）氧化焰

1. 中性焰

在燃烧过程中，当氧气与乙炔的混合比值为 1∶1.2 时，氧气的供给量恰好等于气体完全燃烧的需氧量，得到的火焰即为中性焰。中性焰由焰心、内焰和外焰三部分组成，焰心的温度在 800～1 200℃，内焰的温度在 2 700℃左右，温度最高处在离焰心 2～4 mm 处，温度可达 3 100～3 200℃。

2. 碳化焰

氧气与乙炔的混合比值小于 1.1 时燃烧形成的气体火焰为碳化焰。碳化焰中含有游离碳，具有较强的还原作用和一定的渗碳作用。碳化焰的整个火焰比中性焰长而柔软，随着乙炔量的增加，碳化焰逐渐增长且柔软化。碳化焰由于乙炔含量过大，所以燃烧不完全而冒黑烟。

碳化焰的最高温度为 2 700～3 000℃。由于火焰中含有过剩的乙炔，可分解为碳和氢，渗透到熔池中去，既提高了金属的含碳量，又提高了金属的强度，但金属的塑性、韧性随之下降。碳化焰可用于焊接高碳钢、铸铁及硬质合金等材料。

3. 氧化焰

当氧气与乙炔的混合比例大于 1.2 时，燃料中全部可燃成分在氧气充足的情况下达到完全燃烧，得到的火焰为氧化焰。氧化焰是燃料产物中没有游离 C 及 CO，H_2，CH_4 等可燃成分的一种无烟火焰。氧化焰的温度可达 3 100～3 500℃。由于氧化焰中含有游离状态的氧，火焰具有氧化性。

不同性质的火焰适用的金属材料见表 7—3。

表 7—3　　不同性质的火焰适用的金属材料

火焰种类	适用金属材料
中性焰	低碳钢、低合金钢、不锈钢、紫铜
碳化焰	高碳钢、铸铁、高速钢、硬质合金
氧化焰	黄铜、锰钢、镀锌材料
中性焰或轻微碳化焰	铅、锡、铝及铝合金
中性焰或轻微氧化焰	青铜

三、氧-乙炔焊焊炬的操作

1. 气焊操作要领

（1）点火与火焰的调节。首先微开氧气阀门，再打开乙炔阀门，随后点燃成碳化焰。火焰点燃后分别调节氧气和乙炔流量，将碳化焰调节为中性焰。

（2）火焰与熔池距离。焊接时火焰的最高温度在焰心的尖端距离熔池表面 3～4 mm 处，焊接过程中应始终保持焰心尖端与熔池的距离不变。

（3）焊嘴和焊丝的夹角。焊接开始时，为了较快地加热焊件和迅速形成熔池，焊丝与焊件表面的倾斜角约为 30°～50°，焊丝与焊嘴中心线的夹角为 90°～100°。正常焊接时，焊丝与焊件表面的倾斜角约为 30°～40°。焊接结束时，焊丝与焊件表面的倾斜角约为 20°～30°，以便更好地填满熔池和避免烧穿。焊接时焊嘴与焊丝应做均匀协调的摆动，通过摆动使焊缝金属熔透、熔匀。

（4）接头与收尾。焊缝接头时，应充分加热原熔池的周围，待熔池及附近的焊缝金属重新熔化，形成新的熔池后熔入焊丝。

收尾时，由于焊件的温度较高、散热慢，应减小焊嘴的倾斜角并加快焊接速度，且可多加入一些焊丝，以防止熔池面积扩大，避免烧穿。

2. 焊接方法

气焊焊接时根据焊件的焊接需要，可采用左焊法或右焊法焊接。

（1）左焊法。焊接时，焊炬火焰指向未焊方向并向未焊处移动，从右向左进行焊接的方法称为左焊法，如图 7—24a 所示。左焊法对焊件有预热作用，同时又可较自由地控制熔池的形成。左焊法在生产中应用较普遍，而且易掌握。但热量利用率较低，焊缝冷却较快。

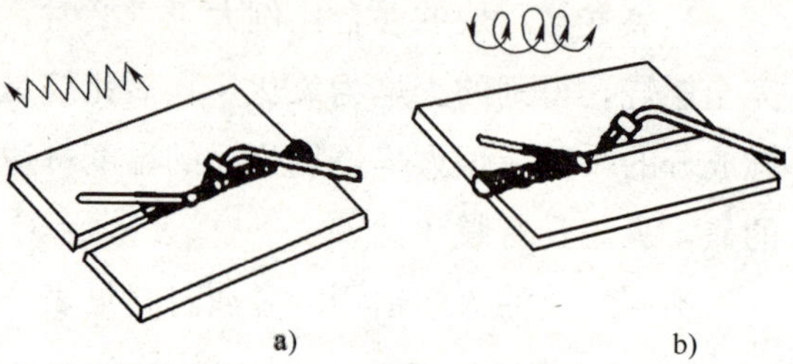

图 7—24　左焊法与右焊法

a）左焊法　b）右焊法

（2）右焊法。焊接时焊炬火焰指向已焊部分，并向后退，从左向右进行焊接的方法称为右焊法，如图 7—24b 所示。右焊法时火焰可以遮盖住熔池，隔离周围的空气，有利于防止焊缝金属的氧化，减少气孔产生。右焊法火焰热量较为集中，火焰能率的利用率也较高。右焊法对焊件预热效果差，不易掌握，一般较少采用。

3. 空间各种位置的焊接方法

气焊与其他焊接方法一样，可分为平焊、立焊、横焊及仰焊四种方法，如图 7—25 所示。由于气焊是用明火加热，因此在焊接过程中要根据气焊的特点掌握各种工艺要点和技术参数，控制好熔池温度和焊接速度。

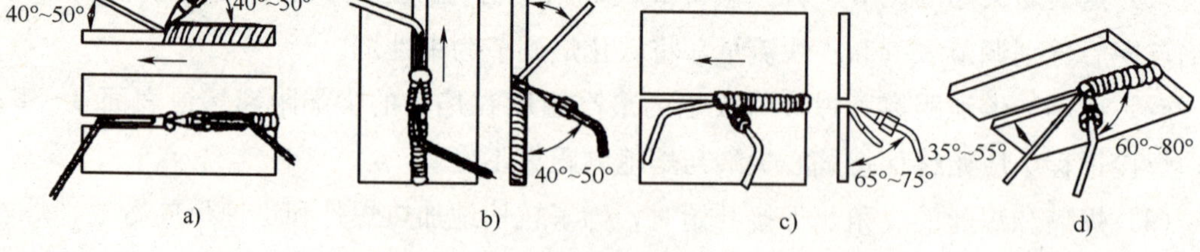

图 7—25　气焊各种位置的焊接方法

a）平焊　b）立焊　c）横焊　d）仰焊

四、气焊工艺

1. 焊丝直径的选择

常用的气焊丝有碳素结构钢焊丝、合金结构钢焊丝、铜及铜合金焊丝、铝及铝合金焊丝、铸铁焊丝等。焊丝直径的大小应根据工件材料的厚度、坡口形式及焊缝的位置来选择。焊丝直径与焊件厚度的关系见表 7—4。

表 7—4　　焊件厚度与焊丝直径参考表　　mm

母材厚度	1～2	2～3	3～5	5～10	10～15
焊丝直径	可不用焊丝或 1～2	2	2～3	3～5	4～6

2. 焊嘴倾斜角的选择

焊嘴与焊件平面间的夹角称为倾斜角。焊嘴倾斜角的大小与焊件的厚度、熔点及导热性有很大关联。焊炬的倾斜角越大，热量越集中，焊件升温越快。对导热性大、熔点高、材料厚的焊件应采用大的倾斜角。一般情况下，焊丝与焊件表面的倾斜角为 30°～40°，焊丝与焊嘴中心线的夹角为 90°～100°。

焊接低碳钢时，焊嘴倾角与焊件厚度的关系如图 7—26 所示。

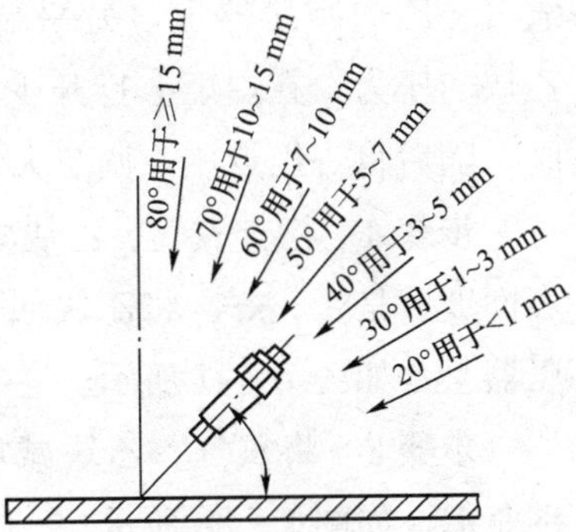

图 7—26　焊嘴倾角的选择

3. 焊接速度的选择

焊接速度应根据焊件的厚度、熔点的高低来选择。厚度大、熔点高的焊件焊接时速度应慢些，以免产生未熔合的缺陷；厚度小、熔点低的焊件焊接速度应快些，以免烧穿和使焊件过热，降低焊缝质量。

4. 火焰能率的选择

火焰能率是以每小时可燃气体的消耗量来表示的，它的大小由焊炬型号和焊嘴孔径决定。火焰能率应根据焊件的厚度、金属的熔点、导热性等来选择。焊接薄板时，为防止焊件被烧穿，火焰能率应适当调小。材料厚、熔点高的焊件，火焰能率则应适当调大。

5. 接头与收尾

当焊接停顿后重新起焊时，应先用火焰对原熔池周围充分加热，使已冷却凝固的焊缝金属重新熔化形成新的熔池后，才能熔入焊丝进行焊接。

收尾时由于焊件的温度较高，如果按焊接时的速度及焊嘴的倾角会出现熔穿现象，收尾时应加快焊接速度并减小焊嘴的倾斜角，同时应多添加焊丝，以防止熔池面积扩大造成熔穿。

技能要求

氧-乙炔焊的焊前准备

操作准备

1. 氧气、乙炔钢瓶各一个。
2. 氧气、乙炔减压表各一个。
3. 乙炔回火防止器一个。
4. 氧气、乙炔气管各一根。
5. 氧气、乙炔皮管夹箍各两个。
6. H01-6 焊炬一把。

操作步骤

在氧气、乙炔钢瓶上安装减压器，安装乙炔回火防止器，并检查安装的可靠性。将气管的一端连接在氧气、乙炔减压器上，另一端连接焊炬。调试氧气、乙炔的压力。在焊炬上打开少许氧气阀，再打开乙炔阀，随后将焊炬点燃，调节火焰至中性焰。

图 7—27　装回火防止器

步骤 1　检查氧气、乙炔减压器的接口是否完好，表面玻璃是否完好。将乙炔回火防止器安装到乙炔减压器上，如图 7—27 所示。

步骤 2　将氧气、乙炔减压器安装到氧气、乙炔钢瓶上，如图 7—28 所示。

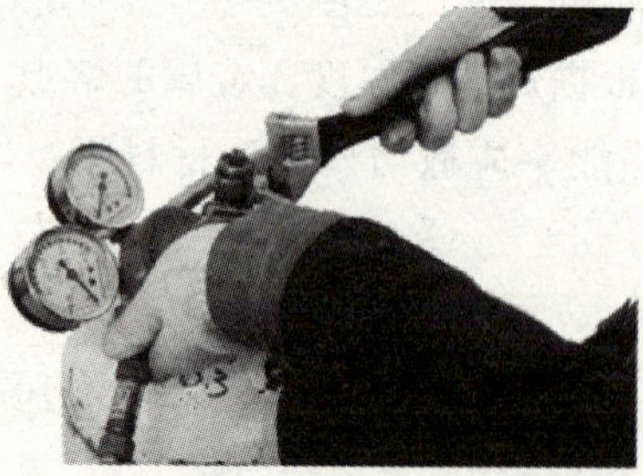

a)

b)

图 7—28　装减压器

a）装乙炔减压器　b）装氧气减压器

步骤 3 将氧气、乙炔气管的一端连接到氧气、乙炔减压器上，红色气管安装乙炔减压器，蓝色气管安装氧气减压器，并用夹箍夹紧，如图 7—29 所示。

步骤 4 将气管的另一端连接到焊炬上，红色气管连接至乙炔管接头，蓝色气管连接至氧气管接头，并用夹箍夹紧，如图 7—30 所示。

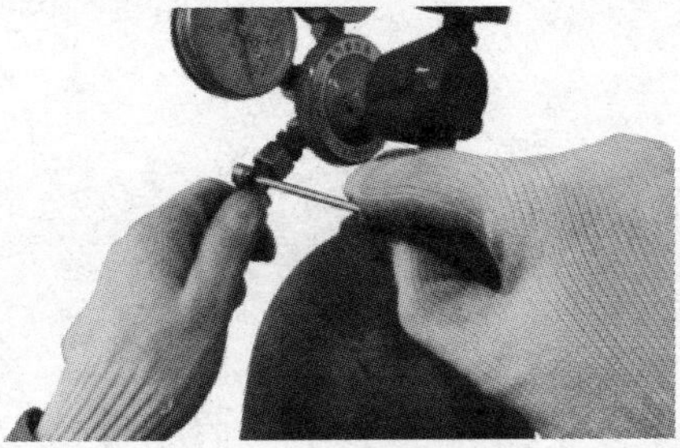

图 7—29 氧气减压器连接皮管

图 7—30 焊炬连接氧气、乙炔橡皮管

步骤 5 分别打开氧气、乙炔钢瓶阀门，通过低压调节开关调节氧气、乙炔压力（流量），乙炔一般调至 0.5 MPa 左右，氧气一般调至 0.3～0.5 MPa，如图 7—31 所示。

a)　　b)

图 7—31 调节低压气体流量

a）调节乙炔气体流量 b）调节氧气流量

步骤 6 在焊炬上分别打开氧气、乙炔阀门，点燃焊炬，把火焰调整到中性焰。

注意事项

1. 安装氧气、乙炔减压器前应先打开钢瓶阀门，将接口口部的垃圾吹净。
2. 安装皮管时要注意气管的颜色，不能搞错。
3. 点燃火焰时，焊炬焊嘴口不能对准人。
4. 点火时，氧气阀门不能一下子开得过大。

第 3 节　手工电弧焊

学习目标

了解手工电弧焊的基本原理

熟悉手工电弧焊焊接电弧的构造

掌握手工电弧焊的焊接工艺

能够熟练使用手工电弧焊设备

能够进行手工电弧焊操作

知识要求

手工电弧焊是以焊条和被焊接的工件作为两个电极，利用焊条与焊件之间产生的电弧热量熔化金属进行焊接的电弧焊方法。

手工电弧焊具有设备简单、操作方便、使用灵活，适应性强，适用于各种条件下焊接的特点。手工电弧焊适用于结构形状复杂、焊缝短小、弯曲或各种空间位置上的焊缝。

一、手工电弧焊基本概念

1. 焊接电弧的产生

电弧是一种气体放电现象，当用开关切断电流时，如果电路电压不低于 10～20 V，电流不小于 80～100 mA，在电源短路的一瞬间，电流通过某些绝缘介质（如空气）所产生的瞬间火花便是电弧。

焊接时把焊条夹持在焊钳上，当焊条触及焊件时，焊接回路产生了短路，此时如果迅速提起焊条，使焊条端头与焊件保持一定的距离，便产生了焊接电弧，如图 7—32 所示。

电弧能产生强烈的光和大量的热，持续的时间也较长。焊接就是利用电能转变为热能和光能，使焊条和被焊工件的焊接区域熔合在一起，达到连接的目的。

2. 电弧的构造

电弧由阳极区、阴极区和弧柱构成，如图 7—33 所示。

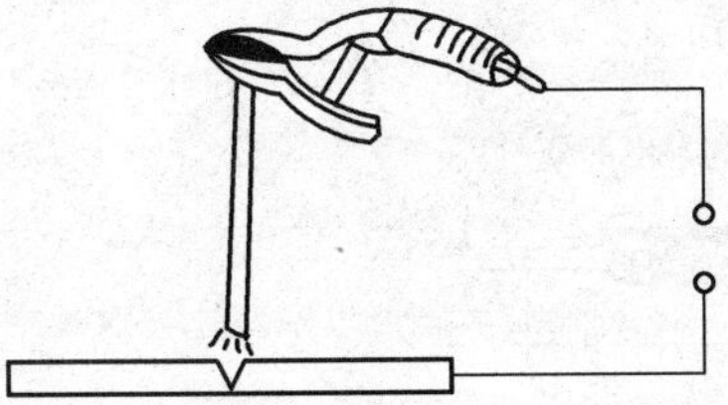

图 7—32　电弧

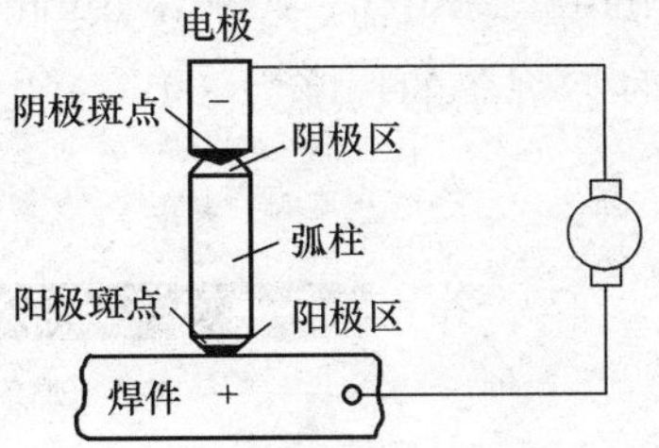

图 7—33　电弧的构造

（1）阳极区。电弧紧靠正电极的区域称为阳极区，它的任务是接受弧柱区过来的电子流和向弧柱区提供正离子流。在它的表面有光亮的斑点，称为阳极斑点。阳极的温度略高于阴极，达 2 600～4 200 K，放出的热量占 43%左右。

（2）阴极区。电弧紧靠负电极的区域称为阴极区，它的任务是向弧柱区提供电子流和接受弧柱区的正离子流。阴极区比阳极区窄，表面存在一个光亮的斑点，称为阴极斑点，是阴极区温度最高的部分，一般可达 2 400～3 500 K，放出的热量占 36%左右。

（3）弧柱。焊条与工件之间的电弧部分称为弧柱，弧柱区是处于阳极区和阴极区之间的区域。弧柱区起着电子流和正离子流的导电通路作用。弧柱的中心温度可达 6 000～8 000 K，放出的热量约占 21%。

3. 焊接电源的极性及稳定性

（1）极性。在直流电弧发电机的焊接电源线上标有“+”和“−”两个符号，交流焊机由于电源的极性不断变化，所以在交流焊机上没有极性符号。通常把焊件接在焊接电源的正极上，把焊钳接在焊接电源的负极上称为正接法。反之，称为反接法，如图 7—34 所示。

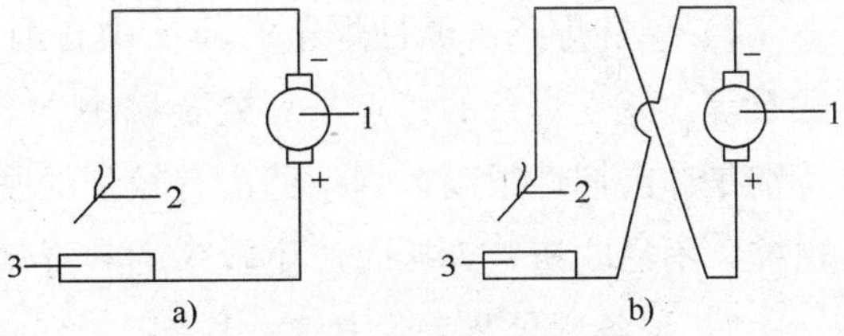

图 7—34　极性

a）正接法　b）反接法

1—焊机　2—焊钳　3—焊件

（2）稳定性。交流焊机极性的变化呈周期性（50 Hz），每分钟燃烧和熄灭达 100 次，设备简单、无噪声、成本低、维修方便。直流焊机的极性无周期性，燃烧稳定，但噪声大、设备较复杂、成本较高。

二、焊条及焊钳

1. 焊条

焊条由焊条芯和药皮组成，如图 7—35 所示。焊条根据焊条芯直径的大小，通常分为

2 mm，2.5 mm，3.2 mm，4 mm，5 mm，6 mm 等几种。使用最多的是 2.5 mm，3.2 mm 和 4 mm 三种，焊条的长度为 350～400 mm 不等。

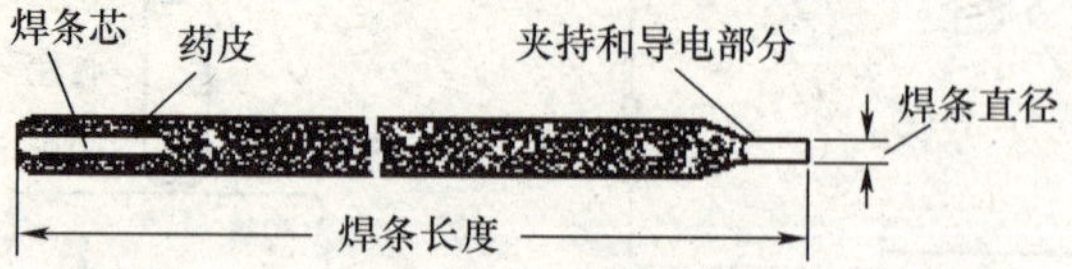

图 7—35　电焊条

（1）焊条芯。焊条芯由金属材料制成，电流通过焊条芯的传导，把电能转变为热能，焊条芯熔化后作为填充材料与母材熔合形成焊缝。

（2）药皮。为了方便引弧，保证焊接过程的顺利及得到高质量的焊缝，焊条芯外表覆有一层药皮。药皮由矿物质、有机物、铁合金以及其他化工产品的粉末混合后，用粘结剂粘结在焊条芯上。

（3）焊条的分类、特点及型号。根据药皮或熔渣的性质不同，焊条分为酸性焊条和碱性焊条两种。

1）酸性焊条。在酸性焊条药皮中，含有较多的硅酸盐、氧化铁和氧化钛等，氧化性较强，但焊缝金属的力学性能，特别是冲击韧度较差。酸性焊条的工艺性能好，焊接时电弧稳定，飞溅小，脱渣容易，焊缝外表美观，能交直流两用。

2）碱性焊条。碱性焊条的药皮中含有多量的碱性氧化物，主要的组成物为大理石、萤石等。碱性焊条的特点是焊缝金属中含氢量低，焊缝金属的力学性能和抗裂性能较强，特别是冲击韧性很高，焊条药皮有较强的脱氧能力。但是焊接过程中飞溅较大，焊缝表面粗糙，不易脱渣，焊接时产生较多的有毒烟尘，容易产生气孔。

3）焊条型号及表示方法。按 GB/T 5117—2012 碳结构钢焊条标准规定，碳结构钢电焊条型号用 E 后面加 4 位数的格式表示。E 表示电焊条，前 2 位数字表示熔敷金属的最小抗拉强度代号，其值为 2 位数字×10 MPa，第三位数字表示焊条的焊接位置，“0”及“1”表示焊条适用于全位置焊接，“2”表示焊条适用于平焊及平角焊，“4”表示焊条适用于向下立焊。第三位和第四位数字组合表示药皮类型及焊接电流种类，如图 7—36 所示

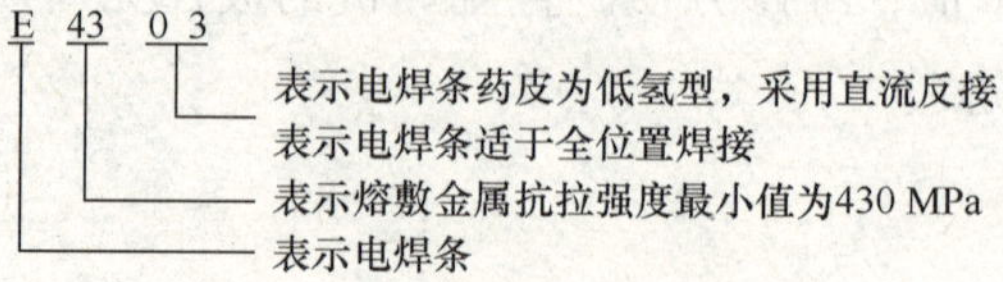

图 7—36　焊条型号及表示方法

2. 电焊钳及面罩

（1）电焊钳。电焊钳用于导电并夹持电焊条，常用的电焊钳结构如图 7—37 所示。电焊钳的导电部分由铜制成，夹持部分由陶瓷制成，手柄部分由绝缘材料制成。

（2）面罩。电焊面罩分为手持式和头戴式两种，如图 7—38 所示。面罩用于遮挡焊接时飞溅的金属熔滴和强烈的弧光，头戴式面罩带有自动变光装置，是保护焊工头部和眼睛的重要器具。

图 7—37　电焊钳

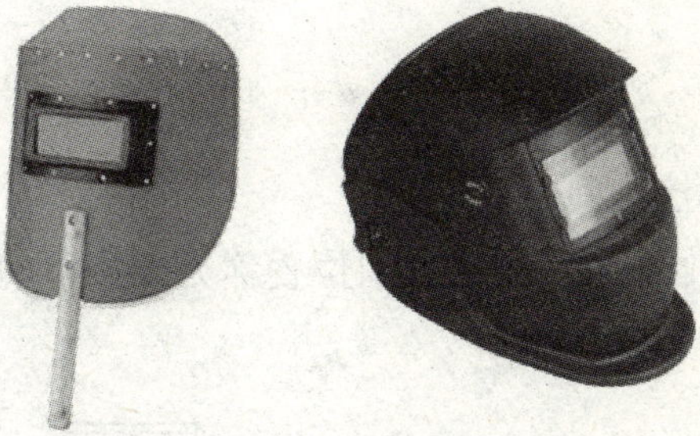

a)　b)

图 7—38　面罩

a）手持式　b）头戴式

三、手工电弧焊焊接工艺

1. 焊接接头的形式

焊接时由于板材的厚度及使用要求不同，焊接接头的形式也不同。焊接接头的基本形式有对接接头、搭接接头、角接接头和“T”字接接头四种，如图 7—39 所示。

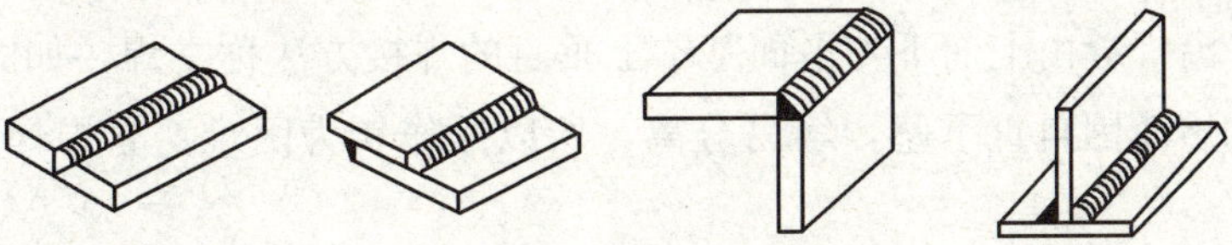

a)　b)　c)　d)

图 7—39　焊接接头形式

a）对接　b）搭接　c）角接　d）“T”字接

2. 焊接接头的坡口形式

在手工电弧焊接中，为了保证焊接质量，必须在焊接接头处开适当的坡口。坡口形式有“I”形、“V”形、“X”形、“U”形等形式，如图 7—40 所示。焊接时可根据焊件的结构形状、厚度及质量要求进行选择。一般当钢板焊接厚度大于 4～6 mm 时，接头处都需开坡口。

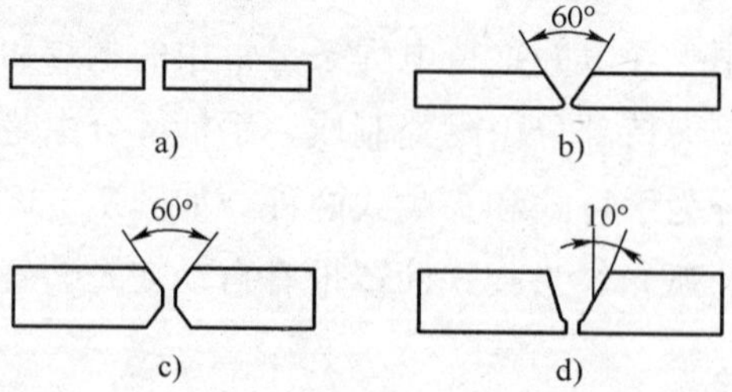

图 7—40 焊接接头坡口形式

a）“I”形 b）“V”形 c）“X”形 d）“U”形

3. 焊接空间位置

焊接时焊件所处的空间位置称为焊接空间位置，可分为平焊、立焊、横焊和仰焊，如图 7—41 所示。

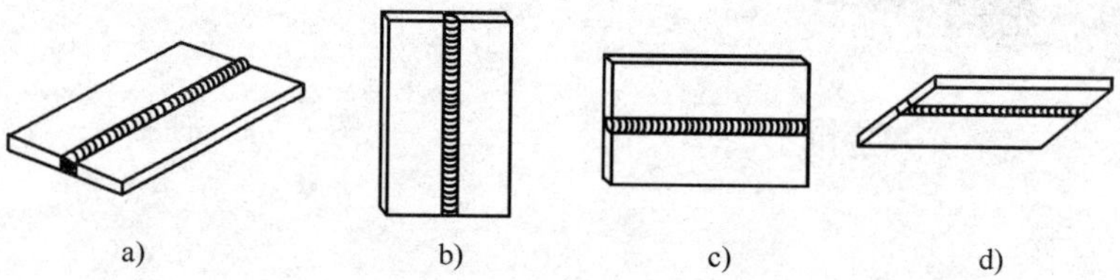

图 7—41 焊缝在空间位置

a）平焊 b）立焊 c）横焊 d）仰焊

（1）平焊。焊缝基本位于水平位置的焊接称平焊，如图 7—41a 所示。平焊时熔焊金属主要靠自重自然过渡，比较容易掌握。允许用较大直径的焊条和较大的电流，生产效率高、焊缝质量好。

（2）立焊。沿焊缝由上而下与平面基本上垂直的焊接方法称立焊，如图 7—41b 所示。由于立焊铁液和熔渣因自重下坠，容易分离，所以操作较为困难。立焊焊缝表面易咬边，不易焊平。

向下立焊操作时，焊条在焊缝方向的角度应向下倾斜至 60°～80°，与板件左右成 90°。焊接电流比平焊小 10%～15%，电弧指向熔池中心，如图 7—42 所示。

（3）横焊。在垂直或倾斜平面上，沿水平方向进行移动的焊接方法称为横焊，如图 7—41c 所示。横焊由于焊接面基本呈垂直状，铁液易下坠至坡口上，形成未熔合和层间夹渣，因此也是较难操作的一种焊接方法。横焊时由于熔化金属受重力作用，容易下淌而咬边，应采用短弧焊接，并选用较小直径的焊条及较小焊接电流。横焊时铁液与熔渣易分清，但外观不整齐，应采用适当的运条方法，如图 7—43 所示。

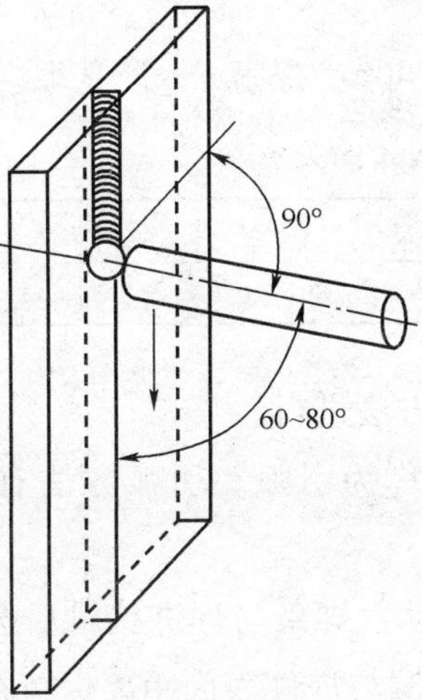

图 7—42　向下立焊操作示意

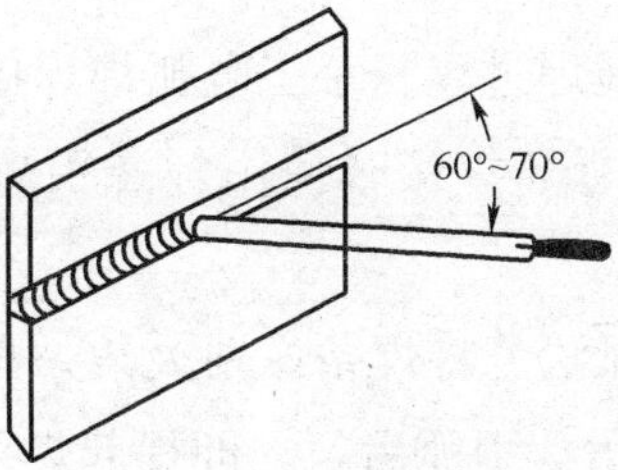

图 7—43　横焊操作示意

(4) 仰焊。焊接部位在操作者头部上方的焊接方法称为仰焊，它是四种空间位置最难操作的一种，如图 7—41d 所示。仰焊时由于熔池位置在焊件下方，焊条熔滴下坠较快，不易控制熔池的形状和大小，容易出现未焊透、凹陷现象，正面焊道出现焊瘤，焊道形成困难等。焊接时应采用小直径焊条及较小的电流，用最短的电弧施焊。采用仰焊焊接运条和清渣困难，有时易产生夹渣，焊缝外表不如平焊整齐美观，仰焊操作如图 7—44 所示。

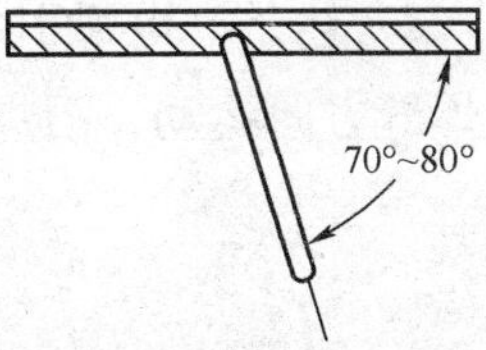

图 7—44　仰焊操作示意

4. 焊接规范及施焊过程

(1) 焊接规范。在手工电弧焊中，焊接规范主要指电焊条直径、焊接电流、焊接速度和电弧长度等。焊条直径应根据焊件的厚度来确定，见表 7—5。

表 7—5　焊条直径与焊件厚度的关系　mm

焊件厚度	<2	2～3	4～6	7～10	>10
焊条直径	1.6 或 2.0	2.5～3	3～4	4～5	5～6

焊接电流的大小直接影响焊接质量，可按经验公式选取：

$$I=KD$$

式中

I——焊接电流，A；

K——经验系数；

D——焊条直径，mm。

经验系数 K 的选取与焊条直径的大小有关，可参照表 7—6 所选取。

表 7—6　　焊条直径与经验系数 K 的关系

焊条直径（mm）	1～2	2～4	4～6
经验系数 K	25～30	30～40	40～60

（2）施焊过程。手工电弧焊焊接时可按以下方法进行。

1）引弧。焊接时使用焊条引燃电弧的过程称为引弧。引弧方法有擦弧法和碰击法两种。

①擦弧法。将焊条像划火柴一样在焊件上划动，焊条与焊件接触后会引燃电弧，如图 7—45a 所示。引弧后，立即提起焊条，使焊条末端与焊件表面距离保持在 3～4 mm。

②碰击法。将焊条的末端轻轻地垂直碰击焊件表面，然后迅速提起 3～4 mm 而引弧，如图 7—45b 所示。

2）运条。电弧引燃后在正常的焊接过程中，需做电焊条被熔化变短向下送进运动、沿焊缝方向运动、沿焊缝的宽度方向摆动这三个基本动作，如图 7—46 所示。

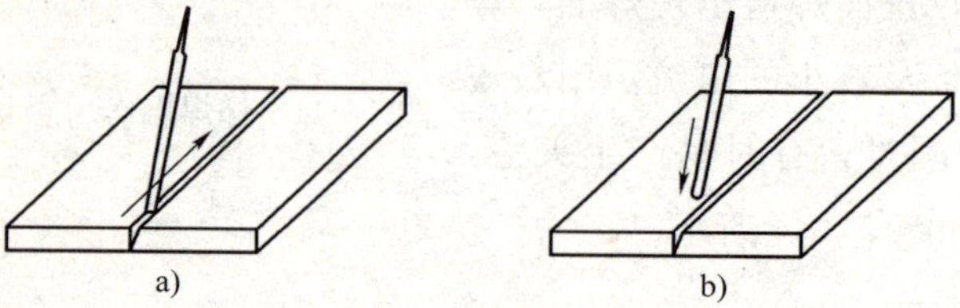

图 7—45　引弧

a）擦弧法　b）碰击法

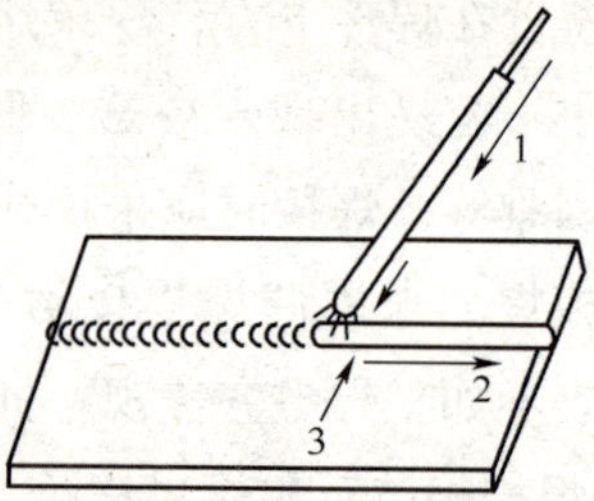

图 7—46　焊接时电焊条的三个基本动作

1—向下送进　2—沿焊缝方向运动

3—沿焊缝宽度方向摆动

常用的几种运条方法如图 7—47 所示。

3）焊接收尾方法。焊接收尾可通过以下几种方法进行。

①划圈收尾法（见图 7—48a）。焊接结束收尾时，焊条在收尾处作划圈动作，直到焊条熔滴填满弧坑时再熄弧。

②后移收尾法（见图 7—48b）。焊接结束时焊条停止前进，并压低电弧而向后移动一段距离，同时将焊条的角度向后改变而收尾。这种方法适用于碱性焊条。

③反复断弧收尾法。收尾时在短时间内反复数次点燃和熄灭电弧，使熔滴填满弧坑实施收尾。这种方法适用于薄板焊接和多层焊的第一层焊接，但不适用于碱性焊条。

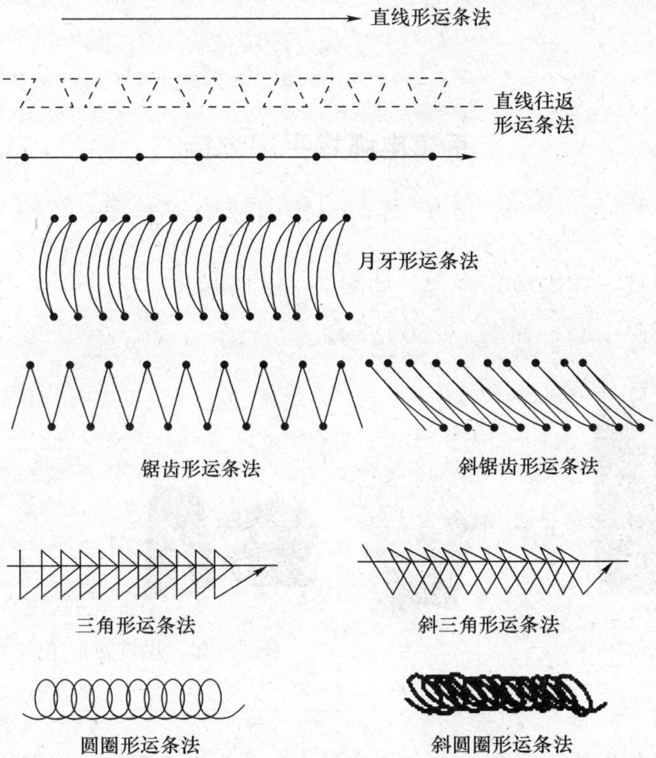

图 7—47　常用的几种运条方法

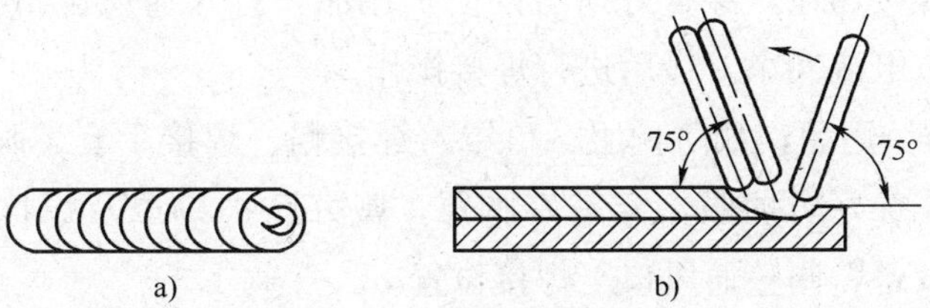

图 7—48　焊接的收尾方法

a）划圈收尾法　b）后移收尾法

5. 焊接变形后的矫正

焊接时由于是局部受热，加热部位的金属膨胀时受到周围金属的阻碍，无法自由伸胀，在冷却收缩时又受到周围金属的影响无法收缩，当受热金属的压应力大于材料的屈服极限时，就产生了塑性变形，冷却后形成永久性变形。对波浪形变形可采用机械矫正法，对局部加热后收缩引起的变形可采用火焰矫正法。

技能要求

手工电弧焊平焊焊接

操作准备

1. 手工电弧焊机（连焊枪）一台，如图 7—49 所示。

2. 焊接防护用品一套，如图 7—50 所示。

图 7—49　手工电弧焊机

图 7—50　焊接防护用品

3. 焊接用板材。

4. 焊接场地（含通风设备）。

操作步骤

操作人员进入焊接场地，穿戴好所有的防护用品，打开通风设备。检查焊机及电路，打开焊机开关并调节电流大小。最后进行焊接操作。

步骤 1　准备防护用品，如防护服、口罩、焊接帽、焊接手套、脚罩等。操作人员进入焊接场地后，首先穿好防护服，穿戴好脚罩，戴好防护口罩及焊接帽，再戴好焊接手套。然后打开通风设备，调整通风口至焊接位置。

步骤 2　检查焊机及电路，将焊机上的两极分别接到焊件及电焊钳上。一般采用直流反接法，把焊钳接在正极上，焊件接在负极上。

步骤 3　打开焊机开关并调节电流大小。例如，焊接 3 mm 厚的板材，选用 $\phi 2.5$ mm 的焊条，焊接电流调节至 80～90 A。

步骤 4　进行平焊焊接。先作引弧动作，电弧引燃后，焊条与焊件距离在 2～4 mm，然后开始焊接。焊接时焊条既要做向下送进运动，又要向前移动，如图 7—51 所示。

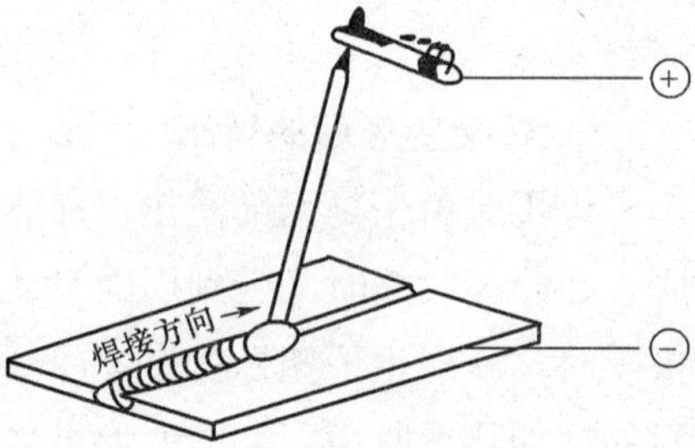

图 7—51　平焊焊接

注意事项

1. 由于焊机有交直流之分，选择时应根据具体情况选择。
2. 焊接场所周围应严禁易燃易爆物品。
3. 焊接时要注意安全。

第 4 节　钎　焊

学习目标

了解各种钎焊工具

熟悉钎料、钎焊溶剂的使用

掌握钎焊的操作工艺

能够正确选择钎焊的常用接头形式

能够进行钎焊操作

知识要求

钎焊是采用比母材熔点低的金属材料作钎料，将母材和钎料加热到高于钎料熔点，低于母材熔化温度，利用液态钎料润湿母材，填充接头间隙并与母材相互扩散实现连接的方法。

一、钎焊工具

1. 烙铁与电烙铁

普通烙铁（见图 7—52a）又名火烙铁，以优质的紫铜制作，烙铁加热温度不能过高，温度过高会使烙铁本身引起损坏。烙铁加热温度一般在 350～550℃，不能超过 600℃。

外热式电烙铁（见图 7-52b）的电阻丝由镍铬丝缠绕而成，通过电流产生热量，分为内热式和外热式两种。

2. 加热工具

普通烙铁的加热一般用炭炉，也可用喷灯或煤气炉。现代烙铁加热大多使用氧-乙炔焰进行，如图 7—53 所示。电烙铁的热源为交流电。

a)　　b)

图 7—52　烙铁

a）火烙铁　b）外热式电烙铁

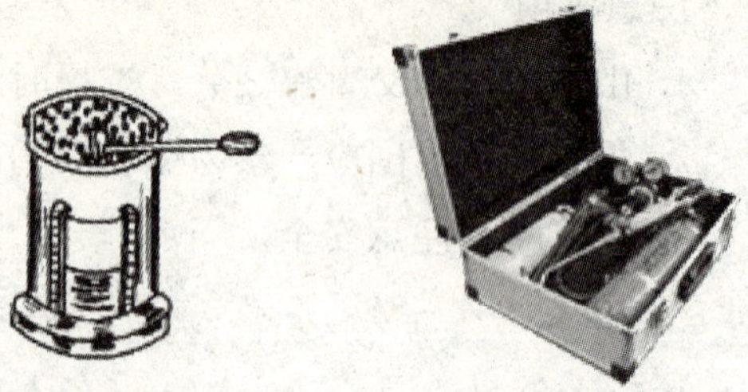

a)　　b)

图 7—53　加热工具

a）炭炉　b）氧-乙炔设备

3. 其他工具

钎焊时，还必须备有辅助的工具和用品，如锉刀、毛刷、砂布、钢丝刷、刮刀等。

二、钎料与钎焊溶剂

1. 钎料

钎料是指钎焊时为实现两种材料（或零件）的结合，用来形成焊缝的填充金属。钎料的熔点必须比焊接材料的熔点低，按熔点高低分为软钎料（熔点低于 450℃的钎料）、硬钎料（熔点高于 450℃的钎料）、高温钎料（熔点高于 950℃的钎料）。

钎料分为易熔钎料和难熔钎料两类，易熔钎料用于钢、铜、铝及其合金的钎焊。易熔钎料是以锌、铝、锡、镉为基础的合金。

2. 钎焊溶剂

钎焊溶剂（钎剂）是钎焊过程中使用的溶剂，与钎料配合使用，保证钎焊过程顺利进行和获得致密接头。钎焊溶剂用来清除钎料和母材表面的氧化物，保护焊件和液态钎料在焊接过程中免于氧化，改善和提高液态钎料的润湿性能。

软钎焊时，钎剂采用氯化锌水溶液或氯化铅水溶液。使用铜基钎料时，采用硼砂、硼酸类钎剂或 Q7301。用银基钎料时，采用 QJ101、QJ102 等。在 450～600℃范围内钎焊铜及铜合金应选用低温银钎焊溶剂。

三、钎焊常用形式及间隙

1. 搭接形式

钎焊接头的承载能力与接头连接面的大小有关，钎焊一般采用板材搭接和套管嵌接的形式。这样可以通过增加焊件之间的结合面，来弥补钎料强度的不足，保证接头的承载能力。钎焊常用的接头形式有套接、搭接、T 字接、卷边接等，如图 7—54 所示。

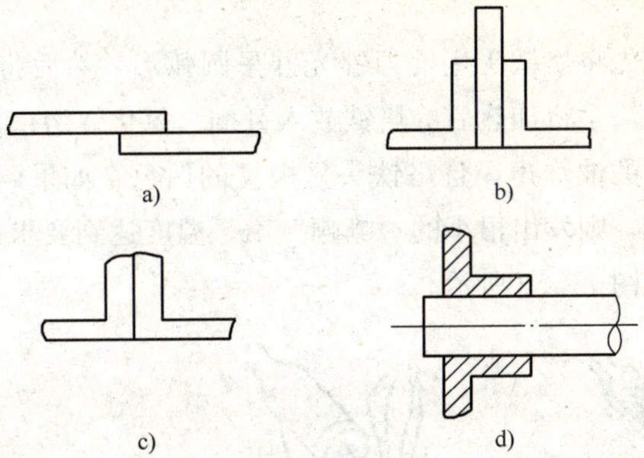

图 7—54　钎焊常用的接头形式

a）搭接接头　b）T 字接接头　c）卷边接接头　d）套接接头

2. 钎焊搭接间隙

钎焊接头适当的间隙可以使钎料在接头中均匀分布，达到最佳的钎焊效果。钎焊接头的间隙范围一般是 0.05～0.2 mm，见表 7—7。

表 7—7　**钎焊搭接间隙值**　mm

母材	钎料	间隙数值
碳钢	钢	0.02～0.15
	黄铜	0.05～0.30
	银钎料	0.05～0.15
不锈钢	钢	0.02～0.15
	黄铜	0.05～0.30
	银钎料	0.05～0.15
	镍基钎料	0.05～0.20
铜及其合金	铜锌	0.10～0.30
	铜磷	0.02～0.15
	银钎料	0.03～0.15

四、钎焊操作过程

1. 焊前准备

钎焊前应将工件钎焊接头的表面用砂布、刮刀或钢丝刷等工具除去氧化层，再用钎焊溶剂进行清洗。

2. 钎焊操作

（1）烙铁上锡。首先将烙铁头用锉刀锉光并呈圆弧形，然后将烙铁加热到所需温度。判断烙铁温度的简便方法是将加热后的烙铁放入钎剂（氧化锌溶液）中蘸一下，如果烙铁温度适中，则发出短促的油炸声，且烙铁头呈极亮的白色。如果温度太高，发出“吱吱”的声音。如果温度太低，则发出很小的“嘶嘶”声。温度达到要求后，在锉光的烙铁面上上锡。烙铁上锡过程如图 7—55 所示。

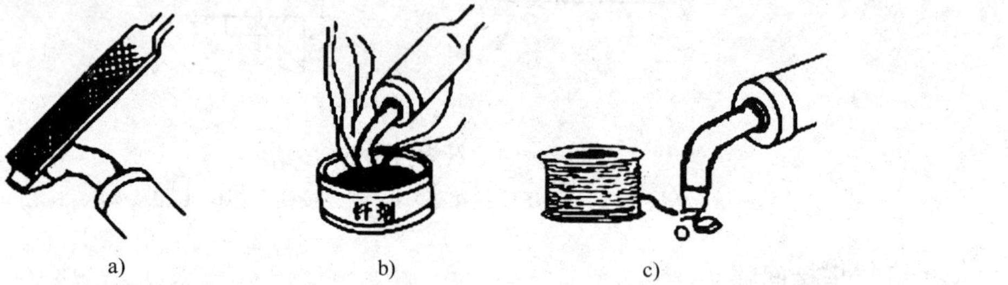

图 7—55　烙铁上锡

a）锉光烙铁头　b）将头部放入钎剂中　c）上锡

在烙铁加热时，不可将烙铁口直接对准火焰，否则烙铁口会很快升温，而烙铁后部却没有贮存足够的热量。

（2）接头施焊。使用烙铁进行钎焊时，应使烙铁头与焊件间保持最大的接触面积。

1）用烙铁熔化钎料。烙铁加热到钎料熔化温度后，用烙铁熔化钎料。

2）钎料在接头上熔化。烙铁熔化钎料后，将钎料移加在焊接接头上进行焊接。一手持烙铁并使烙铁头对准接头，另一手拿钎料，借烙铁头的温度逐渐将钎料熔化在接头处进行焊接。

（3）质量检查。工件焊完后，应对焊缝进行质量检查和修整，必要时应作破坏性试验。对焊缝表面不光滑处，再用工具修平、修光，使焊缝光洁平整。

（4）焊后清洗。钎剂残渣大多对钎焊接头起腐蚀作用，也妨碍对钎缝的检查，因此需用热水或清洗剂将钎剂清洗干净。

技能要求

电烙铁钎焊（锡焊）操作

操作准备

1. 钎焊工具：电烙铁、锉刀、毛刷、砂布、钢丝刷、刮刀、打磨机等。

2. 钎料（锡）、钎剂（适合钎焊要求）。

3. 铜合金板材：1 mm×50 mm×150 mm 板材 2 块。

操作步骤

进行搭接钎焊操作前，先用工具将焊件的钎焊部位表面清理干净，用锉刀锉光烙铁头，电烙铁加热至合适温度后，放入钎剂中蘸一下，然后上锡。在两块焊件钎焊部位用烙铁先涂一层锡，把两块焊件涂上锡的部位合在一起，用烙铁放在上面加热至锡熔化粘合。最后对钎焊部位进行清洗。

步骤 1 准备钎焊工具及钎焊材料。

步骤 2 用打磨机或钢丝刷等工具将板件钎焊部位表面的氧化层、油污、锈斑等杂质清理干净，直至露出金属光泽。

步骤 3 检查电烙铁是否完好，插上电源对烙铁加热，加热到将烙铁放入钎剂中发出短促的油炸声、烙铁头呈亮白色时（说明温度合适），对烙铁上锡。

步骤 4 将上好锡的烙铁对板件的清理部位涂锡。两块板件都要涂，要求钎焊部位全部要涂上锡，涂层要均匀、平整。

步骤 5 将两块涂完锡的部位锡对锡贴合在一起，然后用烙铁在涂锡处加热，使已涂的锡熔化后粘合在一起。

步骤 6 待两块板材完全粘合在一起后，在板的边缘处再加锡施焊，使两块板材焊接牢固。焊接时要求锡要涂得均匀、平整。

步骤 7 对施焊后的焊件用温水进行清洗，将板材表面的钎剂清洗干净。

注意事项

1. 对板件进行焊前清理时，表面要清理至能上锡，不然会引起焊接不牢固。

2. 实施钎焊时人要站在上风位置。

3. 烙铁加热要达到的焊接温度，一般在 400℃左右。

第 5 节　CO_2 气体保护焊

学习目标

了解 CO_2 气体保护焊的分类

熟悉 CO_2 气体保护焊的特点

能够正确使用 CO_2 气体保护焊焊机

能够进行 CO_2 气体保护焊操作

知识要求

CO_2 气体保护焊是用 CO_2 气体作为保护气体的一种电弧焊。焊接时以焊丝作为填充金属，利用焊丝与工件间产生的电弧来熔化金属，CO_2 气体从喷嘴喷出隔绝空气，达到保护熔池的目的。CO_2 气体保护焊具有生产率高、成本低、熔深大、焊接变形和内应力小、焊接质量高、操作简便、对油锈敏感性低、适用范围广等优点。主要缺点是飞溅较大，室外作业抗风能力比手工电弧焊差，开工准备时间较长等。

一、CO_2 气体保护焊的分类与特点

1. CO_2 气体保护焊分类

（1）按焊丝直径分。CO_2 气体保护焊按焊丝直径分有细丝 CO_2 气体保护焊（焊丝直径≤1.2 mm）和粗丝 CO_2 气体保护焊（焊丝直径≥1.6 mm）。

（2）按操作方法分。CO_2 气体保护焊按操作方法分有 CO_2 半自动焊和 CO_2 自动焊。

CO_2 气体保护焊不仅用于低碳钢、低合金钢以及耐热钢等材料的焊接，而且还用于磨损件的堆焊、铸钢件以及其他焊件缺陷的补焊及异种材料的焊接等。

2. CO_2 气体保护焊的特点

（1）明弧操作。施焊部位可见度好，便于焊缝对中。

（2）成本低。CO_2 气体价格便宜，综合焊接成本相当于手工电弧焊的 40%左右。

（3）变形小。CO_2 气体保护焊采用细丝焊接时，可以解决手工电弧焊和气焊难以解决的薄板烧穿并减少工件的焊后变形。

（4）熔深大。CO_2 气体保护焊的电弧热量集中，穿透力强，可以减少焊接层数。

（5）适应性广。CO_2 气体保护焊可进行细丝短路过渡焊接薄板及全位置焊接。

（6）焊接性好。CO_2 气体保护焊抗锈能力较强，焊缝含氢量低，抗裂性好。

图 7—56　NBC—200 型 CO_2 半自动焊机

二、CO_2 气体保护焊机的构造与焊接要点

1. NBC—200 型 CO_2 半自动焊机

NBC—200 型 CO_2 半自动焊机，如图 7—56 所示。

这种焊机主要用于薄板及中厚板的低碳钢和低合金钢薄板在各种空间位置进行的焊接。焊机采用外置式送丝机构，具有良好的机动性，质量稳定、无渣、明弧、焊接热影响区小、变形小、焊缝成形美观等特点。采用拉丝式送丝，焊丝直径为 0.8～1.2 mm，焊接电流调节范围为 40～200 A，空载电压为 17～30 V。焊机主要由电源控制箱、焊枪、供气系统组成，如图 7—57 所示。

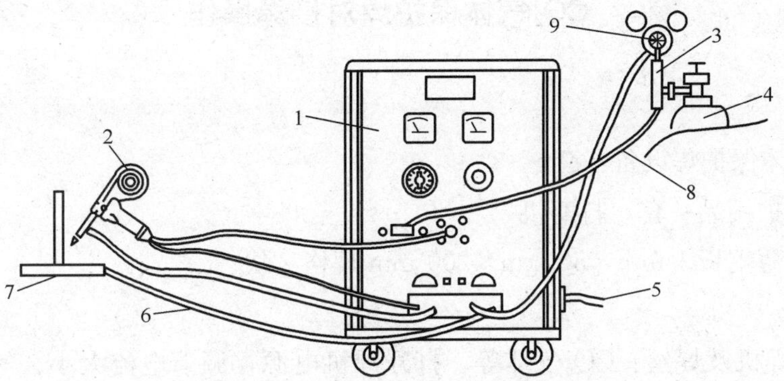

图 7—57　NBC—200 型 CO_2 半自动焊机的组成

1—主机　2—焊枪　3—预热干燥器　4—CO_2 气瓶　5—电缆线　6—气管　7—工件　8—电线　9—减压器

（1）电源控制箱。电源控制箱主要由三相降压变压器、硅整流器、电感器及控制部分元件组成。

（2）焊枪。NBC—200 型 CO_2 半自动焊机采用拉丝式焊枪，主要零件有喷嘴、外套、电动机、焊丝盘、减速箱、扳机等。

（3）供气系统。供气系统是保证将 CO_2 气体送到焊枪，能有效地保护焊接熔池。CO_2 供气系统装置由气瓶、预热器、干燥器、减压流量计及电磁气阀等组成。

2. CO_2 气体保护焊的焊接要点

CO_2 气体保护焊的焊接有平焊、立焊、横焊和仰焊四种空间位置。

（1）平焊焊接要点。平焊焊接时一般采用左焊法进行对接焊。焊接时，电弧始终在坡口内做小幅度横向摆动，并在坡口两侧稍作停顿。进行长焊缝焊接时，应当预先点焊固定，防止工件焊后变形。

（2）立焊焊接要点。进行中厚板立焊时，坡口要对平对齐，坡口不能过大，否则容易烧穿。引弧时，焊枪与工件垂直，引燃后焊枪可作 10°～15°的倾斜。焊接时采用自上而下的焊接方法，以保证成形良好。

（3）横焊焊接要点。横焊与立焊相似，操作基本同立焊，只是焊枪一般不做摆动。

（4）仰焊焊接要点。仰焊时为了防止液态金属下坠引起的缺陷，通常采用右焊法，这样可增加电弧对熔池的向上吹力，有效防止焊缝背凹的产生，减小液态金属下坠的倾向。同时尽量采用小电流和低电压，选择较细的焊丝，以增加焊接过程的稳定性。

技能要求

CO_2气体保护焊对接焊操作

操作准备

1. CO_2气体保护焊设备一套。
2. 焊接防护用品一套，打磨机。
3. 低碳钢薄钢板 1 mm×50 mm×200 mm 规格 2 块。

操作步骤

首先检查焊机及焊丝、CO_2气体等，打开焊机电源，调节电流大小、气体流量、送丝速度等后进行焊接。

步骤 1　检查焊机是否完好，焊丝、CO_2气体是否备齐。

步骤 2　打开焊机电源开关，调节电流大小、气体流量、送丝速度等工艺参数。例如，焊接厚度为 1 mm 的低碳钢薄钢板，电流一般调至 3～4 挡，气体流量调至 10～15 L，送丝速度调至 6～9 挡。

步骤 3　试焊。用相同材质及厚度的板材进行试焊。试焊时如发现各种数据对焊接不符合要求的应及时进行重新调节。

步骤 4　进行点焊固定，防止变形。焊点的长度约为 5 mm 左右，焊点间间距约为厚度的 15～30 倍。点焊固定后，用打磨机将焊点打磨平整，方便以后的焊接。打磨时应注意不能将周边的板材磨损。

步骤 5　实施焊接。焊接应保持手的平稳，导电嘴距喷嘴的距离约为 3 mm，焊丝伸出喷嘴的长度大约是焊丝直径的 8～10 倍。焊缝要求宽窄一致，高度不能太高，焊缝没有假焊、气孔、焊瘤等缺陷，焊缝如图 7—58 所示。

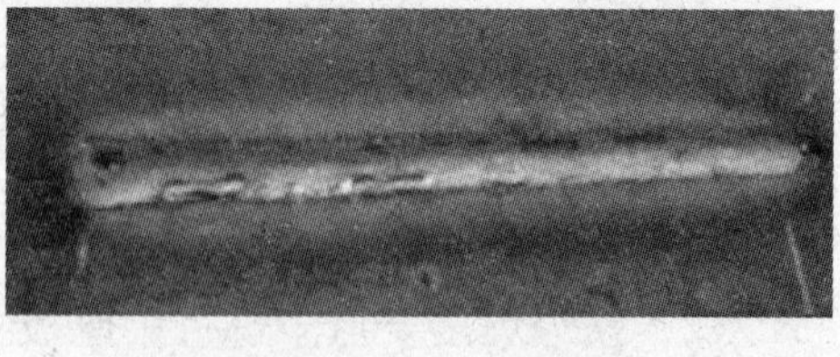

图 7—58　焊缝

注意事项

1. 各种焊机的调节位置不一样，应注意焊机型号。
2. 点焊固定后，应将板件整平后再焊接。

模拟测试题

一、判断题（将判断结果填入括号中，正确的填“√”， 错误的填 “×”）

1. 螺纹连接具有结构简单、坚固可靠、装拆快捷方便等优点。（　　）
2. 采用折边连接会影响金属板件的强度或造成附加的应力。（　　）
3. 气焊是利用可燃气体混合燃烧作为热源，对焊件进行加工的一种方法。（　　）
4. 电弧紧靠负电极的区域称为阴极区，比阳极区宽。（　　）
5. CO_2 气体保护焊焊接成本低，相当于手工电弧焊成本的60%左右。（　　）

二、单项选择题（选择一个正确的答案，将相应的字母填入题内的括号中）

1. 氧气与乙炔混合燃烧的温度可达(　　)。

A. 1 500℃　　B. 2 500℃　　C. 3 500℃　　D. 4 500℃

2. 交流焊机极性的变化呈周期性（50 Hz），每分钟燃烧和熄灭达(　　)。

A. 50 次　　B. 80 次　　C. 100 次　　D. 150 次

3. 在450～600℃范围内，钎焊铜及铜合金应选用(　　)。

A. 银钎焊溶剂　　B. 特制银钎焊溶剂

C. 低温银钎焊溶剂　　D. 高温银钎焊溶剂

4. 粗丝 CO_2 气体保护焊的焊丝直径为(　　)。

A. ≤1.2 mm　　B. ≥1.2 mm　　C. ≤1.6 mm　　D. ≥1.6 mm

5. CO_2 气体保护焊的焊接也有四种空间位置，即仰焊和(　　)。

A. 平焊　　B. 立焊　　C. 横焊　　D. 以上都是

模拟测试题答案

一、判断题

1. √　2. ×　3. √　4. ×　5. ×

二、单项选择题

1. C　2. C　3. C　4. D　5. D

第 8 章

汽车概况与相关知识

第 1 节　汽车概况　/182
第 2 节　汽车车身构造　/187

第 1 节　汽车概况

学习目标

了解汽车的种类

熟悉汽车发动机的布置形式

能够正确说出常见轿车的主要结构

知识要求

我国国家最新标准《汽车和挂车类型的术语和定义》（GB/T 3730.1—2001）中对汽车所作的定义是：凡由动力驱动并有四个或四个以上车轮的非轨道承载的道路车辆，称为汽车。

一、汽车种类

1. 乘用车

乘用车在设计和技术特性上主要用于载送人员及随身物品，它涵盖了轿车、微型客车以及不超过 9 座的轻型客车。轿车属于基本型乘用车，座位布置在两轴之间。

（1）三厢式轿车。目前道路上行驶的大多是三厢式轿车。三厢式轿车由前部的发动机舱、中间的乘员舱和后面的行李舱组成。正面与后面具有良好的抗碰撞性能，车身设计成中间高两头低，从侧面看前后对称，造型美观大方，布局合理，绝大多数的轿车都采用这种设计，如图 8—1 所示。

（2）两厢式轿车。两厢式轿车的前部与三厢式轿车相同，作用也一样。不同之处是将行李舱与乘员舱合为一体，将乘员舱近似等高度向后延伸而成为两厢。两厢式汽车有独立的前发动机舱，具有良好的正面碰撞保护性能，如图 8—2 所示。

（3）微型轿车。微型车，即 A00 级车，属于尺寸最为紧凑的汽车类型，座位的个数分为两座与四座两种。大多数微型车的轴距在 2.0～2.3 m，车身长度在 3.65 m 以内，发动机的排量主要有 0.8 L，1.0 L，1.0 T，1.2 L。微型轿车体型小巧、性价比与实用性高，可满足小家庭的基本出行，如图 8—3 所示。

（4）轻型客车。轻型客车的车身总长超过 3.5 m，且不大于 7 m，一般不超过 9 座，大多作为商务车使用。轻型客车外观形状很像一个大面包，因此俗称“面包车”

图 8—1　三厢式轿车

图 8—2　两厢式轿车

图 8—3　微型轿车

图 8—4　轻型客车

2. 客车

客车一般具有方形车厢，包括驾驶员座位在内可乘坐 9 人以上，用于载运乘客及其随身行李。车身总长超过 7 m，且不大于 10 m 的客车，属中型客车。车身总长度在 10 m 以上的属大型客车。

客车可分为旅行客车、城市公共客车、公路客车、游览客车及校车等类型。

(1) 旅行客车。旅行客车大多数都是以轿车为基础，把轿车的后备厢加高到与车顶齐平，用来增加行李空间。它既有轿车的舒适，也有相当大的行李空间，外形也相当的稳重，有成熟的魅力。旅行客车座位数不超过 17 个，如图 8—5 所示。

(2) 城市公共客车。城市公共客车最大特点是由于乘客上下车频繁，其地板离地高度较低并设有 2～3 扇客门，车内除了有乘客座位还设站立或走动的通道、站立时用的扶手等，故车内通道有足够的高度与宽度，如图 8—6 所示。

(3) 公路客车。公路客车由于乘坐时间长，车内全部布置座席，通常只有 1 扇客门，乘坐舒适性要求较高，还设有若干个行李舱，如图 8—7 所示。

(4) 游览客车。游览客车有较舒适的座位，其车窗尺寸较大，视野开阔。车内要求舒适性好，座椅可倾斜，车上有电视机、VCD，有的还有盥洗室、厕所等，如图 8—8 所示。

图 8—5　旅行客车

图 8—6　城市公共客车

图 8—7　公路客车

图 8—8　游览客车

（5）校车。校车是用于运送学生往返学校的交通工具，如图 8—9 所示。国务院安全生产委员会办公室在《道路交通安全“十二五”规划》中还规定校车须安装卫星定位和限速装置。2012 年 3 月，中国校车新国标实施，上下车刷卡，家长就可收到短信。

图 8—9　校车

3. 载货车

载货车也叫载重车或卡车，载货车驾驶室有长头、短头和平头三种，如图 8—10 所示。

a)　　b)　　c)

图 8—10　载货车

a）长头载货车　b）短头载货车　c）平头载货车

平头式载货车的发动机在座位下方，为维修方便，一般采用前翻式驾驶室，如图 8—11 所示。

4. 特种车辆

特种车辆是指抢险车、消防车、救护车等。车上备有专门的工具和设备，如消防车上有水泵、水龙带、灭火粉剂、多级云梯等。救护车上有担架、急救用的医疗设备等。特种车辆一般在车顶上装有警示灯和警报器，如图 8—12 所示。

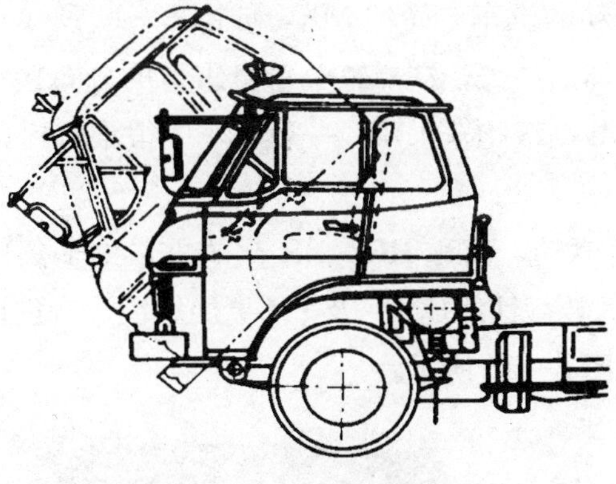

图 8—11　前翻式驾驶室

图 8—12　消防抢险车

二、发动机布置形式

发动机是汽车最重要的组成部分，发动机的布置形式对汽车的性能具有很大影响。轿车发动机的布置位置分为前置、中置和后置三种。发动机的放置也可以分为横置和纵置。

1. 前置发动机

（1）前置发动机前轮驱动，简称 FF，如图 8—13 所示。FF 的特点是车身前部重，后部轻，整车的六成以上重量集中在车身前段。FF 是发动机直接驱动前轮，不需经传动轴，动力损耗较小。前轮驱动汽车的直线行驶稳定性很好，适合小型车。

（2）前置发动机后轮驱动，简称 FR。采用前置发动机后轮驱动的汽车，前轮承受发动机的重量并负责转向工作，驱动由后轮负责，发动机扭矩急剧改变时不会影响到方向的控制。桑塔纳轿车的传动形式就是发动机前置后轮驱动，如图 8—14 所示。

图 8—13　发动机前置前轮驱动

图 8—14　发动机前置后轮驱动

2. **中置发动机**

发动机位于车辆的前后轴之间并用后轮驱动的汽车，简称 MR，如图 8—15 所示。发动机中置是将车辆中惯性最大的发动机置于车体的中央，这样整个车身重量的分布接近理想平衡状态。发动机中置后轮驱动汽车只有少数高级跑车采用，一般轿车中很难看到。

3. **后置发动机**

后置发动机放置在车后轴之后，采用后轮驱动，简称 RR。RR 车的重量大多集中于后方且后轮驱动，起步加速性能很好。RR 车的转弯性能比 FF 及 FR 更加敏锐，直进性可达最佳状况。大客车大多采用后置发动机，如图 8—16 所示。

图 8—15　中置发动机

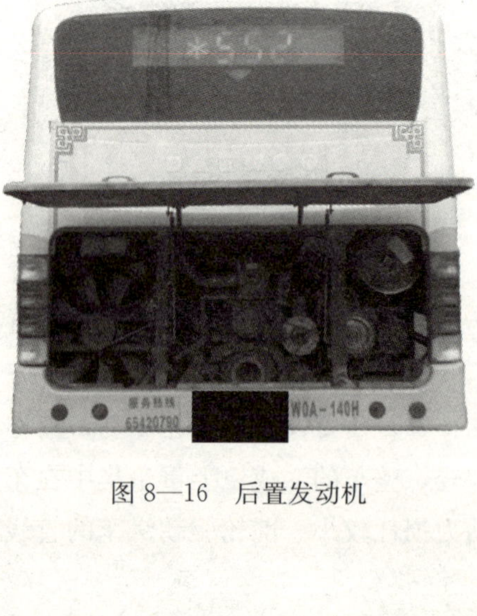

图 8—16　后置发动机

技能要求

判别发动机的布置形式

操作准备

1. 各种发动机的布置形式汽车若干辆。

2. 有关发动机的布置形式资料。

操作步骤

首先熟悉有关发动机布置形式资料，然后对各种车型仔细观察，说出各种车的发动机布置形式。

步骤 1　熟悉发动机布置形式有关资料，了解发动机前置、中置、后置的区别及各种驱动形式。

步骤 2　实车观察，判别各车的发动机布置形式，查看驱动形式。

注意事项

1. 观察时要注意发动机中置与后置的位置。

2. 查看驱动形式，注意理清传动轴的位置。

第 2 节　汽车车身构造

学习目标

了解汽车的车型

掌握汽车的基本构造

能够正确说出轿车车身各部分的名称

能够正确说出客车的分类情况及车身骨架的组成

知识要求

一、有关名词术语

1. 车型

汽车车型有微型车、小型车、紧凑型车、中型车、大型车及豪华型车等，每种车型都代表了该车型的特点。车型可分为 A、B、C、D 四个级别。

A 级（包括 A00、A0）车是指小型轿车，B 级车是指中档轿车，C 级车是指高档轿车，D 级是指豪华轿车。车型等级根据轴距、排量、重量等参数进行划分，字母顺序越靠后，该级别车的轴距越长、排量和重量越大，轿车的豪华程度也越高。

车型一般都要经历诞生、改型换代、取消生产等过程。一个厂牌的汽车可以有一个或多个车型。

2. 车身

车身指汽车上除发动机、底盘以外其余部分的总称。车身包括驾驶舱、车厢、车门、乘客舱、发动机舱和行李舱等，如图 8—17 所示。车身的造型有厢型、鱼型、船型、流线型及楔型等，结构形式分单厢、两厢和三厢等类型。对载货汽车，习惯上单指驾驶室。

3. 车架

车架俗称大梁，用来承载发动机、离合器、变速器等总成和车身及其附件，是汽车的基体，如图 8—18 所示。车架一般由纵梁和横梁组成，通过悬挂装置、前桥、后桥支承在车轮上。车架具有足够的强度和刚度承受汽车的载荷和从车轮传来的冲击。

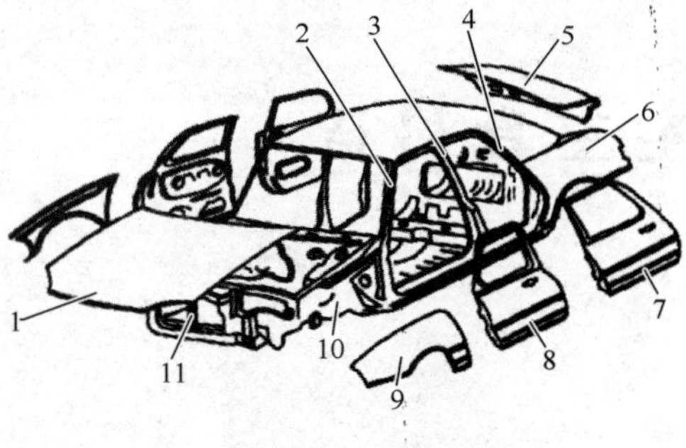

图 8—17 车身

1—发动机舱盖 2—A 立柱 3—B 立柱 4—C 立柱
5—行李舱盖 6—后翼子板 7—后车门 8—前车门
9—前翼子板 10—前挡泥板 11—散热器框架

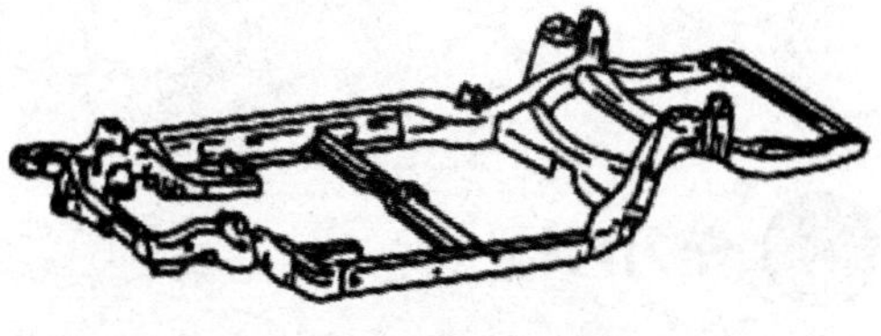

图 8—18 车架

4. 底盘

底盘是汽车上除发动机和车身外，其他所有机件的组合。底盘由传动系、行驶系、转向系和制动系四部分组成，如图 8—19 所示。底盘支承、安装汽车发动机及其各部件、总成，形成汽车的整体造型。底盘上包括车架、车轮、悬架、离合器、变速器及传动轴、转向、制动等机构。

二、轿车车身构造

1. 车身构造的分类

轿车车身构造可分为承载式车身和非承载式车身。

（1）承载式车身。承载式车身取消了车架，车身就作为发动机和底盘各总成的安装基体，车身将发动机、悬架等底盘部件和车身结构设计成一体，以薄板直接冲压而成，兼有车架的作用并承受全部载荷。

承载式车身结构具有较高的强度和刚度，受到撞击时，抗变形能力强，安全系数高，承载式车身如图 8—20 所示。

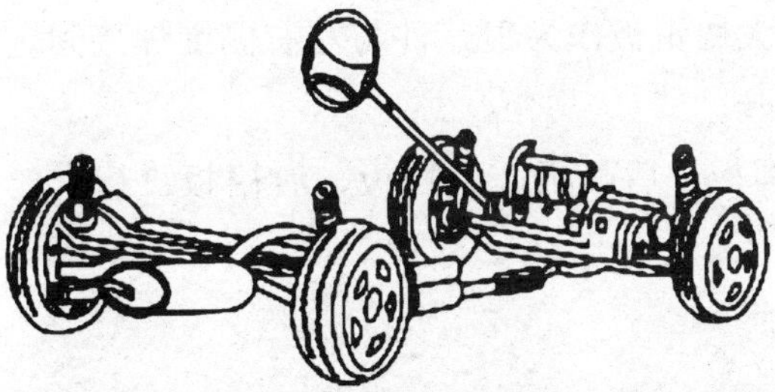

图 8—19　底盘

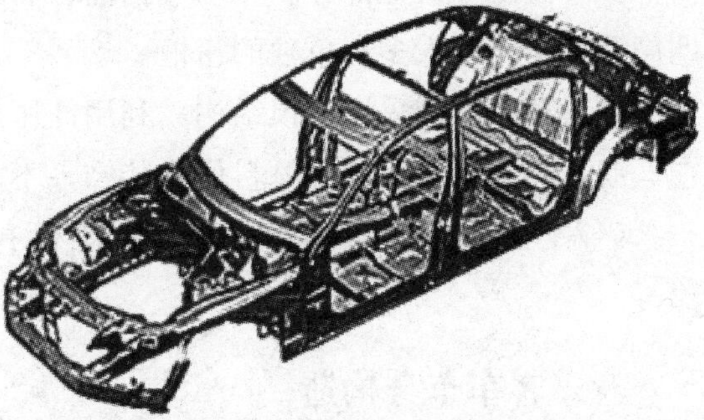

图 8—20　承载式车身

（2）非承载式车身。非承载式车身与车架通过橡胶软垫或弹簧作柔性连接，车架起着骨架作用，用厚钢板冲压并组装而成，发动机、悬架等底盘件及车身全部安装在车架上。车架承受所安装的各个总成的全部载荷。车身只承受所装载的人员和货物的重力及惯性力。由于橡胶垫可以缓和冲击与振动，高级轿车大多采用此类车身。非承载式车身如图 8—21 所示。

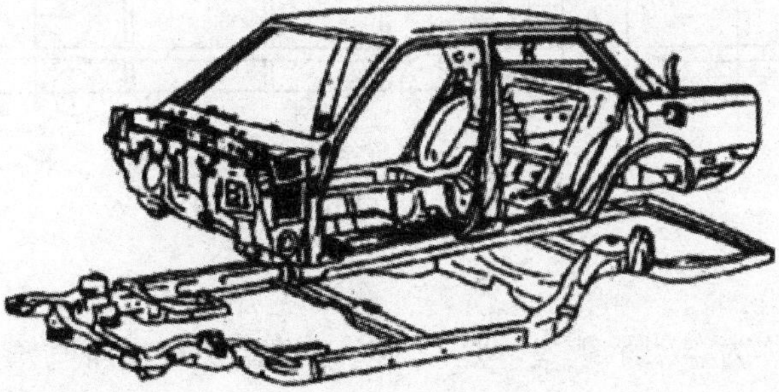

图 8—21　非承载式车身

相关链接

为了缓和底盘件安装部位的应力和确保车身刚度等，部分车辆安装有副车架。将底盘件一端安装在副车架上，也可将其安装在车身上。

2. **轿车车身的组成部分**

轿车车身由车前、车底、侧围、顶盖、车后等部分组成。

（1）车前部分。车前部分的主要零件有左右前翼子板、挡泥板、发动机舱盖、内护板、下裙板、发动机盖等。

（2）车底部分。车底部分的主要零件有地板、边梁、发动机底架、地板下副纵梁等。

（3）侧围和顶盖部分。侧围包括前、后车门，前立柱、中立柱和后柱。车门有双门和四门两种，车门大多有单独的窗框。

轿车车顶大多采用硬顶结构，利用冲压后的大块钢板作为覆盖件与左右侧围焊接固定在一起，内部采用绒布等材料作为装饰，不能打开。

（4）车后部分。车后部分的主要零件有后围板、后隔板、后挡板、后裙板、行李舱盖等。

三、客车车身构造

客车车身结构按受力情况可分为非承载式、半承载式和承载式三种。

1. **非承载式车身**

非承载式客车车身通过橡胶软垫或弹簧与车架作柔性连接，车架承受车上各个总成的全部载荷，车身只承受所装载的人员和货物的重力及惯性力，如图 8—22 所示。

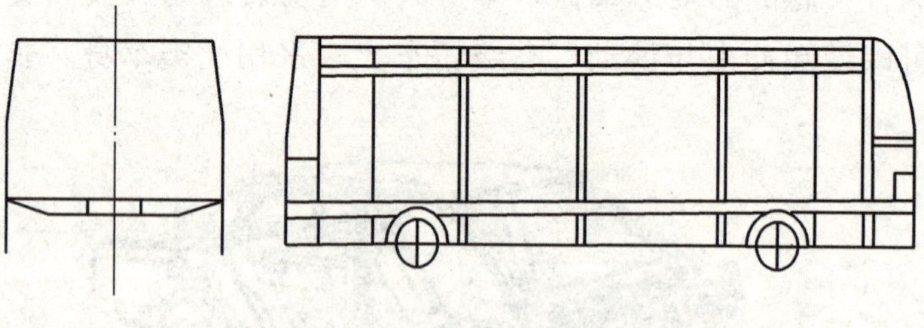

图 8—22　非承载式客车车身

2. **半承载式车身**

半承载式车身又称为车架承载式，是一种介于非承载式车身与承载式车身之间的结构形式，如图 8—23 所示。半承载式车身有独立完整的车架，车身和车架用焊接、铆接或螺栓刚性连接，车身承受部分载荷。

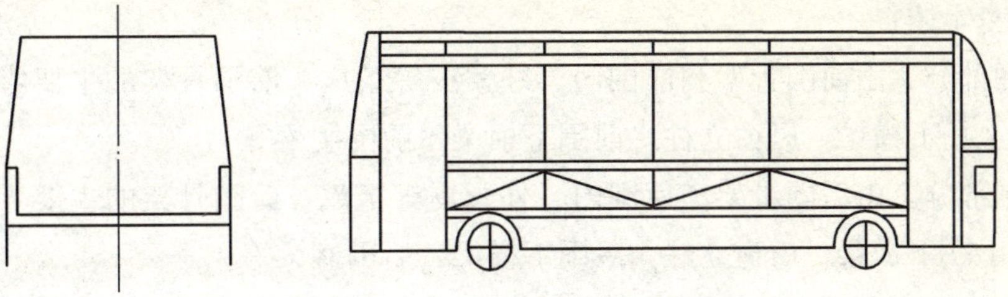

图 8—23　半承载式客车车身

3. 承载式车身

承载式车身结构没有车架，车身兼有车架的作用，形成刚性空间结构，如图 8—24 所示。车身作为发动机和底盘各总成的安装基体，承受汽车的全部载荷。

图 8—24　承载式客车车身

4. 客车车身本体结构组成部分

客车车身本体由车身骨架和车身蒙皮等构件组成。

（1）车身骨架。车身骨架由前围骨架、后围骨架、车顶骨架、立柱等组成，如图 8—25 所示。

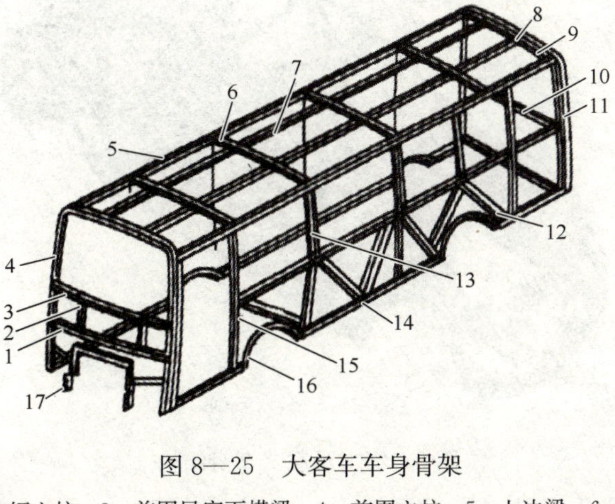

图 8—25　大客车车身骨架

1—前围下横梁　2—短立柱　3—前围风窗下横梁　4—前围立柱　5—上边梁　6—顶横梁　7—顶纵梁　8—后围横梁　9—后围风窗上横梁　10—后围风窗下横梁　11—后围立柱　12—斜撑　13—窗立柱　14—裙边横梁　15—门立柱　16—翼子板骨架　17—保险杠支架

（2）车身本体

1）前围部分。由前围骨架和前围内、外蒙皮等组成。前围骨架的主要零件有前围立柱，风窗框上、下横梁，风窗立柱，前围下横梁，前围搁梁等。

2）后围部分。由后围骨架和后围内、外蒙皮等组成。后围骨架的主要零件有后围立柱，后窗框上、下横梁，后窗立柱，后围下横梁，后围搁梁等。

3）左、右侧围部分。由左、右侧围骨架和内、外蒙皮等组成。包括左右两边的前、后车门。

4）顶盖部分。由顶盖骨架和内、外蒙皮等组成。顶盖骨架的主要零件有顶盖纵梁和顶盖横梁等。

5）底板部分。由底架和地板护面等组成。底架部分的主要零件有底架横梁和底架纵梁等。对于发动机前置的客车，底架往往分为驾驶区底架和乘客区底架。

技能要求

识别承载式车身结构

操作准备

1. 承载式车身实物（或图），如图 8—26 所示。

图 8—26　承载式车身结构

2. 有关承载式车身资料。

3. 提出结构名称要求：散热器框架、前翼子板支承组件、发动机固定架、发动机挡板、车顶纵梁、A 立柱、B 立柱、门槛、底板加强梁等。

操作步骤

熟悉承载式车身的有关知识，观察全部车身，简述承载式车身结构。

步骤 1 查阅承载式车身资料，熟悉承载式车身的有关知识。

步骤 2 观察承载式车身全部结构，如图 8—27 所示。

图 8—27 观察车身结构

步骤 3 根据提出的要求，简述承载式车身结构名称。

注意事项

1. 熟悉结构时要注意名称的正确叫法。
2. 简述结构时应从前往后依次进行，避免遗漏。

模拟测试题

一、判断题（将判断结果填入括号中，正确的填“√”，错误的填“×”）

1. 发动机排量不超过 1 L 的轿车，称为紧凑型轿车。（ ）
2. 车身总长超过 3.5 m，且不大于 7 m 的客车，属于微型客车。（ ）
3. 车身指汽车上除发动机、底盘以外，其余部分的总称。（ ）

4. 非承载式车身特点：载荷全部由车架承受，车身不承受载荷。（　　）

5. 客车车身本体由车身骨架与车身蒙皮等构件组成。（　　）

二、单项选择题（选择一个正确的答案，将相应的字母填入题内的括号中）

1. 车身总长超过(　　)的客车、双层客车称为特大型客车。

A. 3.5 m　　B. 7 m　　C. 10 m　　D. 12 m

2. 将发动机放置在车前部，采用前轮驱动，简称(　　)。

A. FF　　B. FR　　C. MR　　D. RR

3. 车架是汽车的基体，用来承载车身及其附件以及(　　)。

A. 发动机　　B. 离合器　　C. 变速器　　D. 以上都是

4. 轿车车身中的(　　)以上属于钣金维修范围。

A. 60％　　B. 70％　　C. 80％　　D. 90％

5. 非承载式车身用(　　)与车架相连，载荷全部由车架承受，车身不承受载荷。

A. 弹性元件　　B. 连接杆　　C. 横拉杆　　D. 螺栓

模拟测试题答案

一、判断题

1. ×　2. ×　3. √　4. √　5. √

二、单项选择题

1. D　2. A　3. D　4. D　5. A

第 9 章

板件小损伤修复

第 1 节　车身骨架维修　/196
第 2 节　车身面板的修复　/200
第 3 节　钣金件的挖补修理　/204

第 1 节　车身骨架维修

学习目标

了解车身骨架的检测方法
熟悉车身骨架检测量具的使用方法
能够对车身骨架进行检测
能够对车身骨架简单损伤进行修理

知识要求

车身骨架是各种类型车身的基础。轿车车身虽没有明显的骨架，但由各种骨架件和板件通过焊接拼装而成的轿车，还是可以看到如后翼子板、门柱、车顶盖侧板、散热器框架、门槛等，都是用钢板冲压成一定的形状替代了骨架。这些构件在使用过程中会受到各种损伤，正确对这些构件进行检测和修理可提高轿车的使用性能和使用寿命。

一、车身骨架检测

1. 目测

由于轿车车身是以蒙皮替代了骨架，因此当车身表面受到损伤时，其结构件也会受到影响。轿车车身常见的损伤部位有 A 立柱、B 立柱、车顶盖侧板、车身底架等。在修理前对这些容易损伤的部位首先是目测检查，检查车身的变形及损坏情况，检查各连接部位是否有脱焊、裂纹等损伤，如图 9—1 所示。

图 9—1　目测检查主要损伤部位

2. 样板检测

在目测检查的基础上，对尺寸较大，几何形状较复杂且不能用量具检测的部位可用样板进行检查。样板检测一般检测前窗框、后窗框、车门框、骨架弧度等。按国家标准，驾驶室门框其轮廓度公差值为 4 mm。

3. 量具检测

对可以用量具进行检测的部位，应使用量具进行检测，确保检测出的数据更为正确。用量具检测的部位有发动机舱、前后门框、行李舱、车身 B 立柱内侧等，检测时侧窗框对角线长度差不大于 3 mm，测量方法如图 9—2 所示。

图 9—2　量具测量发动机舱

二、车身骨架的修理

车身骨架有校正整形、加固、局部截换和整件更换等修理方法。在修理时如需进行焊接操作，应采用气体保护焊，并按合理的焊接顺序进行，防止出现焊接变形。

1. 矫正

车身在受到外力作用后会引起各种变形。如果受到正面撞击，前部变形的可能性最大，侧面受到冲击则前后门框会产生变形，而被追尾时行李舱由于强度较低，很容易产生变形。车身变形后，如果不是很严重，则可通过矫正来恢复车身的原状。最常用的矫正方法是撑拉矫正，通过撑拉一般的变形都能得到矫正，如车门框受撞后发生变形，可通过撑拉器将门框矫正，如图 9—3 所示。在冷态校正无法达到修理要求时，也

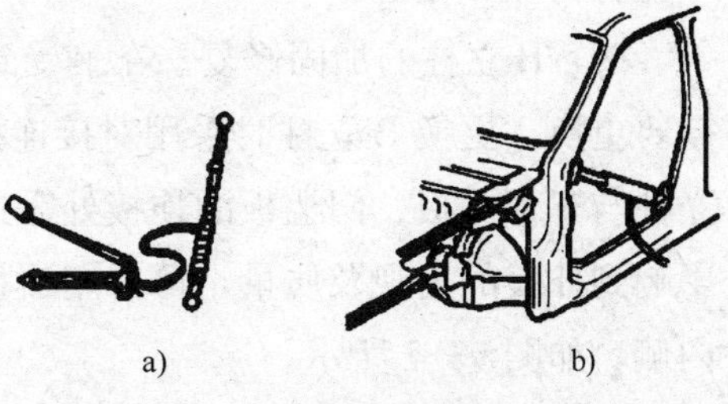

a)　　b)

图 9—3　用简易撑拉器矫正车门框

a）液压千斤顶式撑拉器　b）撑拉

可采用局部加热校正的方法将损伤修复。

2. **加固**

骨架各构件局部损伤、断裂或产生裂纹时，可用加固的方法进行修复。对容易出现损伤的部位，更应采取加固措施。

（1）前纵梁的加固修复。车辆在受到正面冲撞后，前纵梁最容易受到损伤，损伤严重时必须对损伤严重部位进行更换，如图 9—4 所示。

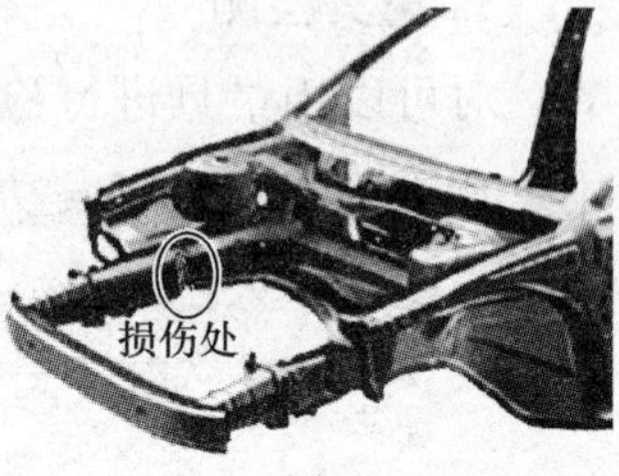

图 9—4　前纵梁损伤

更换后为了保证车身原有的强度，对更换后的焊接区可作加固处理。对纵梁的加固一般采用绑盒加固方法，用相同材质与厚度的钢板制作成同样形状的加强板，如图 9—5 所示。将加强板覆盖在焊缝处并使用 CO_2 气体保护焊进行焊接操作，如图 9—6 所示。

图 9—5　加强板

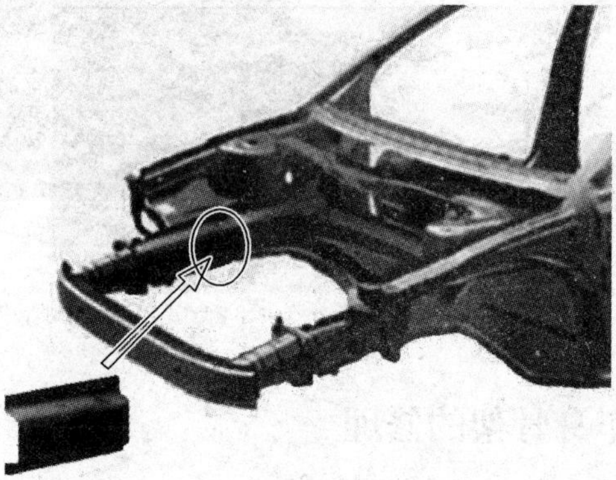

图 9—6　加强板加固处

纵梁在设计时为了能有效地保护乘坐舱的安全，设计有吸能区，加固时应注意加强板不能将吸能区覆盖。

（2）B 立柱的加固修复。车辆受到侧面碰撞时，B 立柱会受到损伤，如果损伤严重则需要更换。更换 B 立柱时采用对接连接达不到车身的强度要求，为保证 B 立柱的强度，B 立柱与车顶侧板、门槛板的连接处需进行加固处理。对 B 立柱的加固如果采用绑盒加固会影响到外表的美观及质量，可采用覆板加强的方法加固，将覆板放在车顶侧板及门槛板的内侧，如图 9—7 所示。

后翼子板更换后也可用此方法加固，如图 9—8 所示。

图 9—7　车顶侧板及门槛板内侧加强板加固处

图 9—8　后翼子板加强板加固处

3. 局部截换及更换新件

车身钣金件锈蚀面积与其总面积之比达 1/3 以上的必须局部截换，如果除锈蚀外还伴有断裂损伤的应该整件更换。整件换新时，应与原连接的部位采取相同的连接形式。

技能要求

对发动机舱用量具检测

操作准备

1. 车身一台（白车身），如图 9—9 所示。
2. 技术数据一份。
3. 测量工具（或设备）。

操作步骤

首先熟悉车身技术要求和有关数据。根据要求对发动机舱使用量具进行测量。

步骤 1　查看技术资料并熟悉所测车身相关技术要求。

步骤 2　打开发动机舱盖，确定测量点。

步骤 3　检查测量器具是否正确，按要求使用规定量具对车身发动机舱进行测量。

图 9—9　车身

注意事项

1. 各种车型的技术数据不同，不能搞错。

2. 测量时基准点不能搞错。

第 2 节　车身面板的修复

学习目标

了解车身面板修复中各种钣金工具的使用方法

熟悉车身面板的修复工艺

能够对车身面板凹凸变形进行修复

能够对车身面板小损伤进行修复

知识要求

一、车身面板凹凸变形的修理

车身局部凹凸变形修复时，根据变形的程度和部位，可选择捶击法、吸引法、惯性锤法等方法，也可将几种方法综合起来进行修复。

1. 捶击法修理

车身的凹凸变形如果不是很严重，则可选择捶击法修理。修理时用钣金锤、垫铁、匙形铁等工具对变形部位的适当位置实施捶击，使变形恢复原有形状。

对较大的变形，可采用虚敲与实敲结合操作的方法，先对周边弹性变形区域粗修整形，然后对塑性变形区域精修整平。

2. 惯性锤法修理

在车身修理中，车身构件的许多变形和损伤，都可以利用惯性锤的冲击惯性予以修复，惯性锤如图 9—10 所示。

修复时，先将拉杆的一端通过焊接垫片或其他方法与变形部位固定，利用惯性锤的滑块沿杆身滑动时的惯性力，冲击杆端带动固定部位使变形得到矫正。矫正时牵引力的大小，主要取决于拉拔惯性锤的力和滑动速度，如图 9—11 所示。

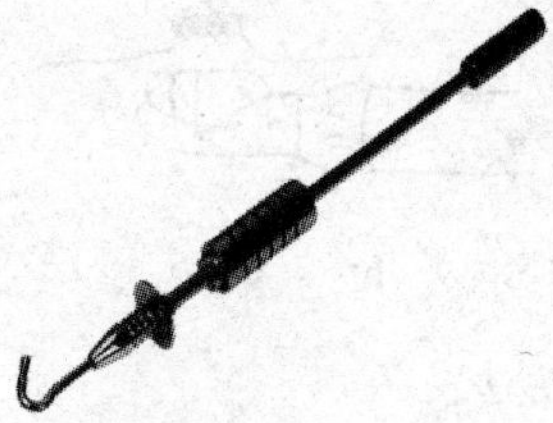

图 9—10　惯性锤

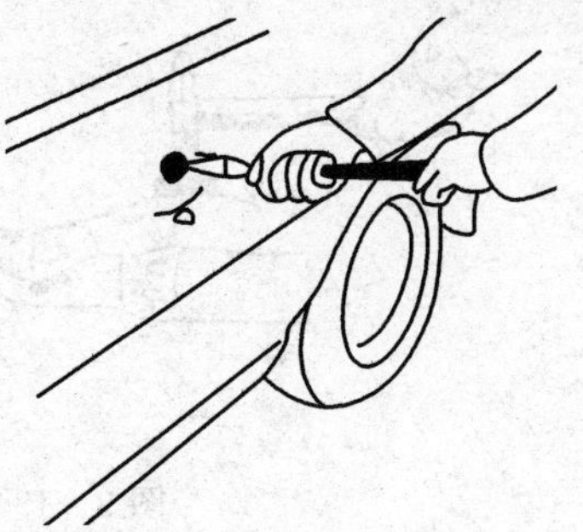

图 9—11　惯性锤拉拔

惯性锤法有以下两种常见的定位方式：

（1）钻孔法。在车身的凹陷处将“T”形螺旋锥钻入车身的凹陷处，把惯性锤滑杆与“T”形螺旋锥可靠连接后，便可拔动惯性锤滑快实施拉拔。将凹陷处拉至理想位置后，拆除螺旋锥，用砂纸去除损坏部位的油漆，补充填料（打腻子），重新喷漆。由于在修复凹陷时车身表面金属及油漆会被破坏，因此在能使用其他方法进行修理的条件下很少采用这种方法。

（2）拉环法。拉环法修复车身凹陷在目前汽车车身修理中应用较为广泛，修理时在损伤处焊上用于连接滑杆的垫片（或 OT 片），如果钣金件受损面积较大，可以并列焊上一定数量的垫片，穿上拉轴，如图 9—12 所示。然后将惯性锤套入垫片孔（或拉轴）进行拉拔，使凹坑恢复到理想的位置。然后去除垫片，将表面修平后，再进行油漆。

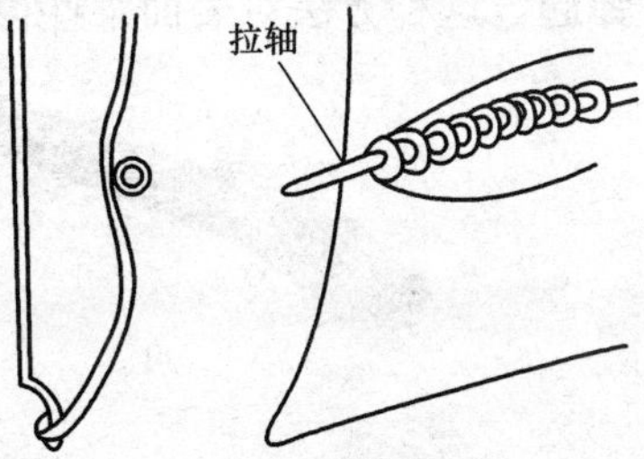

图 9—12　拉环焊接方法

二、车身面板轻微损伤的修理

1. 顶垫法修理微小损伤

在车身修理中，较常用的修理方法是顶垫法，即用垫铁配合手锤进行修理。这种方法适用于损伤面积较小、较浅的凹陷和折损，也可以用这种方法来延伸金属，使其恢复原来的形状。垫铁配合手锤修理车身一般用在车身不能拆卸修理的部位，如车顶、后翼子板等，可通过虚敲（偏托）和实敲（正托）相结合的方法整平板件。由于在敲击时金属材料会发生延伸，因此大部分修理以虚敲为主，实敲为辅。损伤在修理时经虚敲大致整平后，再用实敲的方法直接对板材表面不平处轻轻敲击，这样整平的效果会更好，虚敲与实敲如图 9—13 所示。

2. 匙形铁修理微小损伤

对难以放入垫铁的弧形凹陷修理，可将匙形铁（也称修平刀）当作垫铁使用。匙形铁

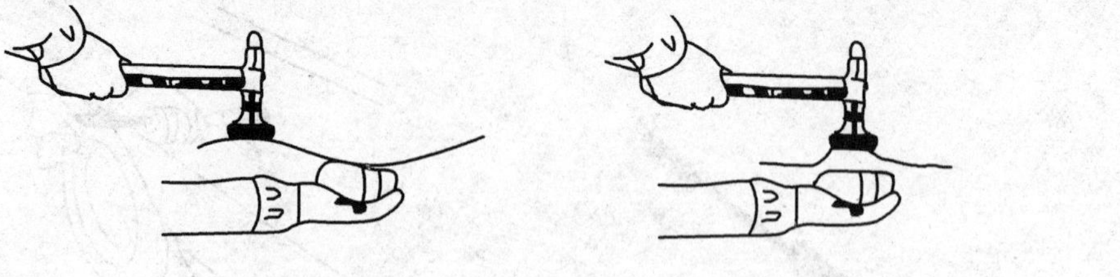

a)　　　　b)

图 9—13　垫铁配合手锤的方法

a）虚敲　b）实敲

是一根带弯曲工作面的杠杆，有各种不同的形状和尺寸组合，可分为不可敲击和可敲击两种，以适应不同曲面部位的作业，如图 9—14 所示。

修理时，将匙形铁插入并紧贴凹陷处。然后用木锤或尼龙锤敲击凹陷周围的隆起部位，使变形逐渐减轻。当变形程度基本消除时，再改用钣金锤对不平处进一步修整。对有敲击余地的部位，也可以将匙形铁直接紧贴凸起表面，用钣金锤捶打匙形铁。冲击力被匙形铁分散在隆起或折缝处，减少了金属所产生的延展，如图 9—15 所示。操作过程中，由于匙形铁的压力是校正力的一部分，因此应注意始终要压紧匙形铁，敲击时不能使匙形铁弹起，这种方法对表面某些微小的隆起、凹陷恢复原状特别有效。

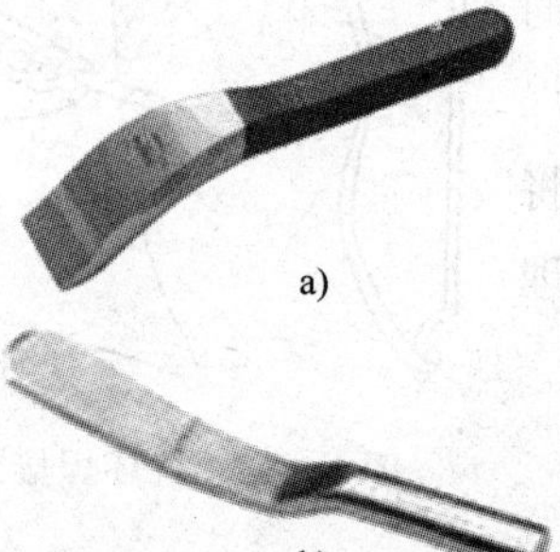

a)

b)

图 9—14　匙形铁

a）不可敲击　b）可敲击

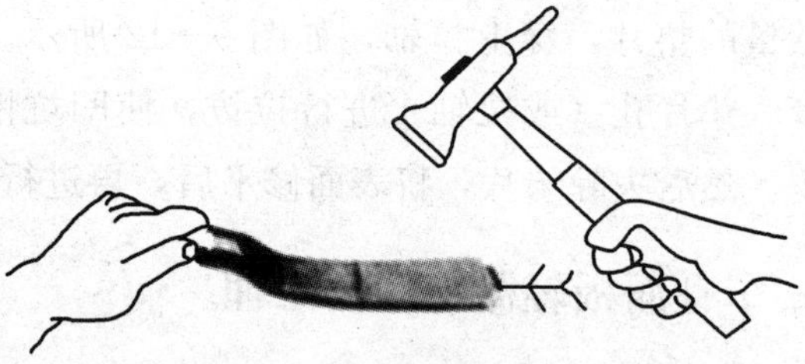

图 9—15　匙形铁修凸起

技能要求

用吸引法修理车身表面损伤

操作准备

1. 吸拔工具，如图 9—16 所示。

2. 损伤车辆（要求损伤面积虽大但仅是弹性变形）。

操作步骤

检查车身损伤部位及损伤程度，在吸盘上打胶，安装拉拔器，拧动螺母将凹陷拉出。

步骤 1 检查车身损伤的范围及程度，确定需要拉拔的部位。

步骤 2 加热塑胶枪，用胶枪在吸盘上打上塑胶，如图 9—17 所示，并在塑胶还未冷却时粘于凹陷的表面。

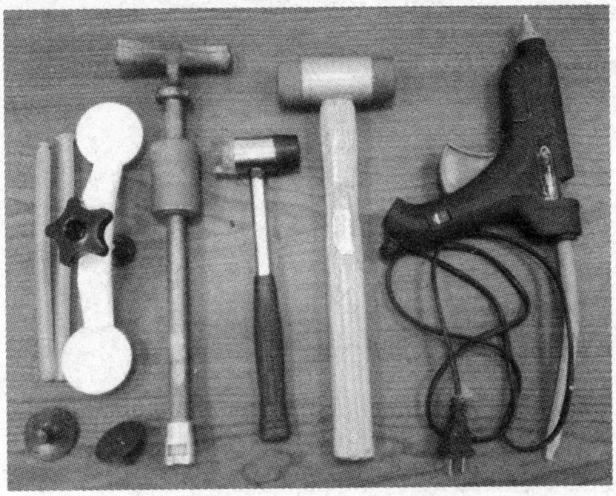

图 9—16 吸拔工具

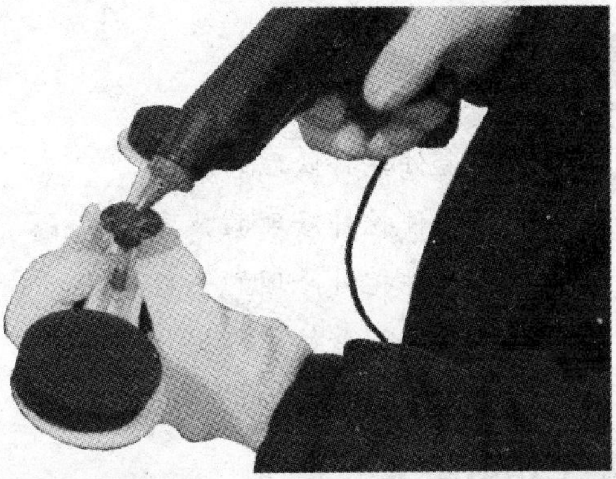

图 9—17 拉拔器吸盘打胶

步骤 3 拉拔器安装完成后，旋转螺母拧紧即可进行拉拔，如图 9—18 所示。此方法不仅免去了拆装内饰板等部件的麻烦，而且还能使损伤面减少。

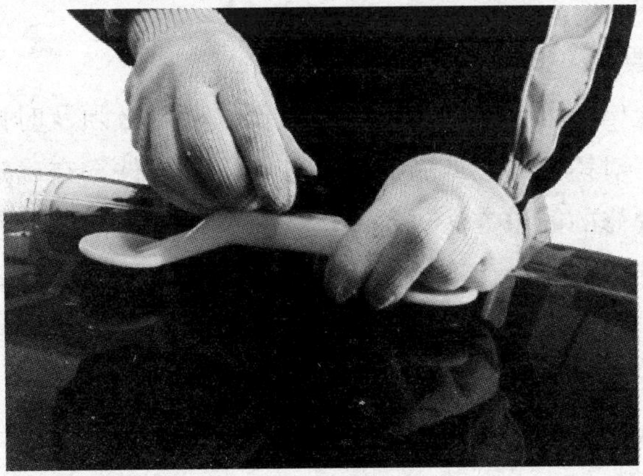

图 9—18 旋动拉拔器

注意事项

1. 检查时要注意弹性变形区和塑性变形区。

2. 用塑胶枪打胶时速度要快，要在塑胶还未冷却时快速粘在凹陷处。

3. 拧紧螺母时用力不能过大，应根据凹陷程度确定拧紧力，避免新的损伤产生。

第 3 节　钣金件的挖补修理

学习目标

了解钣金件挖补修理的特点

熟悉钣金件挖补修理的技术要求

掌握钣金件挖补修理的一般工艺

能够对简单钣金件进行制作

能够对简单钣金件小损伤进行挖补修理

知识要求

汽车车身钣金构件的形状较为复杂，在车身修理过程中，对损坏严重但又无法更换的构件，常常需要作挖补修理。钣金件的挖补修理涉及面广、技术要求全面。

一、挖补修理概述

1. 挖补修理的必要性

车身上的部分钣金构件因锈蚀或其他原因损伤以后，必须及时修理，如不及时修理有可能会扩大损伤范围。对锈蚀穿孔或断裂损伤较严重的构件，在确定修理方法时，如果片面追求修理速度仅用焊修的简单方法进行处理，只能进行小面积的修复，或焊补微小裂纹的损伤，不能彻底杜绝因受应力而产生的损伤，同时应力的存在还会因焊接而引起新的焊接裂纹。对因受锈蚀而损伤的构件，由于焊修不能彻底把被腐蚀的锈斑去除，一段时间后还会继续锈蚀引起更大的损坏，缩短构件的使用寿命。

用贴补的方法对锈蚀和断裂进行修补，虽然修补面积大，但修补后表面不平整，特别是外蒙皮，如果贴补将直接影响外表的美观，给油漆带来很大的不便。对于底板、翼子板后尾部、门板下部等容易积水的部位，如果用贴补的方法，由于事先未将腐烂部分去除，会造成泥水长期积存在原来的锈蚀处而不能排除，反而会加速构件的锈蚀，使修补部位在短时期内造成新的损坏，达不到修理的质量要求。

为了能延长汽车钣金件的使用寿命，提高修理质量，降低成本，在汽车修理中必须采用挖补修理的作业方法。

2. 挖补修理特点

对因受应力而损伤的部位，采用挖补修理以后能消除或部分消除原有的应力，避免该部位较早的再度损伤，延长使用寿命。对发生锈蚀的部位，采用挖补修理后能防止积水积泥，避免发生过早锈蚀。挖补修理具有以下特点：

（1）挖补修理后的零件形状正确，质量得以保证。

（2）挖补修理后的构件不易积存泥水，不会很快锈蚀。

（3）挖补修理后的构件焊缝接口平整，施焊方便。

（4）挖补修理后的构件整体平整，表面光洁，便于油漆。

（5）对因应力造成损伤的构件，经挖补修理后能消除或部分消除原有的应力。

二、挖补修理技术要求

1. 挖补修理形状尺寸要求

挖补修理是汽车修理中较常用的一种工艺方法，通过挖补修理能使损坏的钣金件得到较为完整的修复，而且修复后的钣金件一般都能达到原厂的技术标准。为确保修理质量，挖补修理形状尺寸应符合下列要求：

（1）形状要求。挖补修理后的钣金件，应恢复原来的几何形状，符合原车出厂标准。

（2）尺寸公差要求。挖补修理后的钣金件，尺寸公差应符合原车出厂技术标准。

（3）表面要求。挖补修理后的钣金件，表面应平整，在 1 m^2 范围内不得出现高于 1 mm 的凸起。

（4）焊接要求。挖补修理后的钣金件，要防止产生焊接应力变形，应采取 CO_2 气体保护焊进行焊接操作。

（5）缝隙要求。挖补修理后的钣金件与相邻钣金件之间的缝隙应符合原车出厂要求，两门间的间隙不大于 4 mm，车门与门槛的间隙不大于 6 mm。

2. 挖补修理质量要求

（1）材料的质量要求。制作构件使用的板材，要求与原钣金件材料一致。

（2）挖补件强度质量要求。挖补修理后的钣金件，焊接后应保持原件的强度和刚度。

（3）钣金件外形的质量要求。挖补修理后的钣金件，应达到表面平整，整体圆弧光滑过渡。挖补部位边缘均应圆角过渡，避免转角处因应力集中而产生裂纹。焊缝要求牢固、无假焊、脱焊、漏焊和砂眼。

挖补修理的范围不宜超过整个钣金件面积的 1/3，如超过应更换新件。

三、挖补修理一般工艺

1. 确定挖补修理范围

车辆在行驶过程中如果受到碰撞损坏严重，或是使用时间过长而造成板件磨损穿孔、脱焊、锈蚀、断裂、漏水等现象。在无法进行修复的情况下，需挖补修理。

在着手修理前首先目测检查钣金件的损伤部位及损伤程度，确定挖补修理的范围。在确定挖补修理的范围时，还要考虑如果所损坏部位需要挖补却又不便于施工的，应扩大挖补范围。

2. 制作下料样板、检测卡板

挖补范围确定以后，需挖补的部位如果形状较复杂，无法用简单的计算方法确定下料尺寸的，可用硬板纸等刚性较好的材料制作下料样板及检测卡板。下料样板及检测卡板的块数应根据构件的需要而定，可以是一块，也可以是多块。

下料样板制作的方法是先划出需挖补部位钣金件的展开形状，如有卷边或折边的钣金件再划出加工余量，最后将边线剪下即为下料样板。

检测卡板制作时，应先划出挖补部位形状的轮廓线，再沿着轮廓线剪下，与图样或原件进行比对，完全符合要求后即为检测卡板。

3. 下料

在板材上根据下料样板用划线工具进行划线下料，在划线时对卷边或折边的部位应划出加工线。下料时尽可能用机械加工，以保证剪切后板料的平整。

4. 加工成型

加工成型制作时先制作弧度较大的面，然后制作形状较复杂的部位，最后制作折边或卷边等边缘部位。

在制作弧形钣金件时，应先进行粗加工，制作过程中用检测卡板随时进行检测并及时修正，形状完全符合卡板形状后，再进行精加工，直至与挖补部位完全吻合。

5. 焊接

挖补钣金件制作完成后，将新件覆盖在需挖补处，用划线工具划出切割线，对旧件实施切割。切割时应注意钣金件的转角处均应圆角过渡，以分解应力。切割时不允许用气割的方法，应用剪切或是錾削。如无法剪切，可在挖补处的中间先开一个孔，然后再进行剪切。剪切时新件与挖补部位之间薄板的间隙应在 0.5 mm 左右，避免焊接后产生收缩变形。

焊接应采用 CO_2 气体保护焊进行焊接操作，焊接程序如下：

（1）固定焊。焊接前进行固定焊，焊点间的距离为 20～30 mm，不能太大，焊点的长度约 5 mm 左右。固定焊完成后对整个焊缝进行整形，以保证焊缝平整。

（2）焊接。焊接时采用连续焊。要求无假焊、气孔、漏焊、烧穿等缺陷。

6. 整形

焊接结束后对整个挖补区域用垫铁配合手锤进行整形，整形后的构件应达到光洁平整、圆弧过渡平顺，达到原车出厂要求。

最后用锉刀或其他打磨工具将焊缝打磨平整。

技能要求

左前翼子板下边缘挖补修理

操作准备

1. 待修车（或单件），如图 9—19 所示。
2. 钣金工具（钢直尺、划针、钣金锤、垫铁等）。
3. 割锯、焊接设备。
4. 薄钢板、样板制作材料。

操作步骤

检查翼子板损伤情况，确定挖补修理范围。根据挖补部位形状制作下料样板及检测卡板。下料、制作新板件，在旧件上划出切割线。切割旧板件，将新板件覆盖在旧件上焊接、整形、打磨。

步骤 1 目测检查翼子板损坏情况，如图 9—20 所示。确定挖补修理范围，划出挖补区域。

图 9—19 待修车

图 9—20 目测检查损伤

步骤 2 制作下料样板及检测卡板。板材一般为薄镀锌板或薄铝合金板，先画出需制作样板展开图。如无法用展开方法作图可采用过样法，先用纸覆盖在所需出样板的部位，画出所需图形的轮廓线，如图 9—21 所示。然后把图形剪下后覆盖在薄板上，画出轮廓线并剪切，最后将剪切下的样板整平，如图 9—22 所示。

图 9—21 过样法出样板

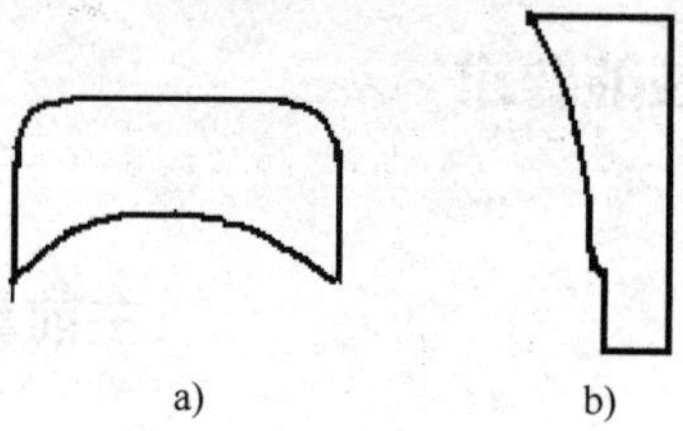

图 9—22 样板

a）下料样板 b）检测卡板

步骤 3 按制作好的下料样板在板材上划线、下料。

步骤 4 用手工制作的方法制作新件，如图 9—23 所示。新件形状与尺寸均应与原件完全吻合。

步骤 5 将新件覆盖在旧件上划出切割线，用割锯沿着切割线进行切割，如图 9—24 所示。

图 9—23 制作新件

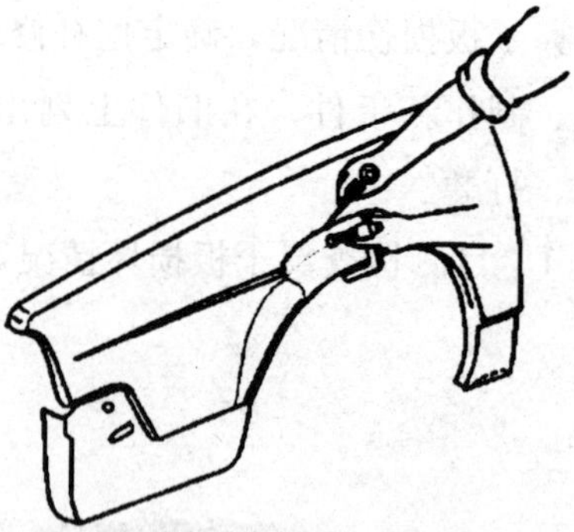

图 9—24 划切割线

步骤 6 将新件在旧件上固定、焊接。

步骤 7 焊接完成后对挖补区域整形、打磨。

注意事项

1. 检测卡板要选择关键（重要）部位制作。

2. 新件与旧件的缝隙不能过大。

3. 打磨时应注意检查焊接是否有缺陷。

4. 所焊接的新件表面不能高于旧件表面。

模拟测试题

一、判断题（将判断结果填入括号中，正确的填“√”， 错误的填 “×”）

1. 客车车身骨架的检验，主要有目测、样板检测。（　　）

2. 骨架各构件局部损伤、断裂或产生裂纹时，可用加固法修复。（　　）

3. 通常惯性锤法有两种形式：钻孔法、拉环法。（　　）

4. 修理较小、较浅的凹陷和折损，可以用顶铁法来延伸金属，使其恢复原来的形状。（　　）

5. 下料时要尽可能用人力加工，以保证剪切后板料的平整。（　　）

二、单项选择题（选择一个正确的答案，将相应的字母填入题内的括号中）

1. 按国家标准，驾驶室门框的轮廓度公差值为（　　）。

A. 2 mm　B. 3 mm　C. 4 mm　D. 5 mm

2. 车身骨架立柱下端锈蚀面积与其总面积之比达（　　）以上必须局部截换。

A. 1/5　B. 1/4　C. 1/3　D. 1/2

3. 对于表面变形较大但过渡圆滑、金属板件处于弹性状态、延伸变形较小的车身凹陷变形，可以采用（　　）。

A. 偏托法　B. 正托法　C. 吸引法　D. 惯性法

4. 以下哪一项不是挖补修理的特点。（　　）

A. 形状正确　B. 焊缝接口平整　C. 不易积存泥水　D. 无法消除应力

5. 修复后的钣金件，覆盖件表面不得高于（　　）。

A. 0.5 mm　B. 1 mm　C. 1.5 mm　D. 2 mm

模拟测试题答案

一、判断题

1. ×　2. √　3. √　4. √　5. ×

二、单项选择题

1. C　2. C　3. C　4. D　5. B

参考文献

[1] 杨宝成主编. 汽车车身维修技术. 北京：中国人民大学出版社，2009.
[2] 张湘衡主编. 汽车车身修复. 武汉：华中科技大学出版社，2006.
[3] 张应立主编. 新编焊工实用手册. 北京：金盾出版社，2004.